자율주행자동차와 도로교통법

선종수

·

도규엽

·

차종진

·

배상균

·

김정진

박영사

머리말

 이 책은 동아대학교 법학연구소가 2019년 한국연구재단의 인문사회연구소 지원사업으로 "초연결사회에서의 '인간-기술-제도' 공진화에 따른 법제도 변화와 사회적 대응 방향"이라는 대주제로 연구를 수행하고 있는 과정에서 국내 전문가들이 힘을 모아 집필한 것입니다. 이 책의 출발점은 동아대학교 법학연구소 사업단의 연구과제 중 하나인 "자율주행자동차 등장에 따른 도로교통법령 등 개정방안 연구"였습니다. 이 주제와 관련하여 사업단 참여 연구진은 국내 자율주행자동차 등장에 따른 관련 법령을 연구하면서 한 편의 연구논문을 작성하기로 계획하였습니다. 그러나 연구진은 연구 과정에서 다른 국가들은 어떠한 정책을 펼치고 있으며, 어떠한 법제를 지니고 있는지 궁금했습니다.

 그래서 연구진은 다른 국가들의 법제 연구를 단독으로 하는 것보다 국내 전문가들에게 자문하기로 하였습니다. 국내 전문가 중에서 첫 자문은 중국법 전문가로서 현재 중국서남정법대학 인공지능법학원에 교수로 재직하고 있는 김정진 교수에게 의뢰하였습니다. 김정진 교수는 연구진이 원하는 바를 정확하게 파악하고 매우 성실한 자문서를 보내주었습니다. 연구진은 이 자문서를 받고 그에 힘을 얻어 다른 국가 전문가들에게도 자문을 의뢰하였고. 우리나라 법제와 유사한 국가 중에서 독일과 일본을 선정하게 되었습니다. 우선 독일은 독일에서 공부하고 '자율주행자동차'를 연구한 치안정책연구소 연구관인 차종진 박사였습니다. 다음으로 일본은 일본법 전문가이자 제4차 산업혁명과 관련하여 연구에 탁월한 감각을 가지고 있는 한국형사 · 법무정책연구원 부연구위원인 배상균 박사였습니다. 차종진 박사와 배상균 박사는 독일과 일본의 최신 개정법령을 충실하게 소개하면서 우리나라가 자율주행자동차 관련 법령을 어떻게 갖추어야 하는지 시사점까지 자세하게 다루어 주었습니다. 이후 연구진은 마지막으로 미국의 자율주행자동차 관련 법령을 파악하기 위하여 상지대학교 도규엽 교수에게 자문을 의뢰하였습니다. 미국은 연방법을 비롯하여 각 주(州)마다 법령이 존재합니다. 이에 따라 모든 주(州)의 법령을 소개하는 것은 무리가 있다고 판단하였으며, 대표적인 몇 주(州)를 중심으로 자료를 조사하고 이를 자문서로 작성해 주었습니다.

연구진은 중국, 독일, 일본 그리고 미국의 자율주행자동차 관련 법제 현황을 파악한 후 한 편의 연구논문으로 마무리하기에는 무척 아쉽다는 생각을 하게 되었습니다. 결국 연구진은 자문서를 기초로 하여 단행본 저술을 제안하였으며, 모두 흔쾌히 수락해 주었습니다. 이로써 한 편의 연구논문 저술을 위한 연구 과정에서 한 편의 책으로 변화하게 되었습니다.

이 책을 쓰는 동안 우리나라는 '자율주행자동차'와 관련한 「도로교통법」 규정이 개정되어 2022년 4월 20일부터 시행되고 있습니다. 독일 역시 2022년 4월 20일 「도로교통법」 개정을 통하여 자율주행시스템과 자율주행자동차의 정의 규정을 신설하고, 자율주행자동차 운전자의 준수사항과 그 위반에 대한 처벌 근거를 마련하였습니다. 그리고 일본은 2022년 3월 4일 자율주행 Level 4를 향한 「도로교통법」의 일부를 개정하는 법률이 내각 각의를 거쳐 국회에 제출되었습니다. 이처럼 변화된 관련 법령을 확인하고 새롭게 저술하는 과정을 거치게 되어 현재에 이르게 되었습니다. 연구진은 가능한 범위 내에서 최신의 개정법률을 담으려고 노력하였습니다.

이 책은 총 6개의 장으로 구성되어 있습니다. 〈제1장 서론〉, 〈제2장 한국〉 부분은 동아대학교 법학연구소 선종수 박사가, 〈제3장 미국〉은 상지대학교 미래인재대학 경찰법학과 도규엽 교수가, 〈제4장 독일〉은 치안정책연구소 연구관 차종진 박사가, 〈제5장 일본〉은 한국형사 · 법무정책연구원 부연구위원 배상균 박사가, 〈제6장 중국〉은 중국서남정법대학 인공지능법학원 김정진 교수가 각각 저술하였습니다.

이 자리를 빌려 연구를 함께하기로 흔쾌히 허락해 주시고, 바쁜 일상에도 불구하고 충실하게 연구를 진행해 주신 도규엽 교수, 차종진 박사, 배상균 박사 그리고 김정진 교수에게 감사의 마음을 전합니다. 이번 책을 출판하면서 공동저자로 함께 이름을 올리지는 못하였지만, 도규엽 교수와 함께 미국의 자율주행자동차에 관한 연구를 진행해 주신 뉴욕대학교 학제간연구과정에 계시는 정희수 선생님에게 특별히 감사의 말씀을 드립니다. 또한 공동연구진들이 연구에 매진할 수 있도록 물심양면으로 도움을 주신 동아대학교 법학연구소 소장이자 한국연구재단 인문사회연구소지원사업 책임교수인 김용의 교수를 비롯하여 공동연구진인 송강직 교수, 윤상우 교수, 김준우 교수, 황선영 교수, 송영조 박사, 강지현 박사 등 모든 연구진분들에게 감사의 말씀을 드립니다.

2016년 스위스 다보스포럼에서 클라우스 슈밥이 던진 '제4차 산업혁명'이라는 화두 이후에 사회는 빠르게 변화하고 있습니다. 이로 인하여 출판업계도 예외가 아니며, 도서로 출판하는 것에 있어서 어려움이 있습니다. 그럼에도 불구하고 이 책을 출판하기로 흔쾌히 허락해 주신 박영사 안종만 회장님, 안상준 대표님께 감사의 말씀을 드립니다. 그리고 출판이 되기까지 기획을 맡아 주신 정성혁 대리님, 편집 작업을 해 주신 사윤지 님에게도 감사의 말씀을 드립니다.

2022년 6월
공동저자를 대표하여 선종수

목 차

제4장　자율주행자동차 관련 독일 법제 발전 동향

제1장

서론

- 선종수 -

이 장에 서술된 내용은 2021년 4월 19일 대외경제정책연구원 중국전문가포럼(CSF) 전문가 오피니언 "중국 자율주행자동차 정책과 법"에 실린 내용을 기초로 수정하였습니다.

Ⅰ 자율주행자동차의 등장과 개념

1. 자율주행자동차의 등장

자동차의 시초는 프랑스 공병 대위인 니콜라 조제프 퀴뇨(Nicolas-Joseph Cugnot)가 프랑스군에서 대포 운반 목적으로 사용할 증기 기관 차량을 실험한 것이며, 1769년 첫 삼륜차 모델을 개발하여 1770년 완성하였다. 이 차량은 '파르디에 아 바푀르(fardier à vapeur, 증기마차)'로 무게는 2.5톤이며 이론상으론 4톤의 물건을 시속 7.8㎞로 수송할 수 있다고 하였지만, 실제로는 시속 3.6㎞로 이동하였다고 한다. 이후 '메르세데스-벤츠(Mercedes-Benz)'의 창업자인 카를 프리드리히 벤츠(Karl Friedrich Benz)가 1886년 세계 최초로 내연자동차를 등장시킨 이래 지금까지 자동차는 지상에서 사람이나 화물을 운반하는 교통수단으로 사용되고 있다.

이러한 자동차는 현재까지 기술의 발전에 따라 변화하고 있다. 최근의 화두는 사람이 직접 운전을 하지 않고 운행이 가능한 '자율주행자동차(Autonomous Vehicle 또는 Self-Driving)' 개발에 초점을 맞추고 있으며, 세계 각국뿐만 아니라 자동차회사들은 기술개발에 매진하고 있다.

자율주행자동차는 운전자가 직접 조작하지 않아도 자동차가 주행 환경을 인식하여 위험을 판단하고 주행 경로를 계획하여 운전자 주행 조작을 최소화하며, 스스로 안전 운행이 가능한 자동차를 말한다. 자율주행자동차는 2010년 구글이 처음으로 선보이면서 실제로 제작이 가능하다는 것을 보여주었다. 이를 계기로 대중들의 관심을 비롯하여 전 세계 자동차회사들이 자율주행기술개발을 하고 있다. 특히 자율주행자동차에 접목될 전자통신을 비롯하여 컴퓨터 관련 기술 개발이 활발하게 진행되고 있다. 이와 같은 전 세계적 변화에 중국도 자금력을 바탕으로 IT업체와 자동차 업체들이 자동차에 통신기술을 접목시킨 커넥트디카를 비롯하여 자율주행기술개발에 몰두하고 있다. 가장 대표적인 기업으로는 바이두, 알리바바, 텐센트 그리고 화웨이 등이 있다.

2. 자율주행자동차의 개념 - 기술단계별 개념을 중심으로

자율주행자동차에 대하여 미국 연방 고속도로안정청(NHTSA: National Highway Traffic Safety Administration)은 Level 0부터 Level 4까지 구분하고 있다. 이와 달리 미국 국제자동차기술자협회(SAE: Society of Automovive Eigeneers)는 Level 0부터 Level 5로 구분하기도 한다.

그림 1-1 자율주행자동차 단계별 구분

레벨 구분	Lv.0	Lv.1	Lv.2	Lv.3	Lv.4	Lv.5
명칭	無 자율주행 (No Automation)	운전자 지원 (Driver Assistance)	부분 자동화 (Partial Automation)	조건부 자동화 (Conditional Automation)	고도 자동화 (High Automation)	완전 자동화 (Full Automation)
운전주시	항시 필수	항시 필수	항시 필수 (조향핸들을 상시 잡고 있어야 함)	시스템 요청시 (조향핸들 잡을 필요 X, 비상시에만 운전자가 운전)	작동구간 내 불필요 (비상시에도 시스템이 대응)	전 구간 불필요
자동화 구간	-	특정구간	특정구간	특정구간 (예: 고속도로, 자동차 전용도로 등)	특정구간	전 구간
예시	사각지대 경고	조향 또는 감가속 중 하나	조향 및 감가속 동시작동	고속도로 혼잡구간 주행지원시스템	지역(Local) 무인택시	운전자 없는 완전자율주행

출처: 국토교통부, "자율주행차 안전성 높인다 … 국토부, '레벨3' 안전기준 개정 추진", 보도자료, 2022.5.26., 1쪽.

이러한 구분은 자율주행기술 수준에 따른 구분이다. 그리고 이러한 분류체계와 용어 정의는 산업계뿐만 아니라 자율주행자동차 도입 및 상용화를 위해 활동하는 각국의 정책 입안자 그리고 유엔 유럽경제위원회(UNECE: United Nations Economic Commission for Europe)와 같은 국제기구에서 주로 참고하고 있다.[1]

하지만 이러한 구분을 달리 표현하면 자동차에 대한 "운전자의 지배력"에 따른 것이기도 하다. 여기에서 "운전자의 지배력"이란 자동차가 "자율성"을 가지고 있는가의 문제이다. 통상 Level 3부터는 자율주행이라 부르지만 완전한 형태

---

[1] 박주희, 『완전 자율주행차 상용화를 위한 국제규범과 국내법제도의 조화』, 과학기술정책연구원, 2020, 4쪽.

의 자율주행은 아니다. 그러나 Level 3에서 운전의 주도권은 운전자로부터 자율주행시스템(ADAS: Advanced Driver Assistance System 또는 "첨단 운전자 보조시스템"이라고도 한다)으로 넘어가고 수시로 교대하게 된다. 자율주행자동차에 대한 레벨 구분에서 Level 3은 중간지점으로 자율주행시스템이 운전자를 지원하거나 운전자를 대체하는 기능이 있는 단계이다. 또한 운전자가 반드시 필요하거나 필요하지 않은 중첩적 단계이기도 하다. 이와 관련하여 우리나라 「자율주행자동차 상용화 촉진 및 지원에 관한 법률」은 Level 3을 "부분 자율주행자동차"로, Level 5를 "완전 자율주행자동차"로 구분하여 정의하고 있다.[2]

Ⅱ 자율주행기술의 핵심과 발전 동향

1. 자율주행자동차의 기술요소

자율주행자동차 자체 기술요소는 ① 인지기술, ② 판단기술, ③ 차량 이동 제어기술, ④ 인간 - 컴퓨터 상호작용 기술(HCI: Human Computer Interface) 등 네 가지로 구분한다. 우선 인지기술에는 레이더(Rader), 주변인지기술(Lidar: Light Detection and ranging), 카메라(Camera), 지구 항법 위성 시스템(GNSS: Global Navigation Satellite System) 등을 말한다. 두 번째 판단기술은 결정론적, 확률론적 방법과 학습 · 비학습 기반 알고리즘과 같은 인공지능기술이 해당된다. 세 번째 차량 이동 제어기술은 엑츄에이터, 차량이 속도 및 방향 제어 등을 통하여 목적지에 대한 방향설정과 가감속을 결정하는 것을 말한다. 마지막으로 인간 - 컴퓨터 상호작용기술은 운전자에게 경고 및 정보제공을 수행하는 HVI(Human Navigation System)기술과 V2X(Vehicle to Everything)기술[3]을 통하여 인프라 및 주변차량과 주행정보를

---

2   우리나라 자율주행자동차 분류체계는 〈제2장 자율주행자동차 관련 한국의 도로교통법령의 현황〉에서 자세하게 서술한다.

3   V2X기술은 차량이 클라우드로 외부의 차량, 도로시스템과 정보를 교환하는 기술을 의미하고, V2X는 차량과 차량 사이의 무선통신, 차량과 인프라 간 무선통신, 차량 내 유무선 네트

교환하는 HCI기술 및 HD MAP이 포함된다.[4]

그림 1-2   자율주행자동차 기술요소

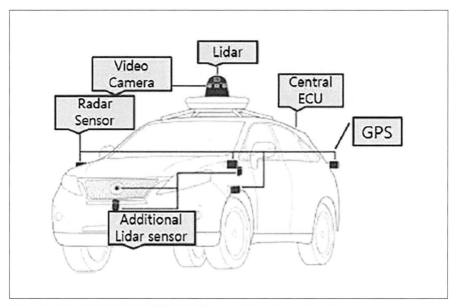

출처: 이상길, "자율주행자동차 산업활성화를 위한 규제 개혁 이슈", 정보통신기술진흥센터, 2018, 6쪽.

위에서 설명한 자율주행자동차 자체 기술요소를 정리하면 다음의 [표 1-1]
과 같이 정리할 수 있다

워킹, 차량과 이동단말기간 통신 등을 통칭한다.

4   이상길, "자율주행자동차 산업활성화를 위한 규제 개혁 이슈", 정보통신기술진흥센터,
     2018, 4쪽.

표 1-1 자율주행자동차 기술분류

대분류	중분류	소분류	기술요소
자율주행 자동차	자율주행 기술요소	주행환경 인식·판단	자율주행 데이터 전처리, 클라우드 AI, 동적·정적 객체인식 AI, 객체정보 인식, 객체 위치 인식, 차량 상태 인식, 도로교통상태 인식, 경로계획 및 판단, 고정밀 지도 생성·갱신, 정밀 측위 등
		주행제어	제동 제어, 종방향 조향 제어, 횡방향 조향 제어, 충돌회피 제어, 추종 제어 등
		차량통신·보안	V2X통신보안기술, MN보안기술, 차량 내 네트워크, V2X통신
		차량 휴먼인터페이스	탑승자 정보 분석, 운전제어권 결정, 탑승자 인포테인먼트, 차량 내외부 인터렉션 등
	자율주행 플랫폼 및 서비스	자율주행플랫폼	자율주행 클라우드플랫폼, 자율주행 엣지플랫폼, 자율주행 차량플랫폼, 자율주행시뮬레이션, 평가검증 플랫폼
		자율주행서비스	자율주행관제기술, ICT융합도로인프라기술, 자율주행서비스기술, 자율주행 C-ITS연계기술

출처: 정보통신기획평가원, 『ICT R&D 기술로드맵 2025 인공지능·SW·자율주행자동차』, 2020, 230쪽.

현재 자율주행자동차는 Level 3 또는 Level 4 정도의 기술 수준에 도달한 것으로 보인다. 이러한 자율주행자동차는 완전 자율주행서비스 실현을 위해 주행환경 인식·판단, 주행제어, 차량통신 및 보안, 차량 휴먼인터페이스 등의 고신뢰·실시간 시스템 기술이 요구된다. 그리고 연관된 지능형 반도체, 저전력의 고성능 컴퓨팅 시스템 등의 기술고도화가 요구된다. 이와 같은 요구는 자율주행자동차가 단순한 이동수단이 아니라 교통약자와 대중교통 취약지에서의 이동과 물류, 긴급 수송 등을 지원하는 기존 교통시스템 또는 무인이동체와 연계한 신서비스를 창출하는 것이다.[5]

그림 1-3 자율주행자동차 분과 개념도

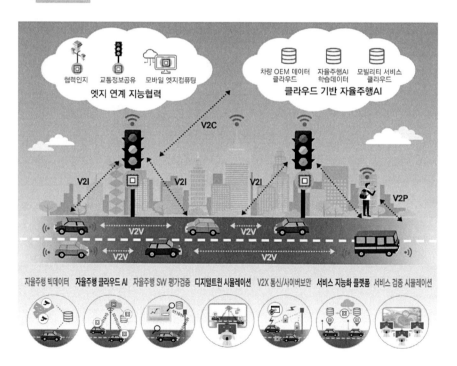

출처: 정보통신기획평가원, 『ICT R&D 기술로드맵 2025 인공지능ㅁSWㅁ자율주행자동차』, 2020, 229쪽.

---

5 정보통신기획평가원, 『ICT R&D 기술로드맵 2025 인공지능·SW·자율주행자동차』, 2020, 229쪽.

2. 자율주행자동차의 발전 동향[6]

미국은 자율주행 라이센스를 발급하여 제한된 지역에서 공공도로 자율주행 시험을 가장 먼저 허가하였다.[7] 유럽은 제한된 국가와 지역에서 라이센스를 발급하고 있다. 일본은 2013년에 Nissan의 자율주행차동자에 대해 번호판을 발급하여 일반 도로에서 시험주행을 허가하였다. 우리나라 경우 2015년부터 자율주행자동차 시험운행을 허가하고 있다.[8] 그리고 2021.11.30.부터 한 달간 자율주행자동차 서울 상암동 일원에서 "자율주행택시"를 운행하였다. 이에 더하여 경기도(판교), 제주도(제주공항 ↔ 중문관광단지), 대구(테크노폴리스) 등 3곳도 Level 3 또는 Level 4 수준의 자율주행기술을 탑재하여 유료 택시 서비스를 운영하고 있다. 그리고 2022.6.9.에 현대·기아자동차는 서울 강남구와 서초구 일부 지역에서 자율주행 4단계 기술을 적용한 "로보라이드(RoboRide)" 실증을 위한 시범 서비스를 시작하였다.[9]

---

6   민한빛, "자율주행차의 운행자성 및 운전자성 인정에 대한 시론(試論)", 법조 제67권 제1호, 법조협회, 2018, 204쪽 이하.

7   2022년 5월 31일 캘리포니아 공공 유틸리티위언회(CPUC)는 2021년 11월 제너럴모터스(GM) 크루즈가 신청했던 로보택시 사업 면허에 대해 로보택시 면허를 부여하기로 하였다. 이것은 미국 최초의 완전 자율주행 상업 라이센스 획득을 의미한다[엠투데이(2022.6.3.), "GM 크루즈, 미국 최초 완전 자율 주행 상업 라이센스 획득", https://www.autodaily.co.kr/news/articleView.html?idxno=434460 (최종검색일: 2022.6.7.)].

8   김헌규·허건수, "자율주행 기술 연구 동향 및 전망", 한국통신학회지(정보와통신) 제35권 제5호, 한국통신학회, 2018, 6쪽.

9   현대차그룹 홈페이지(https://www.hyundai.co.kr/news/CONT0000000000035392)

표 1-2 국내 서비스 중인 주요 자율주행 택시 현황			
	카카오모빌리티	라이드플럭스	포티투닷
위치	경기도 성남시 판교	제주도	서울 마포구 상암동
구간	판교 테크노밸리 내 최장 7㎞ 권역	제주공항↔중문단지 편도 38㎞	마포구 상암도 일대 5개 정류장 5.3㎞ 노선
특징	권역 내 자유롭게 이동	최장거리 자율주행	5개 정류장을 도는 일방향 택시

출처: 중앙일보(2022.1.25.), "자율주행 로보택시 타보니 … 4→1차선 변경도 매끄럽네", https://www.joongang.co.kr/article/25043201#home (최종검색일: 2022.6.7.)

중국은 여기에서 더 나아가 안전요원이 동승하지 않아도 자율주행을 시험할 수 있는 무인 주행허가증을 2020년 12월에 발급하였다. 무인 주행허가증은 사람을 태운 상태에서 일반 도로를 운행할 수 있어 물류와 교통업계에 커다란 파급효과를 미칠 것으로 예상된다.[10] 또한 중국 최대 검색 엔진 업체인 바이두는 자율주행택시 서비스 "아폴로 고 로보택시(apollo go robotaxi)"의 상업적 운행 허가를 베이징과 허베이성 창저우(滄州)시로부터 받았으며, 운행에 들어갔다. 중국은 자율주행택시에 머물지 않고 자율주행자동차의 활용범위를 확장하고 있다. 이에 따라 청소, 버스, 관광버스 그리고 화물운송 등 그 활용범위를 확대하여 시행하고 있다.

---

10 Sci-tech(2019.9.23.), "Wuhan issues nation's first commercial license for tests of autonomous vehicles", http://www.ecns.cn/news/sci-tech/2019-09-23/detail-ifzpefys6628632.shtml (최종검색일: 2022.6.7.).

제2장

자율주행자동차 관련 한국의 도로교통법령의 현황

- 선종수 -

Ⅰ 서론

기술의 발전은 인간을 이롭게 한다는 것에 문제를 제기하는 경우는 없을 것이다. 산업현장에서 인간의 노동력을 투입하여 생산하던 시절에서 대체할 수 있는 기계가 개발되고 있으며, 전 산업 분야에 걸쳐서 기술개발들이 이루어지고 있다. 특히 2016년 다보스 포럼에서 '4차 산업혁명'이라는 화두가 나온 이후 이러한 현상은 더욱 가속화되고 있다.

1886년 세계 최초로 내연자동차가 등장한 이래 지금까지 자동차는 지상에서 사람이나 화물을 운반하는 교통수단으로 사용되고 있다. 이러한 자동차는 사람이 조작하여 운행되어야 한다는 것이 지배적이었다. 그러나 2010년 자동차회사가 아닌 인터넷 검색 전문기업인 구글(Google)이 처음으로 운전자가 직접 조작하지 않아도 가능하다는 것을 보여 주었다. 비록 이것은 우리가 상상하는 운전자가 필요하지 않은 완전한 자율주행은 아니었지만, 그 가능성을 보게 해 준 것이었다. 이를 통해 운전자의 조작 없이 자율주행이 가능한 자동차에 관심을 가지게 되었으며, 전 세계 자동차회사들은 기술개발에 매진하고 있다. 이러한 변화를 가능하게 한 것은 다름 아닌 과학기술, 특히 인공지능기술과 정보통신기술의 발전이다. 이러한 기술들을 자동차에 접목하여 자율주행을 구현하고 있는 것이다.

자율주행기술은 계속하여 발전하고 있으며, 최종적으로 완전 자율주행을 목표로 하고 있다. 이처럼 기술의 발전이 있으면, 필연적으로 이와 관련된 제도 및 법령의 정비도 함께 이루어져야 한다. 예를 들어, 자율주행자동차(Autonomous Vehicle 또는 Self-Driving) 시험주행에 대한 법적·제도적 정비가 대표적일 것이다. 기본적으로 법체계는 인간을 중심에 둔 것이다. 그러나 자율주행자동차는 인간을 대체하여 운전하는 경우이며, 현재 법체계에서는 자율주행자동차를 '운전자'로 볼 것인지에 대하여 명확하게 답을 내리고 있지 않다.

이에 따라 4차 산업혁명 기반 기술들의 발전함으로 인한 새로운 규범체계의 필요성이 제기되었다. 이러한 상황을 반영하여 다양한 입법적 노력을 하고 있다. 새롭게 입법되는 경우 단편적인 모습이 아닌 다양한 분야에 걸쳐 연결되는 현상을 보인다. 예를 들어, 자율주행자동차의 경우를 보면 「자율주행자동차 상용화 촉진 및 지원에 관한 법률」(이하 '자율주행자동차법'이라 한다)이 2019년 제정되고 2020.5.1.부터 시행되고 있다. 그러나 자율주행자동차법만이 자율주행자동차와 관련된 것은 아니며, 다양한 분야의 법률들과 연관을 맺고 있다. 이와 같은 현상은 자율주행자동차에만 있는 것은 아니며, 거의 모든 형태의 4차 산업혁명 기반 기술에서 나타나는 현상들이다.

이러한 문제를 방치한다면 기존 규범체계와 정합성뿐만 아니라 수범자에게 혼란을 가중시킬 것이다. 새롭게 입법되는 법률들은 기존 규범체계와 사슬처럼 연결된 것이다. 연결된 사슬이 끊어지지 않아야 제 기능을 할 수 있듯이 4차 산업혁명 관련 입법들도 마찬가지이다. 구체적으로 살펴보면 자동차를 운행하기 위해서는 기본적으로 자동차, 운전자, 도로가 필수적 요소이며, 이와 관련하여 법령들이 존재하고 있다. 자동차에 관해서는 「자동차관리법」, 자율주행자동차법이 있으며, 운전자에 대해서는 「도로교통법」에 운전면허 자격과 운전규칙 등을 규정해 두고 있다. 그리고 도로에 관해서는 「도로법」이 도로의 설치 및 안전 등의 기준을 규정하고 있다.[1] 이 법률 이외에도 관련된 법령들은 많이 존재한다.

이러한 문제의식에 기초하여 자율주행자동차의 등장에 따른 관련 법령, 즉 자동차, 운전자 그리고 도로 등 관련 법령을 살펴보고자 한다. 이에 더하여 자율주행자동차 등장에 따른 법적 쟁점과 그에 따른 문제점을 살펴본 후 해결방안을 제시하고자 한다.

Ⅱ 자율주행자동차와 '자동차' 관련 법령

1. 서설

자율주행자동차와 관련하여 자동차 관련 법률체계는 「자동차관리법」을 정점으로 하여 「자동차관리법 시행령」, 「자동차관리법 시행규칙」 그리고 국토교통부 고시인 「자율주행자동차의 안전운행요건 및 시험운행 등에 관한 규정」 등

---

1   이중기·황기연·황창근, 『자율주행차의 법과 윤리』, 박영사, 2020, 119쪽.

이 있다. 이에 더하여 시행령으로 「자동차등록령」, 시행규칙으로 「자동차등록규칙」, 「자동차 및 자동차부품의 성능과 기준에 관한 규칙」, 「자동차관리법 제21조 제2항 등의 규정에 따른 행정처분의 기준과 절차에 관한 규칙」, 「자동차관리의 특례에 관한 규칙」, 「자동차종합검사의 시행 등에 관한 규칙」 등이 있다.

이외에도 자율주행자동차와 자동차 관련 법령은 「튜닝 부품 인증제 운영에 관한 규정」, 「자동차 튜닝에 관한 규정」, 「제조물책임법」, 「위치정보의 보호 및 이용 등에 관한 법률」, 「정보통신망 이용촉진 및 정보보호 등에 관한 법률」, 「개인정보 보호법」, 「자동차손해배상보장법」, 「건설기계관리법」, 「여객자동차운수사업법」 등의 법령도 관련되어 있다. 아래에서는 「자동차관리법」, 「자동차관리법 시행령」, 「자동차관리법 시행규칙」 그리고 「자율주행자동차의 안전운행요건 및 시험운행 등에 관한 규정」을 중심으로 살펴보고자 한다.

2. 자동차관리법상 '자율주행자동차'

현행 법령상 자동차에 관한 기본법은 「자동차관리법」이라 할 수 있다. 「자동차관리법」은 "자동차의 등록, 안전기준, 자기인증, 제작결함 시정, 점검, 정비, 검사 및 자동차관리사업 등에 관한 사항을 정하여 자동차를 효율적으로 관리하고 자동차의 성능 및 안전을 확보"를 목적으로 하고 있다(제1조). 「자동차관리법」 제2조는 '자동차'와 '자율주행자동차'를 정의하고 있다. 우선 '자동차'는 "원동기에 의하여 육상에서 이동할 목적으로 제작한 용구 또는 이에 견인되어 육상을 이동할 목적으로 제작한 용구"라고 정의한다(제2조 제1호). 다음으로 '자율주행자동차'는 "운전자 또는 승객의 조작 없이 자동차 스스로 운행이 가능한 자동차"라고 정의하고 있다(제2조 제1호의3).[2]

이러한 규정에 따르면 현행 법령은 완전 자율주행자동차, 즉 국제자동차기술자협회(SAE: Society of Automovive Eigneneers)에서 분류한 Level 5에 해당한다.

2　「자동차관리법」에 '자율주행자동차'는 2015년 8월 11일 법률 제13486호로 개정되어 개념 정의되었다. 이와 더불어 자율주행자동차를 시험·연구 목적으로 운행할 수 있도록 임시운행 허가제도도 함께 신설되었다.

그리고 자율주행자동차는 자동차관리법상 시험·연구 목적으로 안전운행요건을 갖추고 국토교통부장관의 임시운행허가를 받은 경우에 한하여 운행이 가능하다(제27조 제1항 단서).

3. 자율주행자동차의 안전운행요건

「자동차관리법」은 자율주행자동차의 안전운행요건을 「자동차관리법 시행규칙」 제26조의2에서 7가지로 규정해 두고 있다. 자세히 살펴보면 ① 자율주행기능을 수행하는 장치에 고장이 발생한 경우 이를 감지하여 운전자에게 경고하는 장치를 갖출 것, ② 운행 중 언제든지 운전자가 자율주행기능을 해제할 수 있는 장치를 갖출 것, ③ 어린이, 노인 및 장애인 등 교통약자의 보행 안전성 확보를 위하여 자율주행자동차의 운행을 제한할 필요가 있다고 국토교통부장관이 인정하여 고시한 구역에서 자율주행기능을 사용하여 운행하지 아니할 것, ④ 운행정보를 저장하고 저장된 정보를 확인할 수 있는 장치를 갖출 것, ⑤ 자율주행자동차임을 확인할 수 있는 표지(標識)를 자동차 외부에 부착할 것, ⑥ 자율주행기능을 수행하는 장치에 원격으로 접근·침입하는 행위를 방지하거나 대응하기 위한 기술이 적용되어 있을 것, ⑦ 그 밖에 자율주행자동차의 안전운행을 위하여 필요한 사항으로서 국토교통부장관이 정하여 고시하는 사항 등이다.

4. 시험운전자, 탑승자 및 자율주행자동차의 종류

자율주행자동차의 안전운행요건 중에서 '국토교통부장관이 정하여 고시하는 사항'은 「자율주행자동차의 안전운행요건 및 시험운행 등에 관한 규정」이며, 이 규정은 "자율주행자동차의 임시운행에 필요한 세부요건 및 확인 방법 등 안전운행요건을 정함을 목적"으로 하고 있다(제1조).

「자율주행자동차의 안전운행요건 및 시험운행 등에 관한 규정」은 「자동차관리법」 개정(법률 제13486호, 2015.8.11. 공포, 2016.2.12. 시행)과 「자동차관리법 시행규칙」 개정(국토교통부령 제264호, 2016.2.11. 공포, 2016.2.12. 시행)으로 자율주행자동차를 시험·연구 목적으로 임시운행하려는 자는 국토교통부령으로 정하는 안전운행요건을 갖추어 국토교통부장관의 허가를 받도록 함에 따라 규칙에서 위임한 임시운행에 필요한 세부 요건 및 확인 방법 등 안전운행요건을 규정하기 위하여 2016.2.11. 제정(국토교통부고시 제2016-46호)되어 2016.2.12.부터 시행되고 있다. 「자율주행자동차의 안전운행요건 및 시험운행 등에 관한 규정」은 일반적 안전운행요건(제3조 - 제9조), 자율주행자동차의 구조 및 기능(제10조 - 제18조), 임시운행 관련 요건(제19조 - 제20조) 등을 규정하고 있다. 이 규정은 총 3개의 장이고 제1장 총칙, 제2장 안전운행요건, 제3장 임시운행 등 총 23개의 조문으로 구성되어 있다.

이 규정은 2021.3.22. 개정(국토교통부 고시 제2021-258호)을 통하여 ① '시험운전자'와 '탑승자'에 대한 정의 신설(제2조 제8호, 제9호), ② 자율주행자동차 종류에 대한 정의 신설(제3조의1), ③ 안전기준 특례에 따른 자기인증 요건 등 면제(제3조 제1항, 제6조 제1항), ④ 양산 직전 자율자동차에 대한 임시운행 허가요건 완화(제6조 제3항), ⑤ 운전석 없는 차량(B·C형)에 대한 요건(제7조, 제10조, 제14조, 제17조, 제20조), ⑥ 경사로 정차에 대비한 안전 기능 설치요건(제16조), ⑦ 피견인자동차 연결 운행금지에 대한 특례(제21조), ⑧ 용어 및 서식 등의 정비 및 명확화 등을 신설하였다. 이처럼 규정의 신설은 자율주행기술발전, 비대면 흐름 등에 따라 운전자 없이 운행하는 무인 자율주행자동차에 대한 개발 소요가 증대되고, 자율주행자동차 상용화 지원을 위하여 본격적인 양산을 준비하기 위한 단계인 시제품(prototype) 시험주행을 할 수 있도록 제도적 지원하기 위한 것이다.

「자율주행자동차의 안전운행요건 및 시험운행 등에 관한 규정」은 상위법인 「자동차관리법」과 「자동차관리법 시행규칙」에 구체적으로 정의하지 않은 개념들을 규정하고 있다. 즉 '시험운전자' 및 '탑승자'에 대한 정의 신설과 '자율주행자동차 종류'에 대한 정의 신설이다. 우선 시험운전자 및 탑승자에 대한 정의 신설은 자율주행자동차의 종류 신설·세분화에 따라 차량의 안전운행을 관리하는 운전자와 탑승자의 역할 등이 상이함에 따라 관련 정의를 신설하였다. 그리고 자율주행자동차 종류에 대한 정의 신설은 구조·술적 특성에 따라 적용되어야 할 안전운행요건이 상이하여 자율주행자동차 종류를 A·B·C형으로 구분하여 신설하였다.

표 2-1 시험운전자, 탑승자 정의

구분		내용
시험 운전자	A형	• 운전석에 탑승하여 운행상황, 정상작동 여부 등을 확인 • 비상시 핸들·페달 등을 통해 안전조치 수행
	B형	• 차량 내부에 탑승하여 운행상황, 정상작동 여부 등을 확인 • 비상시 안전조치 수행(별도 조종장치 사용)
	C형	• 차량 외부 지정된 위치에서 운행상황, 정상작동 여부 등을 확인 • 비상시 안전조치 수행(별도 조종장치 사용)
탑승자		• 시험운전자 이외에 자율주행자동차에 승차한 사람

표 2-2 자율주행자동차 종류

유형	정의
A형	• 조향핸들 및 가속·제동페달이 있고 시험운전자만 있거나 시험운전자 및 탑승자가 있는 유형의 자율주행자동차
B형	• 조향핸들 및 가속·제동페달이 없고 시험운전자만 있거나 시험운전자 및 탑승자가 있는 유형의 자율주행자동차
C형	• 시험운전자와 탑승자가 승차할 수 없는 구조로 화물 운송 또는 특수한 기능을 수행하는 유형의 자율주행자동차

[표 2-2]에서 정의된 자율주행자동차의 종류는 운전석 유무에 따라 그 유형이 달라지게 된다. 구체적으로 보면 다음의 [표 2-3]으로 정리할 수 있다.

표 2-3 자율주행자동차 특성

특성	운전석 있음 (조향핸들 및 가 · 감속페달 有)	운전석 없음 (조향핸들 및 가 · 감속페달 無)
유인	A형 자율주행자동차 (예) 기존 자동차 형태의 자율주행자동차	B형 자율주행자동차 (예) 판교제로셔틀 등 운전석 없는 셔틀
무인		C형 자율주행자동차 (예) 뉴로 R2 등 무인 배송로봇

[표 2-3]의 자율주행자동차 특성 중 유인의 경우 시험운전자만 탑승하거나 시험운전자와 승객 등이 탑승하는 것을 말하며, 무인은 사람이 탑승하지 않고 시험운전자가 차량 외부에서 모니터링을 하는 경우를 말한다.

표 2-4 국내 법제상 자율주행 단계 분류

관련 법제	자율주행자동차 또는 자율주행시스템의 분류		
자율주행자동차법 제2조	부분 자율주행자동차 자율주행시스템만으로는 운행할 수 없거나 운전자가 지속적으로 주시할 필요가 있는 등 운전자 또는 승객의 개입이 필요한 자율주행자동차	완전 자율주행자동차 자율주행시스템만으로 운행할 수 있어 운전자가 없거나 운전자 또는 승객의 개입이 필요하지 아니한 자율주행자동차	
관련 법제	자율주행자동차 또는 자율주행시스템의 분류		
자동차규칙 제111조	부분 자율주행시스템 지정된 조건에서 자동차를 운행하되 작동한계상황 등 필요한 경우 운전자의 개입을 요구하는 자율주행시스템	조건부 완전 자율주행시스템 지정된 조건에서 운전자의 개입 없이 자동차를 운행하는 자율주행시스템	완전 자율주행시스템 모든 영역에서 운전자의 개입 없이 자동차를 운행하는 자율주행시스템

출처: 박주희, 『완전 자율주행차 상용화를 위한 국제규범과 국내법제도의 조화』, 과학기술정책연구원, 2020, 8쪽.

[표 2-4]에서 보는 바와 같이 우리나라 현행 법령에서 자율주행자동차는 크게 세 가지로 분류하고 있는 것을 알 수 있다. 이러한 분류체계는 미국 국제자동차기술자협회(SAE)에서 밝히고 있는 분류체계와는 다소 차이가 있다.

	Level 3	Level 4	Level 5
표 2-5 미국 SAE와 국내 자율주행 단계 분류 비교			
SAE 기준	조건부 자율주행	고도 자율주행	완전 자율주행
국내 기준	부분 자율주행	조건부 완전 자율주행	완전 자율주행

출처: 박주희, 『완전 자율주행차 상용화를 위한 국제규범과 국내법제도의 조화』, 과학기술정책연구원, 2020, 9쪽.

5. 운전석 없는 차량(B·C형)에 대한 요건

「자율주행자동차의 안전운행요건 및 시험운행 등에 관한 규정」은 운전석 없는 차량인 B형과 C형에 대해 별도의 맞춤형 허가요건을 규정하고 있다. 이 규정을 통하여 신청건별 특례검토 절차 없이도 임시운행허가가 가능하다. 구체적으로 보면 운전석 없는 차량은 맞춤형 요건을 추가적으로 갖춰야 한다. 여기에서 맞춤형 요건은 ① 비상조종장치, ② 경고장치 등, ③ 기록장치, ④ 안전관리자 등, ⑤ 시험운전자 위치 등이다. 비상조종장치는 비상정지 장치, 비상정지 후 안전지역으로 이동하기 위한 수동제어장치 등을 설치를 말한다. 경고장치 등은 기능고장에 따른 경고 발생 시 차량이 안전하게 정지되어야 하며, 비상시 안전관리자 등에 구난연락하기 위한 전용 통신장치를 설치하여야 한다. 기록장치는 자율주행자동차의 제어 신호정보, 비상정지 장치 등 조종장치 작동상태, 조향핸들 각도를 대체한 조향바퀴 각도 등의 기록을 저장해야 한다. 안전관리자 등은 운행상황 확인 및 비상시 즉각 대응할 수 있는 안전관리자를 배치하고, 사고대응 매뉴얼 등 안전관리를 위해 필요한 절차 등을 마련하고 운영하여야 한다. 마지막으로 시험운전자 위치는 운전석이 없는 B형 차량의 경우 차량 내부에, 탑승이 불가한 C형 차량의 경우 차량 외부 허가 신청인이 지정한 위치에 있어야 한다.

6. 자율주행자동차의 임시운행

「자율주행자동차의 안전운행요건 및 시험운행 등에 관한 규정」은 운전석 없는 차량 중 C형 자율주행자동차를 운행하기 위한 요건을 규정해 두고 있다. 즉 제19조에서 '무인 자율주행 요건 등'의 제목으로 운행요건을 규정하고 있다. 이 규정은 2021년 개정을 통하여 신설된 것으로 비대면·무인화 흐름 및 국내·외 기업들이 무인 자율주행자동차 개발 추세에 따라 무인 자율주행자동차 운행을 위한 제도적 기반을 조성하기 위하여 무인 자율주행자동차(C형 자율주행자동차)의 임시운행 허가요건을 신설한 것이다.

C형 자율주행자동차의 '무인 자율주행 요건'은 ① 시험운전자가 해당 자동차의 외부에 임시운행허가 신청인이 지정한 위치에서 자율주행자동차의 운행상황과 주변 교통상황을 실시간으로 관측할 수 있도록 하는 장비를 갖추어야 한다 (제19조 제1항 제1호). ② 신청 대상인 C형 자율주행자동차가 제1항 제1호 및 제10조 제3항 제1호, 제12조, 제14조, 제15조에서 정한 장비·장치가 통신 지연, 단절 또는 고장 등으로 인해 정상작동이 불가능할 경우에는 시험운전자에게 즉시 경고하고 비상점멸표시등 점멸과 함께 자동으로 안전하게 정지하는 구조이며, 필요시 안전하게 견인될 수 있는 구조이어야 한다(제19조 제1항 제2호). ③ 해당 C형 자율주행자동차의 기능과 비상정지 방법 등에 대한 안내 및 홍보 방안과 해당 자율주행자동차 운행으로 인한 혼잡상황 등 교통문제 대응방안의 사항을 포함한 C형 자율주행자동차 안전운행 계획서(이하 '계획서'라 한다)를 마련하여야 한다 (제19조 제1항 제3호). ④ 최고속도가 10㎞/h를 넘는 C형 자율주행자동차를 운행하기 위해서는 해당 자동차의 기능과 운행 여건을 고려한 추가적인 안전성 확보방안을 마련하여 계획서에 포함하여야 한다(제19조 제2항).

Ⅲ 자율주행자동차와 '운전자' 관련 법령

1. 서설

현행 법령상 운전자에 관한 기본법은 「도로교통법」이다. 「도로교통법」 제2조 제26호에서 '운전'을 "도로에서 차마 또는 노면전차를 그 본래의 사용 방법에 따라 사용하는 것"이라고 정의하고 있다. 이러한 '운전'과 유사한 개념으로 「자동차손해배상 보장법」(이하 '자동차손배법'이라 한다) 제2조 제2호는 '운행'을 "사람 또는 물건의 운송 여부와 관계없이 자동차를 그 용법에 따라 사용하거나 관리하는 것"이라고 정의하고 있다. 그리고 자동차손배법 제2조 제4호는 '운전자'를 "다른 사람을 위하여 자동차를 운전하거나 운전을 보조하는 일에 종사하는 자"로 정의하고 있다. 이러한 개념 정의는 「도로교통법」과 자율주행자동차법에 규정하고 있지 않다.

「도로교통법」 제48조 제1항은 "모든 차 또는 노면전차의 운전자는 차 또는 노면전차의 조향장치와 제동장치, 그 밖의 장치를 정확하게 조작하여야 하며, 도로의 교통상황과 차 또는 노면전차의 구조 및 성능에 따라 다른 사람에게 위험과 장해를 주는 속도나 방법으로 운전하여서는 아니 된다"라고 규정하면서 운전자의 '안전운전 및 친환경 경제운전의 의무'를 명시하고 있다. 이 규정에 따르면 자율주행자동차 기술 수준 Level 3 이상부터는 운행할 수 없게 된다. 그러나 자율주행자동차법 제3조는 '자율주행자동차 시범운행지구'에 대한 규제 특례를 두어 다른 법률에 우선하여 적용하게 되므로, 「도로교통법」 제48조 제1항에도 불구하고 '자율주행자동차 시범운행지구'에서는 운행이 가능할 것이다.

이처럼 운전자가 운전하고자 하면 「도로교통법」 제80조 제1항에서 규정하고 있는 '운전면허'를 발급받아야 가능하다. 이에 위반한 경우, 즉 면허를 받지 않은 상태에서 운전을 하는 경우 「도로교통법」 제43조에 의하여 무면허운전이 된다.

운전자에 관한 기본법은 「도로교통법」으로 이 법률을 최상위법이며, 그 하위 법령으로 「도로교통법 시행령」과 「도로교통법 시행규칙」을 두고 있다. 그리고 행정규칙으로 「교통사고조사규칙」, 「교통안전시설 등 설치 · 관리에 관한 규칙」, 「운전면혀 특혜점수 부여에 관한 기준 고시」, 「의료기기 기준규격」, 「최고속도 110㎞/h인 고속도로 지정 고시」, 「최고속도 30㎞/h인 고속도로 구간 지정」 등이 있다. 또한, 이와 관련한 법령으로 「교통사고처리특례법」, 「특정범죄 가중처벌 등에 관한 법률」, 「형법」, 「상법」, 「자동차손해배상 보장법」 등이 있다.

2. 도로교통법상 '자율주행자동차' 관련 입법

임호선 의원은 2020.11.25. 「도로교통법」 일부개정법률안을 대표 발의하였다. 이 법률안은 부분 자율주행시스템을 갖춘 자동차의 운전자가 자율주행시스템의 운전 전환 요구에 지체 없이 직접 차량을 조작하도록 하는 등의 자율주행자동차 운전자의 준수사항을 신설하는 것을 내용으로 한다. 이 법률안 2021.2.18. 제384회 임시회 전체회의에 상정되어 법안심사 제2소위원회에 회부되었으며, 2021.8. 임호선 의원 외 6인이 각각 대표 발의한 「도로교통법」 일부개정안(8건)을 통합·조정하여 위원회 대안으로 제안하였다(제390회 국회(임시회) 제1차 법안심사 제2소위원회(2021.8.27.)).[3] 이후 제391회 국회(정기회) 제1차 행정안전위원회(2021.9.8.)는 이러한 소위원회의 심사결과를 받아들여 위원회 대안을 제안하기로 의결하였다.

「도로교통법」 일부개정법률안(대안)은 자율주행시스템과 자율주행자동차의 정의 규정을 신설하고, 자율주행자동차 운전자의 준수사항과 그 위반에 대한 처벌 근거를 마련하여 현행법이 자율주행자동차에도 적용되도록 하기 위하여 제안되었다. 「도로교통법」 일부개정법률안(대안)의 주요 내용은 자율주행시스템을 「자율주행자동차 상용화 촉진 및 지원에 관한 법률」 제2조 제1항 제2호에 따른 시스템으로, 자율주행자동차를 「자동차관리법」 제2조 제1호의3에 따른 자동차로서 자율주행시스템을 갖추고 있는 자동차로 정의하고, 완전 자율주행자동차를 제외한 자율주행자동차의 운전자에게 해당 시스템의 직접 운전 요구에 지체 없이 대응하도록 하고, 이를 위반한 경우 20만원 이하의 벌금이나 구류 또는 과

---

3   이수경, "자율주행자동차의 상용화를 위한 개정 「도로교통법」에 대한 소고", 재산법연구 제38권 제4호, 한국재산법학회, 2022, 158쪽.

료에 처하도록 규정하였다(안 제2조, 제49조, 제50조의2, 제156조 제6호의2 신설). 이 대안은 2021.10.19. 법률 제18491호로 개정되어 2022.4.20.부터 시행되고 있다.

3. 도로교통법상 '자율주행자동차' 관련 정의 규정

가. 자율주행시스템

2022.4.20.부터 시행되고 있는 「도로교통법」의 구체적 내용을 보면 다음과 같다. 우선 「도로교통법」 제2조 제18호의2에서 "자율주행시스템" 정의 규정을 신설하였다. 자율주행시스템이란 자율주행자동차법 제2조 제1항 제2호에 따른 자율주행시스템을 말한다.[4] 이 경우 그 종류는 완전 자율주행시스템, 부분 자율주행시스템 등 행정안전부령으로 정하는 바에 따라 세분할 수 있다. 여기에서 행정안전부령으로 정하는 자율주행시스템의 종류는 「자동차 및 자동차부품의 성능과 기준에 관한 규정」(이하 '자동차규칙'이라 한다) 제111조를 준용한다(「도로교통법 시행규칙」 제2조의2). 자동차규칙 제111조에 따르면 자율주행시스템의 종류는 ① 부분 자율주행시스템, ② 조건부 완전 자율주행시스템, ③ 완전 자율주행시스템 등 세 가지로 구분하고 있다. 먼저 부분 자율주행시스템은 지정된 조건에서 자동차를 운행하되 작동한계상황 등 필요한 경우 운전자의 개입을 요구하는 자율주행시스템을 말한다. 다음으로 조건부 완전 자율주행시스템은 지정된 조건에서 운전자의 개입 없이 자동차를 운행하는 자율주행시스템이다. 마지막으로 완전 자율주행시스템은 모든 영역에서 운전자의 개입 없이 자동차를 운행하는 자율주행시스템을 말한다.

---

[4]   자율주행자동차법 제2조 제1항 제2호 "자율주행시스템"이란 운전자 또는 승객의 조작 없이 주변상황과 도로 정보 등을 스스로 인지하고 판단하여 자동차를 운행할 수 있게 하는 자동화 장비, 소프트웨어 및 이와 관련한 모든 장치를 말한다.

나. 자율주행자동차

다음으로 「도로교통법」 제2조 제18호의3에서 "자율주행자동차"의 정의 규정을 신설하였다. 자율주행자동차란 「자동차관리법」 제2조 제1호의3에 따른 자율주행자동차로서 자율주행시스템을 갖추고 있는 자동차를 말한다. 「자동차관리법」 제2조 제1호의3에 따른 자율주행자동차는 운전자 또는 승객의 조작 없이 자동차 스스로 운행이 가능한 자동차를 말한다.

2022.4.20.부터 시행되고 있는 「도로교통법」은 자율주행자동차와 관련된 정의 규정을 신설하였다. 그러나 새로운 정의 개념을 사용한 것이 아닌 기존 법률을 준용하는 형식으로 입법이 되었다. 다시 말해, 「자동차관리법」과 자율주행자동차법에서 정의된 개념을 그대로 준용하고 있다. 이와 관련하여 행정안전위원회 검토보고서에 따르면 "각 법률에 따라 자율주행자동차의 정의에 관한 해석상의 차이가 발생하지 않도록 조치하는 방안에 대하여 검토할 필요가 있다"라고 밝히고 있다. 이에 따라 기존 법률의 규정을 그대로 준용하여 혼란을 피하고자 한 것으로 볼 수 있다.

다. 자율주행자동차 운전자 준수사항

2022.4.20.부터 시행되고 있는 「도로교통법」은 '자율주행자동차 운전자의 준수사항' 규정을 신설하였다. 구체적으로 살펴보면 다음과 같다. "행전안전부령으로 정하는 완전 자율주행시스템에 해당하지 아니하는 자율주행시스템을 갖춘 자동차의 운전자는 자율주행시스템의 직접 운전 요구에 지체 없이 대응하여 조향장치, 제동장치 및 그 밖의 장치를 직접 조작하여 운전하여야 한다"(제50조의2 제1항). 여기에서 '행전안전부령으로 정하는 완전 자율주행시스템'은 조문에서 위임한 사항을 규정한 하위법령이 현재 없다. 이와 관련하여 자동차규칙 제111조에 따르면 자율주행시스템의 종류는 ① 부분 자율주행시스템, ② 조건부 완전 자율주행시스템, ③ 완전 자율주행시스템 등 세 가지로 구분하고 있으므로 이를 유추해석할 수 있을 것이다. 이러한 의미에서 본다면 부분 또는 조건부 완전 자율주행시스템을 갖춘 자율주행자동차는 운행가능영역 내에서만 자율주행시스

템이 스스로 운행할 수 있으므로, 운행가능영역[5]을 벗어날 경우 자율주행시스템은 운전전환 요구를 하게 되고 운전자는 지체 없이 이에 대응하여 직접 운전해야 한다.

그리고 "운전자가 자율주행시스템을 사용하여 운전하는 경우에는 제49조 제1항 제10호, 제11호 및 제11호의2[6]의 규정을 적용하지 아니한다"(제50조의2 제2항). 이 규정은 자율주행자동차가 자율주행시스템이 운행하는 영역 내에서는 기존 일반자동차의 운전자에게는 허용되지 않는 휴대전화의 사용 및 영상표시장치의 시청과 조작을 허용하는 등 주의의무를 완화하고 있다. 이 규정에 따르면 휴대전화의 사용 및 영상표시장치의 시청과 조작은 모든 자율주행자동차에 적용되는 것으로 해석할 수 있다.

---

5   운행가능영역은 자동차규칙 제111조의2에서 규정하고 있다.
      자동차규칙 제111조의2(자율주행시스템의 운행가능영역 지정) ① 제작자는 자율주행시스템이 주어진 조건에서 정상적이고 안전하게 작동될 수 있는 작동영역(이하 '운행가능영역'이라 한다)을 지정해야 한다.
      ② 운행가능영역에는 자율주행자동차의 운행과 관련된 다음 각 호의 사항이 포함되어야 한다.
      1. 도로·기상 등 주행 환경
      2. 자율주행시스템의 작동한계
      3. 그 밖에 자동차의 안전한 운행과 관련된 조건
6   도로교통법 제49조 ① 모든 차 또는 노면전차의 운전자는 다음 각 호의 사항을 지켜야 한다.
      10. 운전자는 자동차등 또는 노면전차의 운전 중에는 휴대용 전화(자동차용 전화를 포함한다)를 사용하지 아니할 것. 다만 다음 각 목의 어느 하나에 해당하는 경우에는 그러하지 아니하다.
          가. 자동차등 또는 논면전차가 정지하고 있는 경우
          나. 긴급자동차를 운전하는 경우
          다. 각종 범죄 및 재해 신고 등 긴급한 필요가 있는 경우
          라. 안전운전에 장애를 주지 아니하는 장치로서 대통령령으로 정하는 장치를 이용하는 경우
      11. 자동차등 또는 노면전차의 운전 중에는 방송 등 영상물을 수신하거나 재생하는 장치(운전자가 휴대하는 것을 포함하며, 이하 "영상표시장치"라 한다)를 통하여 운전자가 운전 중 볼 수 있는 위치에 영상이 표시되지 아니하도록 할 것. 다만 다음 각 목의 어느 하나에 해당하는 경우에는 그러하지 아니하다.
          가. 자동차등 또는 노면전차가 정지하고 있는 경우
          나. 자동차등 또는 노면전차에 장착하거나 거치하여 놓은 영상표시장치에 다음의 영상이 표시되는 경우
              1) 지리안내 영상 또는 교통정보안내 영상
              2) 국가비상사태·재난상황 등 긴급한 상황을 안내하는 영상
              3) 운전을 할 때 자동차등 또는 노면전차의 좌우 또는 전후방을 볼 수 있도록 도움을 주는 영상

Ⓘ 자율주행자동차와 '도로' 관련 법령

1. 서설

자율주행자동차 연구개발 목적은 결국 상용화이며, 도로에서 실제 운행이다. 일반적으로 도로 운행에 관한 기본법은 「도로법」이다. 「도로법」은 "도로망의 계획수립, 도로 노선의 지정, 도로공사의 시행과 도로의 시설 기준, 도로의 관리·보전 및 비용 부담 등에 관한 사항을 규정"하고 있다(제1조). 「도로법」의 법령체계는 「도로법」을 최상위의 법으로 하여 그 하위에 「도로법 시행령」, 「도로법 시행규칙」, 「차량의 운행제한 규정」, 「도시철도법 등에 의한 구분지상권 등기규칙」, 「도로와 다른 시설의 연결에 관한 규칙」, 「도로의 구조·시설 기준에 관한 규칙」, 「도로의 유지·보수 등에 관한 규칙」, 「도로표지규칙」 등이 있다. 그리고 「도로법」과 관련되는 법률은 「도로교통법」, 「주차장법」, 「국가통합교통체계효율화법」, 「유료도로법」, 「농어촌도로 정비법」 등이 있다. 이하에서는 관련 법령에서 말하는 '도로'의 정의 개념을 살펴보고자 한다.

가. 도로법상 '도로'

도로법상 '도로'는 "차도, 보도(步道), 자전거도로, 측도(測度), 터널, 교량, 육교 등 대통령령으로 정하는 시설로 구성된 것으로 제10조에 열거된 것을 말하며, 도로의 부속물을 포함한다"고 규정하고 있다(제2조 제1호). 여기에서 대통령령으로 정하는 시설은 1. 차도·보도·자전거도로 및 측도, 2. 터널·교량·지하도 및 육교(해당 시설에 설치된 엘리베이터를 포함한다), 3. 궤도, 4. 옹벽·배수로·길도랑·지하통로 및 무넘기시설, 5. 도선장 및 도선의 교통을 위하여 수면에 설치하는 시설 등을 말한다(「도로법 시행령」 제2조). 그리고 「도로법」 제10조에 열거된 것은 고속국도(고속국도의 지선 포함), 일반국도(일반국도의 지선 포함), 특별시도(特別市道)·광역시도(廣

11의2. 자동차등 또는 노면전차의 운전 중에는 영상표시장치를 조작하지 아니할 것. 다만 다음 각 목의 어느 하나에 해당하는 경우에는 그러하지 아니하다.
　가. 자동차등과 노면전차가 정지하고 있는 경우
　나. 노면전차 운전자가 운전에 필요한 영상표시장치를 조작하는 경우

域市道), 지방도, 시도, 군도, 구도 등을 말한다.

나. 도로교통법상 '도로'

그리고 「도로교통법」 제2조 제1호에서도 '도로'를 정의해 두고 있는데, "「도로법」에 따른 도로, 「유료도로법」에 따른 유료도로, 「농어촌도로 정비법」에 따른 농어촌도로, 그 밖에 현실적으로 불특정 다수의 사람 또는 차마(車馬)가 통행할 수 있도록 공개된 장소로서 안전하고 원활한 교통을 확보할 필요가 있는 장소"를 말한다. 도로교통법상의 제반 규정은 "특정한 장소(도로)가 「도로교통법」상의 도로로서 인정"되는 경우에 적용되므로, 도로교통법상 '도로로서의 대상성'이 인정되지 아니하여 일반교통경찰권이 미치지 않는 장소로 판단될 경우에는 도로교통법상의 각종 금지·의무 규정은 수범자에게 적용되지 않는다.[7]

다. 유료도로법상 '도로'와 '유료도로'

유료도로법상 '도로'는 "「도로법」 제2조 제1호에 따른 도로"를 말한다(제2조 제1호). 그리고 유료도로법상 '유료도로'는 "「유료도로법」에 따라 통행료 또는 사용료를 받는 도로, 「사회기반시설에 대한 민간투자법」 제26조에 따라 통행료 또는 사용료를 받는 도로(민자도로)"를 말한다(제2조 제2호). 도로법상의 도로와는 달리 유료도로는 통행료 또는 사용료를 징수한다는 점에서 차이가 있을 뿐, 도로 자체의 성격을 다르게 정하는 것으로 볼 수 없으므로 도로교통법상의 '도로로서의 대상성'이 인정된다.[8]

라. 농어촌도로 정비법상 '도로'와 '농어촌도로'

「농어촌도로 정비법」은 '도로'의 개념을 별도로 정의해 두고 있지 않으며, '농어촌도로'를 '도로'로 지칭하고 있다. 농어촌도로 정비법상 '농어촌도로'는 "「도

7 　신형석, "도로의 법률적 의미와 범위에 대한 소고: 도로교통법 제2조 제1호를 중심으로", 서울법학 제21권 제1호, 서울시립대학교 법학연구소, 2013, 239쪽.

8 　양승미, "도로교통법의 도로등 개념에 대한 소고: 판례를 중심으로", 한국치안행정논집 제18권 제3호, 한국치안행정학회, 2021, 116쪽.

로법」에 규정되지 아니한 도로(읍 또는 면 지역의 도로만 해당한다)로서 농어촌지역 주민의 교통 편익과 생산·유통활동 등에 공용(共用)되는 공로(公路) 중 제4조 및 제6조에 따라 고시된 도로"를 말한다(제2조 제1항). 그리고 '농어촌도로'는 "대통령령으로 정하는 것으로서 도로의 효용(效用)을 다하게 하는 시설 또는 인공구조물을 포함"한다(제2조 제2항).

「농어촌도로 정비법」 제4조는 '도로의 종류 및 시설기준'에 관한 규정이다. 이 규정에 따르면 '농어촌도로'는 면도(面道)(「도로법」 제10조 제6호), 이도(里道) 및 농도(農道)로 구분한다. 우선 면도는 군도(郡道) 및 그 상위 등급의 도로(이하 '군도 이상의 도로'라 한다)와 연결되는 읍·면 지역의 기간(基幹)도로를 말한다(제4조 제2항 제1호). 다음으로 이도는 군도 이상의 도로 및 면도와 갈라져 마을 간이나 주요 산업단지 등과 연결되는 도로를 말한다(제4조 제2항 제2호). 마지막으로 농도는 경작지 등과 연결되어 농어민의 생산활동에 직접 공용되는 도로를 말한다(제4조 제2항 제3호).

마. 도로관리체계

이러한 관련 법령을 기반으로 하여 도로관리체계는 도로의 분류와 각 분류별 관리기관, 도로의 관리기준과 관리업무, 도로관리시스템 및 데이터 및 위 사항을 제도화하면 아래 [그림 2-1]과 같이 도로관리체계의 범위를 설정할 수 있다.

그림 2-1 도로관리체계의 범위

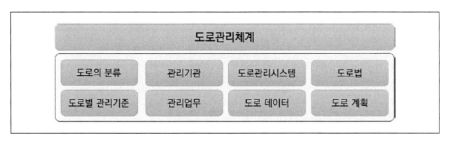

출처: 윤서연 외 3인, 『자율주행시대에 대응한 도로관리체계 연구』, 국토연구원, 2019, 7쪽.

일반적으로 '도로'는 건설 주체에 따라 정의하지만, 일부는 건설주체와 별도로 사업의 형태에 따라 정의되기도 한다. 예를 들어, 국도대체우회도로로 시내를 통과하는 국도의 기능이 저하된 경우 간선도로의 기능을 위해 우회하여 건설된 경우로 건설 이후에는 국도로 분류된다. 이러한 도로의 건설 및 관리에 대한 주체는 「도로법」에서 정의하고 있으며, [표 2-6]에서 도로법상 도로 분류별 건설·관리 주체를 확인할 수 있다.

표 2-6 도로법상 도로 분류별 건설·관리 주체			
도로종류	계획주체	건설(관리) 주체	재원
고속도로	국토교통부장관	국토교통부장관 (도공대행)	공사비: 국고·도공 용지비: 국고
일반국도 — 시외	국토교통부장관	국토교통부장관	국고
일반국도 — 시내	시장	건설: 국토교통부장관 관리 : 지정	지방비
특별광역시도	특별광역시장	특별광역시장	지방비
지방도	도지사 (시구역: 시장)	도지사 (시구역: 시장)	지방비
시군구도	지자체장	지자체장	지방비
국도대체우회도로	국토교통부장관	국토교통부장관	공사비: 국고 용지비: 지방비
국가지원지방도	국토교통부장관	도지사 (시구역: 시장)	공사비: 국고 용지비: 지방비
혼점도로	국토교통부장관	지자체장	공사비: 국고 용지비: 지방비

출처: 김호정 외, 『도로유지보수관리의 선진화 방안 연구』, 국토연구원, 2013, 17쪽.

2. 자율주행자동차의 도로 운행 여부

「도로법」은 사람이 운전하는 차를 중심으로 만들어졌다. 자율주행자동차는 그 기술발전 단계에 따라 운전자와 자율주행시스템이 동시에 있는 경우와 운전자가 제외된 자율주행시스템만 존재하는 경우가 있다. 이때 전자의 경우는 기존 도로를 운행에 있어서 다소의 문제[9]는 있을 수 있지만, 기존 도로를 운행을 전혀 하지 못할 상황은 아닐 것이다. 그러나 후자의 경우 기존 도로의 설치기준으로 곧바로 운행하는 것이 적합한 것인지 논의가 필요하다. 이것은 철저한 실증작업을 거친 후 실제 적용해야 할 문제이다. 그리고 관련 법령의 규정을 어떻게 정비하는가에 따라 그 판단도 달라질 것이다.

이와 관련하여 자율주행자동차법상 '규제 특례'(제2조 제6호)의 적용에 따라 "시범운행지구에서 자율주행에 필요한 도로공사와 도로의 유지·관리는 도로관리청이 아닌 자가 할 수 있다"고 하고 있다(자율주행자동차법 제13조 제1항). 이러한 규제 특례를 두는 이유는 자율주행자동차가 도로에서 운행하는 조건으로 도로와 끊임없는 통신이 필요하기 때문이다. 따라서 기존의 도로가 아닌 시범운행지구를 지정하여 자율주행자동차 운행조건에 맞출 필요성이 있다.[10]

3. 차세대 지능형교통체계(C-ITS)

이러한 자율주행자동차 운행조건에 맞출 필요성을 반영한 것이 자율주행자동차법이다. 즉 자율주행자동차법 제2조 제3호에서 '자율주행협력시스템(C-ITS: Cooperative-Intelligent Transport Systems)'을 정의하고 있다. '자율주행협력시스템'은 "신호기, 안전표지, 교통시설 등을 활용하여 자율주행기능을 지원·보완하여 효율성과 안전성을 향상시키는 지능형교통체계"를 말한다. 여기에서 '지능형교통체계(ITS: Intelligent Transportation Systems)'란 「국가통합교통체계효율화법」(이하 '통합교통체계법'이라 한다) 제2조 제16호에서 "교통수단 및 교통시설에 대하여 전자·제어 및 통신 등 첨단교통기술과 교통정보를 개발·활용함으로써 교통체계의 운영 및 관리를 과학화·자율주행하고, 교통의 효율성과 안전성을 향상시키는 교통체계"를 말한다. 이러한 자율주행협력시스템 또는 차세대 지능형교통체계는 차량 내 센서와 인공지능 기술의 발전에 힘입어 차량이 주변 환경을 스스로 감

---

9 여기에서 문제는 자율주행 모드 '오토파일럿(Autopilot)'이 실행하여 주행하는 동안 사고가 발생하는 경우이다. 2016년 5월 테슬라 '오토파일럿' 운전자 첫 사망사고가 발생하였고, 2016년 2월에는 구글 자율주행자동차 첫 과실 사고도 있었다.

10 이중기·황기연·황창근, 앞의 책, 140쪽.

지하여 사고를 방지하는 시도가 이루어졌다. 하지만 센서의 인식 범위, 영상 처리의 오인식 문제 등 새로운 문제점이 발생하였고 이를 해결하고자 차량과 도로 시설물 사이의 상호 정보 교환에 대한 필요성이 대두되었으며, 사물인터넷(IoT) 기술을 적용 방식이 적용된 것이다.[11]

통합교통체계법은 "교통체계의 효율성·통합성 및 연계성을 향상하기 위하여 육상교통·해상교통·항공교통정책에 대한 종합적인 조정과 각종 교통시설 및 교통수단 등 국가교통체계의 효율적인 개발·운영 및 관리 등에 필요한 사항을 정함으로써 국민 생활의 편의를 증진하고 국가 경제 발전에 이바지함을 목적"으로 한다(제1조). 통합교통체계법은 "국토부장관은 지능형교통체계의 개발·보급을 촉진하기 위하여 10년 단위로 지능형교통체계에 관한 국가 차원의 기본계획을 수립"하도록 하고 있다(제73조 제1항).

이러한 '지능형교통체계'에 관한 국가 차원의 기본계획은 제1차 국가도로종합계획(2016~2020)이 만료됨에 따라 사회·경제적 여건변화를 고려하여 제2차 국가도로망종합계획(2021~2030)을 수립하였다. 제2차 국가도로망종합계획에 따르면 '미래 모빌리티 지원을 위한 디지털 도로망 구축'으로 ① 2027년 완전 자율주행(미국 SAE 기준 Level 4) 상용화를 대비하여 주요 도로에 디지털 도로망(ITS-C-ITS) 확충, ② 자율주행 모니터링, 인프라 운영관리 등 실시간 교통관리를 위한 AI 교통정보센터 구축, ③ 차량 센서 정보 외에도 C-ITS 정보를 융합하여 실시간으로 도로교통 환경을 인지할 수 있는 기술개발·인프라 구축, ④ 차량 - 인프라 - 센터 간 신뢰성 있는 정보교환 및 해킹 방지를 위해 자율협력주행(V2X: Vehicle to Everything)[12] 보안인증관리체계 구축, ⑤ 저렴한 차량 센서로 도로상 위치를 쉽고 정확히 인식할 수 있도록 고성능 도로, 노면표지 등 디지털 도로시설 개발·적용 등의 계획을 발표하였다.[13]

---

11 나채민·가동호·여화수, "차세대 지능형 교통 체계(C-ITS) 기술 동향", 주간기술동향 제 2029호, 정보통신기획평가원, 2022, 2쪽.

12 V2X는 C-ITS 시스템을 구현하기 위한 필수 통신 기술이다. V2X는 V2V(Vehicle to Vehicle), V2N(Vehicle to Network 혹은 Nomadic Device), V2I(Vehicle to Infrastructure), V2P(Vehicle to Pedestrian), P2N(Pedestrian to Network)과 같이 모든 객체 간의 통신을 통틀어 지칭한다(나채민·가동호·여화수, 앞의 논문, 5쪽).

13 국토교통부, 『제2차 국가도로망종합계획(2021~2030)』, 국토교통부 도로정책과, 2021,

그림 2-2 V2X 통신 아키텍처

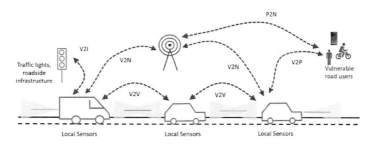

출처: "Basic V2X Concept", https://www.3g4g.co.uk/V2X/v2x_0003_introduction.html

　　C-ITS가 완벽하게 구현하기 위해서는 교통정보의 공유가 실시간으로 이루어져야 한다. 그러나 현재 기술로는 많은 한계점이 있다. 그리고 도로 위 모든 객체, 즉 차량, 보행자, 센터 등이 자유롭게 통신이 가능하도록 교통정보를 개방할 경우 보안에 관한 문제가 있다.[14]

그림 2-3 C-ITS 서비스

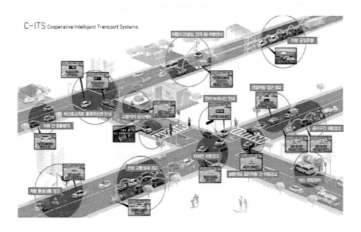

출처: 국토교통부, 『제2차 국가도로망종합계획(2021~2030)』, 국토교통부 도로정책과, 2021, 95쪽.

94-95쪽.

14 　나채민·가동호·여화수, 앞의 논문, 16쪽.

그림 2-4 | C-ITS 시스템 구성

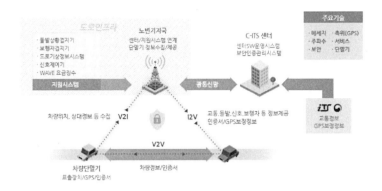

출처 : C-ITS 시범사업 홍보관(http://www.c-its.kr/introduction/component.do)

그림 2-5 | 차량단말기

출처 : C-ITS 시범사업 홍보관(http://www.c-its.kr/introduction/component.do)

4. 자율주행자동차 시범운행지구

자율주행자동차법 제7조에서 "국토교통부장관은 자율주행자동차 시범운행지구를 운영하려는 시·도지사의 신청을 받아 자율주행자동차 시범운행지구 위원회(제16조)[15]의 심의·의결을 거쳐 자율주행자동차 시범운행지구(이하 '시범운행지구'라 한다)를 지정"할 수 있다고 규정한다. 시범운행지구는 "자율주행자동차의 연구·시범운행을 촉진하기 위하여 규제특례가 적용되는 구역으로서 제7조에 따라 지정되는 구역"을 말한다(제2조 제5호). 자율주행자동차의 경우 자율주행자동차법상 '규제 특례'(제2조 제6호)의 적용에 따라 "시범운행지구에서 자율주행에 필요한 도로공사와 도로의 유지·관리는 도로관리청이 아닌 자가 할 수 있다"고 하고 있다(제13조 제1항). 이러한 규제 특례를 두는 이유는 자율주행자동차가 도로에서 운행하는 조건으로 도로와 끊임없는 통신이 필요하기 때문이다. 따라서 기존의 도로가 아닌 시범운행지구를 지정하여 자율주행자동차 운행조건에 맞출

---

15 자율주행자동차법 제16조(위원회의 구성 등) ① 자율주행자동차 시범운행지구에 관한 정책 및 중요 사항을 심의·의결하기 위하여 국토교통부장관 소속으로 자율주행자동차 시범운행지구 위원회(이하 '위원회'라 한다)를 둔다.
② 위원회는 다음 각 호의 사항을 심의·의결한다.
1. 시범운행지구에 관한 기본정책과 제도에 관한 사항
2. 시범운행지구의 지정·변경 및 해제에 관한 사항
3. 제15조에 따른 규제특례 적용의 배제에 관한 사항
4. 제17조에 따른 시범운행지구의 운영에 대한 평가에 관한 사항
5. 시범운행지구와 관련한 중앙행정기관의 장 및 지방자치단체의 장 간의 의견 조정에 관한 사항
6. 그 밖에 시범운행지구의 지정 및 운영 등에 필요한 사항으로서 대통령령으로 정하는 사항
③ 위원회는 위원장 2명을 포함하여 20명 이내의 위원으로 구성한다.
④ 위원장 1명은 국토교통부장관이 되고, 다른 위원장 1명은 제1호의 민간위원 중에서 호선하며, 위원은 다음 각 호의 자가 된다.
1. 민간위원 : 자율주행자동차 분야에 관한 학식과 경험이 풍부한 사람 중에서 국토교통부장관이 위촉하는 사람
2. 정부위원 : 대통령령으로 정하는 관계 중앙행정기관의 차관 또는 차관급 공무원
⑤ 위원회는 시범운행지구에서 자율주행자동차의 연구·시범운행과 관련된 시·도의 조례가 현저히 불합리하다고 인정하는 경우에는 그 조례의 개정 또는 폐지 등에 관한 의견을 지방의회에 제출할 수 있다.
⑥ 이 법에서 규정한 사항 외에 위원회의 구성 및 운영 등에 필요한 사항은 대통령령으로 정한다.

필요성이 있다.[16]

자율주행자동차 시범운행지구는 2020.12.8.과 2021.4.27. 두 차례에 걸쳐서 7개가 지정되었다. 자율주행자동차 시범운행지구 지정 현황은 아래의 [표 2-7]과 같다.

구분	시범운행지구의 명칭	위치	관할 시·도
	표 2-7 자율주행자동차 시범운행지구 지정 현황		
1	상암 자율주행자동차 시범운행지구	서울특별시 상암동 일원	서울특별시
2	충청권 광역교통망 자율주행자동차 시범운행지구	세종오송로, 한누리대로 일부 구간	충청북도 세종특별자치시
3	세종 상상 시범운행지구	세종특별자치시 종촌동, 어진동 등 일부 구역	세종특별자치시
4	광주광역시 특수목적 자율주행자동차 시범운행지구	광주광역시 수완지구, 평동산업단지 일원	광주광역시
5	대구 자율주행 시범운행지구	대구광역시 수성구, 달성군 일부 구역	대구광역시
6	제주국제공항–중문관광단지 (평화로) 자율주행자동차 시범운행지구	평화로 일부 구간, 제주시, 서귀포시 일부 구역	제주특별자치도
7	경기도 판교제로시티 자율주행자동차 시범운행지구	경기도 성남시 분당구 및 수정구 일원	경기도

시범운행지구의 위치 및 면적은 ① 서울: 서울 상암동 일원 6.2㎢ 범위, ② 충북·세종: 오송역 ↔ 세종터미널 구간 BRT 약 22.4㎞, ③ 세종: BRT 순환노선 22.9㎞, 1~4생활권 약 25㎢ 범위, ④ 광주: 광산구 내 2개 구역 약 3.76㎢, ⑤ 대구: 수성알파시티 내 약 2.2㎢ 구간, 테크노폴리스 및 대구국가산단 약 19.7㎢

---

16 이중기·황기연·황창근, 앞의 책, 140쪽.

범위, 산단연결도로 약 7.8㎞, ⑥ 제주: 제주국제공항 ↔ 중문관광단지(38.7㎞) 구간 및 중문관광단지 내 3㎢ 구간 ⑦ 경기도: 경기도 성님시 분당구 및 수정구 일원 7㎞ 등이다.

구분	위치	면적 및 연장
	표 2-8 시범운행지구의 위치 및 면적(연장)	
1	서울특별시 상암동 일원(24개 도로 총 31.3㎞)	6.2㎢
2	세종오송로(오송역-미호대교)	4.4㎞
3	세종오송로 (세종특별자치시 연동면 예양2교-꽃구름교)	6.3㎞
4	한누리대교(세종특별자치시 연동명 용호리-세종고속시외버스터미널)	11.7㎞
5	세종특별자치 종촌동 일원	1.14㎢
6	세종특별자치시 어진동 일원	2.65㎢
7	세종특별자치시 다정동 일원	1.7㎢
8	세종특별자치시 나성동 일원	1.75㎢
9	세종특별자치시 연기면 세종리 일원	2.37㎢
10	세종특별자치시 새름동 일원	1.49㎢
11	세종특별자치시 한솔동 일원	1.23㎢
12	세종특별자치시 대평동 일원	1.5㎢
13	세종특별자치시 보람동 일원	1.33㎢
14	세종특별자치시 소담동 일원	1.22㎢
15	세종특별자치시 반곡동 일원	3.17㎢
16	세종특별자치시 집현동 일원	5.59㎢

17	광주광역시 광산구 평동산업단지 일원	3.43㎢
18	광주광역시 광산구 수완지구 일원	0.33㎢
19	대구광역시 수성구 대흥 · 삼덕 · 시지 · 노변동 일원(수성알파시티)	2.2㎢
20	대구광역시 달성군 현풍읍 · 유가읍 일원 (대구테크노폴리스)	7.7㎢
21	대구광역시 달성군 현풍읍 구지면 일원 (대구국가산업단지)	9.4㎢
22	대구광역시 달성군 현풍음 일원 (대구테크노폴리스-대구국가산업단지 연결도로)	2.6㎢
23	제주국제공항 일원	0.117㎢
24	제주국제공항입구-공항서로-월광로-광평동로-한라대학입구교차로	4.45km
25	제주국제공항입구-공항로-도령로-노형로-한라대학입구교차로	3.86km
26	한라대학입구교차로-노형로-무수천사가로교차로	3.38km
27	무수천사가로교차로-평화로-동광IC	19.84km
28	동광IC-한창로-상창교차로	3.52km
29	상창교차로-한창로-창천삼거리	2.28km
30	창천삼거리-일주서로-색달입구교차로	3.25km
31	색달입구교차로-천제연로-중문관광단지교차로	1.02km
32	중문관광단지 일원	2.109㎢
33	경기도 성남시 분당구 및 수정구 일원	7.0km

Ⓥ 자율주행자동차 상용화에 따른 도로교통 관련 법령 쟁점과 개선방안

1. '자율주행자동차'에 관한 기본법은 무엇인가?

자율주행자동차와 관련된 법령은 앞에서 살펴본 바와 같이 첫째, 자동차, 둘째, 운전자, 셋째, 도로 등으로 구분할 수 있다. 이에 따라 자율주행자동차 관련 법령은 제정되거나 기존 법령을 개정하면서 존재하고 있다. 이들 법령은 각각의 목적에 따라 개별적으로 용어를 정의하는 규정을 두고 있다. 그러나 각각 규정된 정의 개념은 명확하지 않을 뿐만 아니라 중복하여 규정된 경우가 있어 수범자의 입장에서 혼란을 야기한다. 이러한 문제와 관련하여 누군가는 명확하지 않은 미래 상황을 곧바로 법령에 반영할 수 없다고 항변할 것이다.

이러한 항변을 수용하더라도 법률의 규정은 명확해야 하며, 이에 기초하여 입법하거나 개정해야 한다. 법률의 규정이 명확하지 않은 것은 자율주행자동차와 관련된 법령이 흩어져 있다는 점이 그 원인을 제공한다고 볼 수 있다. 그렇다면 현행 법률에서 자율주행자동차를 규율할 수 있는 기본법은 무엇인가라는 근원적인 질문을 하게 된다. 이러한 질문에 대하여 2020.5.1.부터 시행되고 있는 자율주행자동차법이라고 할 수 있는가?

기본법은 주로 정책추진을 위한 기본적인 방향을 제시하거나, 해당 분야 정책 시행을 위한 골격을 형성하거나, 그 밖에 개별법으로 구체화할 필요가 있는 대강을 정하여 개별법으로 정하도록 유도하는 역할을 하는 법률이라고 본다. 기본법은 형식적으로 제명에 '기본법'을 사용하고 있는 법만을 기본으로 보기도 한다. 그러나 실질적으로 정책적 기본이념과 방향, 관련법과의 연계성 등 해당 분야의 기본적인 사항을 정하고 있는 법률을 기본이라 지칭하기도 한다. 기본법은 지속적이고 일관된 정책 방향을 일정 기간 유지할 필요가 있는 분야를 주로 규율하게 될 수밖에 없으며, 이를 법률에 반영하는 방식 역시 포괄적이고 추상적인 규정이 주를 이루고 있어 일반법과는 다른 특수성을 가지고 있다.[17] 그리

---

17 백옥선, 『국가표준기본법에 대한 사후적 입법평가』, 한국법제연구원, 2015, 31-32쪽.

고 기본법의 중요한 기능 중 하나는 관련 타 법령들 간의 연계성을 확보하는 역할을 수행한다는 점이며, 다른 법령의 총칙 규정의 역할을 하기도 한다.[18] 기본법의 구성체계 일반적인 법률과 마찬가지로 총칙에서 목적조항, 정의조항, 타법과의 관계 등에 관한 규정을 두고 있으며, 기본법의 경우에는 더 나아가 기본이념에 관한 조항이나 책무조항을 두는 예가 많다. 기본법에도 벌칙조항을 두고있는 법률도 상당수 있으며, 대개 비밀준수의무 위반 등에 대한 벌칙 조항이 많으나, 창고법으로서의 역할을 수행하는 과정에서 구체적인 권리의무제한사항을담고 있는 경우에는 벌칙조항도 일반법과 차이가 없게 다수의 조항으로 규정되어 있기도 하다.[19]

표 2-9 기본법의 일반적 구성체계

○○기본법	
제○장 총칙	제○조 목적 제○조 적용범위 제○조 정의 제○조 국가 등의 책무 제○조 다른 법률과의 관계
제○장 ○○정책 수립 및 조직 구성	제○조 ○○계획의 수립 제○조 ○○위원회(협의회)의 설치 제○조 기타 등등
제○장 개별분야별 정책방향에 관한 사항	개별분야별 특성별로 상이
⋮	⋮
제○장 보칙	제○조 ○○에 대한 지원 등 제○조 보고 제○조 권한의 위임·위탁

출처: 백옥선, 『국가표준기본법에 대한 사후적 입법평가』, 한국법제연구원, 2015, 35쪽.

---

18 백옥선, 앞의 책, 33쪽.
19 백옥선, 앞의 책, 34-35쪽.

이처럼 법 제명에 '기본법'을 사용하고 있지 않더라도 기본법의 성격을 가질 수 있다. 이러한 의미에서 본다면 자율주행자동차법은 자율주행자동차 상용화에 따른 자율주행자동차 운행과 책임에 관한 기본법적 지위를 가진다고 볼 수 있다. 이와 관련하여 "자율주행자동차의 실용화를 위한 연구개발 촉진 및 각종 정책의 수립과 집행을 가능하게 하는 근거규정으로 작용하게 되어 해당 분야 산업계에 긍정적인 영향을 줄 것으로 기대"[20]하거나, "자율주행자동차의 상용화를 위하여 국가가 주도적으로 자율주행자동차에 관한 정책을 수립·시행하고 각종 기술개발과 인프라 구축 등을 지원하고 있고 자율주행자동차의 안전운행을 위하여 사전위험방지의 일환으로 책임보험의 가입을 규정하고 있다"[21]는 지적은 자율주행자동차법의 성격을 명확하게 보여 주는 것이다.

표 2-10 자율주행자동차법의 구성체계	
자율주행자동차법	
제1장 총칙	제1조 목적 제2조 정의 제3조 다른 법률과의 관계
제2장 자율주행자동차의 이용촉진	제4조 기본계획의 수립 제5조 자율주행자동차 관련 현황조사 ⋮ 제16조 위원회의 구성 등
제3장 자율주행자동차의 이용환경 조성	제17조 시범운행지구의 운영에 대한 평가 제18조 시설 관리 의무 ⋮ 제26조 해외진출 및 국제협력

---

20 전용일, "우리나라 자율주행자동차법안(자율주행자동차 개발 촉진 및 상용화 기반 조성에 관한 법률안)의 주요내용 분석과 시사점", 법학연구 제27권 제1호, 경상대학교 법학연구소, 2019, 257쪽.

21 이재삼, "자율주행자동차의 상용화를 위한 법적 개선방안 연구", 과학기술법연구 제25집 제4호, 한남대학교 과학기술법연구원, 2019, 125쪽.

제4장 자율주행자동차의 안전성 확보를 위한 자율협력주행 인증	제27조 자율협력주행 인증관리센터의 설치·운영 등 제28조 인증기관의 지정 등 ⋮ 제39조 배상책임 및 보험가입
제5장 보칙	제40조 청문 제41조 권한의 위임 및 업무의 위탁 제42조 벌칙 적용에서 공무원 의제
제6장 벌칙	제43조 벌칙 제44조 과태료

출처: 저자 작성

[표 2-10]에서 보는 바와 같이 자율주행자동차법의 구성체계를 보면 앞의 [표 2-9]에서 서술한 바와 같이 구성되어 있다는 점을 알 수 있다. 이와 같다면 비록 '기본법'이라는 제명을 사용하지 않았더라도 기본법이라 평가할 수 있다. 이러한 평가와 관련하여 과연 자율주행자동차법은 기본법으로서 지위를 가지고 있는 것인가?

자율주행자동차법은 자율주행자동차 상용화 이전에 다양한 부분을 미리 규정하였다는 점에서 자율주행자동차법은 의미가 있다.[22] 그리고 자율주행자동차법은 현재 기술개발단계에서 자율주행자동차 정착을 위해 필요한 형식으로 구성되어 있다는 점에서 긍정적으로 평가할 수 있다. 그러나 자율주행자동차의 안정성 담보를 비롯하여 법적인 여러 문제점을 해결하기에는 부족하다.[23] 즉 자율주행자동차에 필요한 안전기준을 법률로 보다 구체적으로 설정하거나, 시행령이나 시행규칙 등 하위법령에 구체적으로 위임하여 자율주행자동차 일반에 관한 안전기준설정의 근거를 마련할 필요가 있다.[24] 그리고 자율주행자동차법은 국민의 생명·신체·재산을 보호하고 관련기관에서는 연구와 상용화를 위한 최

---

22 김두상, "자율주행자동차에 관한 형사법적 고찰-자율주행자동차 사용화 촉진 및 지원에 관한 법률을 중심으로-", 서울법학 제28권 제1호, 서울시립대학교 법학연구소, 2020, 296쪽.

23 김두상, 앞의 논문, 286쪽.

24 맹준영, 『자율주행자동차와 법적 책임』, 박영사, 2020, 181쪽.

대한의 예측가능성과 가이드라인을 제공해 준다. 이러한 측면에서 가능한 모든 부분은 법제화에 노력을 기울여야 한다.[25] 그럼에도 불구하고 자율주행자동차법은 완성된 것이라기보다는 미완성의 상태라 할 수 있다.

2. 자율주행자동차의 '운전자'는 누구인가?

가. '운전'과 '운전자'

「자동차관리법」 제2조 제1의3호는 '자율주행자동차'를 "운전자 또는 승객의 조작 없이 자동차 스스로 운행이 가능한 자동차"라고 정의하고 있다. 이러한 규정은 미국의 국제자동차기술자협회(SAE: Society of Automotive Engineers)에서 분류한 Level 5에 해당하는 완전 자율주행자동차라고 볼 수 있다. 결국 현행 「자동차관리법」에 따른 자율주행자동차의 '운전자'는 '사람'뿐만 아니라 '자율주행시스템'도 포함된다.

현행 법률에서 '운전자'에 대한 규정을 두고 있는 것은 「자동차손해배상 보장법」(이하 '자동차손배법'이라 한다)이다. 자동차손배법 제2조 제4호는 '운전자'를 "다른 사람을 위하여 자동차를 운전하거나 운전을 보조하는 일에 종사하는 자"로 규정하고 있다. 자동차손배법상 '운전자' 개념의 의미는 운행자와 운전자가 관념적으로 구별된다는 점을 밝히는 의미만을 가질 뿐, 적극적인 책임주체로서의 개념은 아니다.[26] 이러한 개념들은 도로교통 관련 법체계에서 핵심적 지위를 차지하는 개념이다. 「도로교통법」은 운전자에 대한 안전운전의무(제48조 제1항)[27]를 부과하고 있어 실제 운전작업의 담당자를 파악하는 개념으로 사용하고 있다.

「도로교통법」 제2조에서는 '운전'에 대한 개념을 정의하고 있다. 이에 따르면 '운전'이란 "도로에서 차마 또는 노면전차를 그 본래의 사용방법에 따라 사용

---

25 전용일, 앞의 논문, 270쪽.

26 맹준영, 앞의 책, 404쪽.

27 도로교통법 제48조(안전운전 및 친환경 경제운전의 의무) ① 모든 차 또는 노면전차의 운전자는 차 또는 노면전차의 조향장치와 제동장치, 그 밖의 장치를 정확하게 조작하여야 하며, 도로의 교통상황과 차 또는 노면전차의 구조 및 성능에 따라 다른 사람에 위험과 장해를 주는 속도나 방법으로 운전하여서는 아니 된다.

하는 것(조종 또는 자율주행시스템을 사용한 것을 포함한다)을 말한다"(제2조 제26호)고 규정하고 있다.[28] 이러한 운전의 개념에 대해서는 엔진시동설, 발진설 그리고 발진조작설로 견해가 대립하고 있다. 우선 엔진시동설은 운전은 엔진의 시동 후 발진에 이르는 준비조작을 포함하거나 자동차를 발진시킬 목적으로 엔진 시동을 일으키는 것이라는 견해이다. 다음으로 발진설은 자동차 차체가 조금이라도 발진하여 이동하여야 운전이라고 보는 견해이다. 마지막으로 발진조작설은 주차 중의 자동차를 새로 발진시키려는 경우 「도로교통법」에서 의미하는 운전은 단순히 엔진을 시동시키는 것뿐만 아니라 발진조작을 완료할 것을 요한다는 견해이며, 대법원의 입장이다.[29]

도로교통법상 운전이라는 개념은 단순히 자동차의 조작이 아니라 의사를 가져야 한다는 점에서 자율주행자동차를 움직이기 바라는 자가 어느 쪽인지에 대해 생각해 보면서 운전자의 개념에 대해 고민해 볼 필요가 있다.[30] 그리고 자율주행자동차 운전의 개념에 관한 기본적 정립은 필요한 것이며, 운전자라는 것은 운전의 개념으로부터 자연스럽게 파생되는 개념이므로 운전의 개념을 검토하는 것이 의미가 있다.[31]

도로교통법상 '운전'은 '본래의 사용방법대로 사용하는 것'을 의미한다. 최근 개정을 통하여 자율주행자동차도 '운전'의 개념에 포섭될 수 있게 되었다. 즉 개정 「도로교통법」은 자율주행자동차법 제2조 제1항 제2호에서 정의하고 있는 '자율주행시스템'을 '운전'의 개념으로 인정한 것이다. 여기에서 '자율주행시스템'은 앞에서도 설명하였지만 자동차규칙 제111조에서 부분 자율주행시스템, 조건부 완전 자율주행시스템 그리고 완전 자율주행시스템 등으로 구분하는 것을 말한다. 따라서 자율주행자동차의 운전자성에 관한 기존의 논의는 「도로교

---

28 「도로교통법」은 2021.10.19. 법률 제18491호로 개정되고 2022.4.20.부터 시행되고 있다. 다만 이 규정의 시행은 2022.7.12.부터이다.

29 김연주, "자율주행자동차에 대한 도로교통법 대응에 관한 소고(小考)-운전면허 규정을 중심으로", 강원법학 제61권, 강원대학교 비교법학연구소, 2020, 195쪽.

30 김연주, 앞의 논문(2020), 197쪽.

31 김연주, "자율주행자동차 시대 대비 도로교통법상의 운전과 운전자에 대한 검토", 교통 기술과 정책 제18권 제2호, 대한교통학회, 2021, 38쪽.

통법」 개정을 통하여 그 문제를 어느 정도 해소하게 되었다.

나. '운전자'와 '운행자'

앞에서 살펴본 바와 같이 「도로교통법」 제2조에서 '운전'이란 "도로에서 차마 또는 노면전차를 그 본래의 사용방법에 따라 사용하는 것(조종 또는 자율주행시스템을 사용한 것을 포함한다)을 말한다"(제2조 제26호)고 규정하고 있다. 그리고 자동차손배법 제2조 제2호는 '운행'을 "사람 또는 물건의 운송 여부와 관계없이 자동차를 그 용법에 따라 사용하거나 관리하는 것을 말한다"고 규정하고, 제2조 제4호는 '운전자'를 "다른 사람을 위하여 자동차를 운전하거나 운전을 보조하는 일에 종사하는 자"로 규정하고 있다. 이러한 '운전자'는 "도로 교통시 안전성" 확보를 목적으로 하는 「도로교통법」의 목적상 실제 운전작업을 담당하는 사람을 의미하는 개념이다. 따라서 보유자나 운행자와 달리 차량을 실제 제어하는 주체가 운전자로 취급하는 것이다.[32] 이에 반해 '운행자'는 피해자보호에 초점을 맞추어 운행지배와 운행이익 개념에 기초한 것이다.[33]

최근 개정된 「도로교통법」은 '운전'의 정의를 사람뿐만 아니라 '자율주행시스템'도 포함하여 기존 사람 중심 법체계의 변화를 보여 주고 있다. 이러한 의미에서 '자율주행시스템'이 '운전자' 또는 '운행자'의 개념에 포섭될 것인지에 대한 논의가 필요하다. 왜냐하면, 자율주행자동차 기술발전의 최종적 목표는 '사람'인 운전자가 필요로 하지 않은 상태인 완전 자율주행자동차(미국 SAE 기준 Level 5)이다. 이 경우 자율주행자동차 사람 운전자의 운행지배 여지가 감소하고, 운전자의 과실 인정 부분이 크게 줄어 운행자의 운행책임 인정 가능성이 낮아지게 된다. 이에 따라 제조사가 제조물책임법상 책임을 부담할 가능성이 높아질 수 있다.[34] 또한 완전 자율주행자동차의 사람 운전자의 경우 실질적인 운행지배가 어렵게 된다. 이에 따라 기존 자동차손배법 제2조 제2호와 제3조에 규정된 '운행'

---

32   이중기·황기연·황창근, 앞의 책, 325쪽.

33   이중기·황기연·황창근, 앞의 책, 325쪽.

34   이중기, "인공지능을 가진 로봇의 법적 취급 : 자율주행자동차 사고의 법적 인식과 책임을 중심으로", 홍익법학 제17권 제3호, 홍익대학교 법학연구소, 2016, 11-15쪽.

의 의미와 '운행자'의 개념을 적용에 있어서 한계가 존재하게 된다. 따라서 이러한 개념을 자율주행자동차에 적용할 수 있는지에 대한 검토가 필요하다.[35] 이처럼 자율주행자동차 운전의 운행자성 인정 여부는 자동차손배법 등 책임법제와도 직접적으로 관련되는 것이며, 자동차 보험제도와도 관계되어 자율주행자동차 책임법제와 관련된 논의의 핵심이기 때문이다.[36]

대법원은 자동차손배법상 운행자 판단기준으로 ① 운행이익과 ② 운행지배를 제시하고 있다.[37] 구체적으로 보면 "자동차손배법 제3조에서 자동차 사고에 대한 손해배상책임을 지는 자로 규정하고 있는 '자기를 위하여 자동차를 운행하는 자'란 사회통념상 당해 자동차에 대한 운행을 지배하여 그 이익을 향수하는 책임주체로서의 지위에 있다고 할 수 있는 자를 말한다"라고 판시하였다. 여기에서 '운행이익'은 자동차 운행에 따른 이익이 자신에게 귀속되는 것을 의미한다. 그리고 '운행지배'란 자동차 사용에 대한 지배력이 자기에게 속하는 것을 의미한다.

자율주행자동차 기술발전단계가 높아지면, 즉 자동차규칙에서 규정하고 있는 자율주행시스템에서 사람 운전자의 개입이 필요하지 않은 완전 자율주행자동차라면 사람의 운행지배는 사라지게 된다. 결국 사람이 아닌 자율주행시스템이 운행지배를 가지게 되며, '운행자'로 인정하게 되는 것이다. 이처럼 '자율주행시스템'이 '운행자'의 지위를 가지게 된다는 것은 자동차손배법상 자동차 운행을 통한 손해, 즉 사람을 사망하게 하거나 부상하게 한 경우 그 배상책임을 진다는 의미이다. 이것은 자동차 사고와 관련한 책임법제의 변화를 요구하는 것이다. 그러나 현행 자동차손배법상 책임은 인간에게 지우고 있으므로 새로운 논의가 필요하다. 따라서 이를 해결하기 위하여 기존 법령의 틀에서 해석 가능성 또는 새로운 규정 창설의 문제로 나아가게 된다.

---

35 민한빛, "자율주행차의 운행자성 및 운전자성 인정에 대한 시론(試論)", 법조 제67권 제1호, 법조협회, 2018, 222쪽.

36 민한빛, 앞의 논문, 208쪽.

37 대법원 2012.3.29. 선고 2010다4608 판결.

다. 도로교통에 관한 국제협약

도로교통에 관한 보편적인 규칙을 규율하고 있는 국제협약은 1949년 9월 9일 체결된 「제네바 도로교통 협약(Geneva Convention on Road Traffic 1949)」이 있다. 이후 「제네바 도로교통 협약」을 대체하기 위하여 1968년 11월 8일 「비엔나 도로교통 협약(Vienna Convention on Road Traffic)」이 체결되었다. 이 국제협약은 「제네바 도로교통 협약」 당사국 중 일부 국가만이 「비엔나 도로교통 협약」을 비준함으로써 도로교통에 관한 보편적인 규칙이 병존하게 되었다.[38] 이 중에서 우리나라는 「제네바 도로교통 협약」에만 가입하고 조약 제389호로 비준하였으며, 「비엔나 도로교통 협약」은 서명만 하고 비준 절차를 거치지 않았다.

「제네바 도로교통 협약」 제4조는 '운전자'를 "도로상에서 차량(자전거를 포함)을 운전하거나 견인용, 적재용 또는 승용에 사용되는 동물 또는 가축의 무리를 인도하는 자 또는 이를 실제로 제어하는 자"로 정의하고 있다. 그리고 「제네바 도로교통 협약」 제8조 제1항은 "일단위로서 운행되고 있는 차량 또는 연결 차량에는 각기 운전자가 있어야 한다"라고, 제8조 제5항은 "운전자는 항상 차량을 조종할 수 있고 또는 동물을 안내할 수 있어야 한다. 타 도로 사용자에 접근할 때에는 운전자는 당해 타 도로 사용자의 안전을 위하여 필요한 주의를 하여야 한다"라고 규정하고 있다. 이러한 규정에 따르면 자동차의 운전자는 '사람'으로 상정하고 규정의 개념을 정의한 것으로 볼 수 있다. 그리고 「비엔나 도로교통 협약」도 「제네바 도로교통 협약」과 같은 내용으로 규정되어 있다.

유엔 유럽경제이사회(UNECE: United Nations Economic Commission for Europe)의

---

[38] '제네바 도로교통 협약'이 체결된 1949년 당시에는 독일 등 유럽국가들이 제2차 세계대전 이후 혼란의 상황에서 '제네바 도로교통 협약'에 가입하지 못하였다. 그 이후 1950년대에 비로소 유럽국가들을 중심으로 '비엔나 도로교통 협약'의 채택이 추진되면서 아시아 국가들은 기존 '제네바 도로교통 협약'에 잔류하는 반면, 유럽국가들은 새로운 '비엔나 도로교통 협약'을 체결한 것으로 이해된다(박주희, 『완전 자율주행차 상용화를 위한 국제규범과 국내 법제도의 조화』, 과학기술정책연구원, 2020, 17쪽).

두 실무그룹인 WP1[39] 및 WP29[40]의 주도로 자율주행자동차 상용화를 위한 국 제규범을 논의하고 있다. 이러한 논의과정을 통하여 기존 두 개의 국제협약을 개정하는 작업을 담당하고 있으며, WP29는 자율주행자동차의 안전한 상용화 를 위한 각종 기술규칙을 발전시켜 나가고 있다.[41]

「비엔나 도로교통 협약」은 유럽 여러 국가들의 요구로 2016년 3월 23일부 터 발효한 「비엔나 도로교통 협약」 제8조 제5항의2(Article 8.5 bis)와 제39조 제 1항 제3문이 추가되었다. 개정 전 「비엔나 도로교통 협약」의 차량 주행은 운전 자의 '존재' 및 '통제'를 전제로 하고 있었다. 이러한 규정을 수정하고 추가하여 '통제'의 요건이 일정 요건을 갖춘 자율주행시스템의 경우 충족되는 것으로 간 주하는 방식으로 개정하였다. 구제적으로 보면 「비엔나 도로교통 협약」 제8조 제5항의2는 "차량이 주행되는 방식에 영향을 미치는 차량 시스템은 그것이 차 륜차량, 장비, 차륜차량에 장착되거나 이용될 수 있는 부품에 관한 국제법적 문 서에 따라 구축, 장착 및 이용의 조건에 부합하는 경우" 제8조 제5항[42] 및 제13 조 제1항[43]과 합치되는 것으로 간주된다(제8조 제5항의2 제1문). 만일 "차량이 운전 되는 방식에 영향을 미치는 차량 시스템으로 앞에서 언급된 구축, 장착, 이용의 조건에 부합하지 아니한 차량 시스템은 그러한 시스템이 운전자에 의해 중단되

---

39 WP1은 1988년 '도로교통안전에 관한 작업반(Working Party on Road Traffic Safety)' 으로 설립되었으며, 2017년 '도로교통 안전을 위한 세계포럼(Global Forum for Road Traffic Safety)'으로 명칭이 변경되었다(UNECE, Global Forum for Road Traffic Safety, https://www.unece.org/trans/main/welcwp1.html).

40 WP29는 '차량 규칙 조화를 위한 세계포럼(World Forum for the Harmonization of Vehicle Regulations)'으로 기능한다. WP29는 세계적으로 조화를 이룬 차량 규 칙(regulations)을 위한 프레임워크를 제공한다(UNECE, World Forum for the Harmonization of Vehicle Regulations, https://www.unece.org/trans/main/ wp29/meeting_docs_wp29.html).

41 박주희, 앞의 논문, 17쪽.

42 비엔나 도로교통 협약 제8조 ① 모든 이동하는 차량 또는 연결 차량에는 운전자가 있어야 한다. ⑤ 모든 운전자는 자신의 차량을 항상 통제할 수 있어야 하며 자신의 동물을 인도할 수 있어야 한다.

43 비엔나 도로교통 협약 제13조 ① 모든 차량의 운전자는 적절한 주의를 기울일 수 있고 자 신을 필요로 하는 모든 이동을 항상 수행할 수 있는 위치에 있도록 하기 위하여 모든 상황 에서 자신의 차량을 통제해야 한다.

고 종료될 수 있는 경우" 본조 제5항 및 제13조 제1항의 운전자 통제 요건에 합치하는 것으로 간주된다(제8조 제5항의2 제2문). 또한 「비엔나 도로교통 협약」 제39조 개정으로 일정한 국제법 문서상 기술규정에 합치한 자율주행시스템이 장착된 차량의 경우도 제5부속서 요건에 부합하는 것으로 간주하게 되었다.[44]

2016년 개정된 「비엔나 도로교통 협약」은 완전 자율주행자동차 상용화를 위한 규범이 완성된 것은 아니다. 이에 따라 유엔 유럽경제이사회(UNECE) WP1은 「비엔나 도로교통 협약」을 2020년에 개정하게 되었다. 이 개정안에 따르면 제1조에 '자율주행시스템'과 '동적통제(dynamic control)'의 개념 정의 규정이 추가되었으며, 자율주행에 관한 제34조의2가 신설되었다. 우선 개정안 제1조에 추가된 '자율주행시스템'은 "지속적으로 차량의 동적통제를 행사하기 위한 하드웨어 및 소프트웨어를 이용하는 차량 시스템을 의미한다"라고 하고, '동적통제'는 "차량을 이동하는데 요구되는 모든 실시간 주행 및 전략적 기능을 수행하는 것을 의미한다. 여기에는 차량의 횡적 종적 움직임을 통제하는 것, 도로를 모니터링하는 것, 도로교통에서 사고에 대응하는 것 그리고 조작을 계획하고 조작을 위해 신호를 보내는 것이 포함된다"라고 정의하고 있다. 다음으로 개정안 제34조의2에 추가된 '자율주행'은 "모든 이동하는 차량 또는 연결 차량이 운전자를 가져야 한다는 요건은 차량이 다음에 부합하는 자율주행시스템을 이용하는 경우 충족되는 것으로 간주된다. (a) 차륜차량, 장비 및 차륜차량에 장착될 수 있거나 이용될 수 있는 부품에 관한 국내 기술규칙 및 모든 적용 가능한 국제법적 문서, (b) 주행을 규율하는 국내법제"로 정의한다.

3. 자율주행을 위한 '운전면허제도'의 검토

「자율주행자동차의 안전운행요건 및 시험운행 등에 관한 규정」은 운전석 있는 경우와 운전석 없는 경우의 자율주행자동차를 규정해 두고 있다. 그러나 유인이든 무인이든 모두 운전 주체는 '사람 운전자'에서 '자율주행시스템'으로 전

---

44 박주희, 앞의 논문, 20쪽.

환된다. 이에 따라 자율주행시스템이 '운전'을 하는 '운전자'가 되는 것이며, 앞에서 살펴본 바와 같이 「도로교통법」 개정을 통하여 자율주행시스템의 운전자성 문제는 어느 정도 해소되었다.

그러나 자율주행시스템의 운전자성 문제가 해소되었다고 하더라도 '운행허가'만으로 곧바로 '운전면허'를 취득한 것으로 볼 것인가는 다른 문제이다. 자율주행자동차가 상용화되면 필연적으로 자율주행자동차를 운행하기 위한 허가, 즉 운전자는 운전면허를, 자율주행자동차는 운행허가 등이 필수적 요소가 된다. 여기에서 운전자가 자율주행자동차 운행에 있어서 필요한 운전면허와 관련하여 현행 법령은 완비되어 있다고 볼 수 없다. 이러한 상황은 비단 우리나라만의 문제가 아니라 다른 국가들도 같은 상황이다.

「도로교통법」 제80조는 '운전면허'에 관하여 규정을 두고 있다. 이 규정에 따르면 "자동차등을 운전하려는 사람은 시·도경찰청장으로부터 운전면허를 받아야 한다"고 규정하고 있다. 여기에서 '자동차등'은 "자동차와 원동기장치자전거"를 말한다. 또한 자동차는 「자동차관리법」 제3조에 따라 "승용자동차·승합자동차·화물자동차·특수자동차·이륜자동차 및 「건설기계관리법」 제26조 제1항 단서의 규정에 의한 건설기계"를 말한다. 그러나 이 규정에 따르면 자율주행자동차는 포함되지 않는다.

이러한 문제는 앞에서 서술한 자율주행자동차 종류([표 2-2])와 자율주행자동차 특성([표 2-3])에 따라 운전석 있는 경우와 없는 경우로 구분하여 살펴보아야 한다. 이때 운전석 있는 경우는 '운전자'의 운전 전환을 통하여 위험과 장애 요소를 방지할 수 있다.[45] 그리고 '운전자'가 탑승하게 되므로 '운전자'에게 '운전면허'는 필수가 된다.[46] 그러나 운전석 없는 경우 운행 주체가 기존 '운전자'에서 '자율시스템'으로 전환된다. 이러한 운행 주체 전환은 현행 법령과의 불일치 문제가 발생하게 된다. 즉 사고 예방과 사고 발생 시 안전을 담보할 수 있는 자율주행시

---

45 이러한 위험과 장애 요소 제거는 「자동차관리법 시행규칙」 제26조의2에서 '자율주행자동차의 안전운행요건'을 규정해 두고 있다. 자세한 내용은 앞의 〈Ⅱ. 자율주행자동차와 '자동차' 관련 법령 3. 자율주행자동차의 안전운행요건〉을 참조.

46 물론 운전석 없는 경우뿐만 아니라 미국 SAE 기준에 따른 Level 4 수준의 자율주행자동차도 이러한 문제에 직면하게 된다.

스템을 대상으로 한 법과 제도의 정비와 형사책임 방식은 아직 명확하게 정의되어 있지 않다.[47]

이러한 상황이라면 관련 규정의 검토도 당연히 필요하지만, 동시에 자율주행자동차 운행을 위한 '운전면허제도'의 검토가 필요한 상황이다. 즉 기존 '운전면허제도'가 그대로 적용될 것인지, 적용이 불가능하다면 어떻게 변화해야 할 것인지 논의가 필요하다. 이러한 논의의 핵심은 '자율주행시스템'에게 운전면허를 줄 수 있는가에 있다. 왜냐하면, 완전 자율주행자동차의 경우 '사람 운전자'의 개입 없이 오로지 '자율주행시스템'에 의하여 운행되므로 '사람 운전자'는 운전과 운행으로부터 해방되기 때문에 특별히 운전면허의 필요성이 없기 때문이다. 그러나 자율주행시스템에게 운전면허를 부여하더라도 '사람 운전자'가 탑승하는 경우라면 반드시 운전면허를 취득할 필요가 있다고 주장할 수 있다.

이처럼 자율주행자동차 운전면허와 관련하여 다양한 논의가 전개되고 있다. 또한 자율주행자동차 상용화 시대에 있어서 운전면허 관련 사항은 기본적이면서 필수적이다.[48] 그럼에도 불구하고 이에 관한 기본 규칙 또는 국제표준은 정립되어 있지 않다. 그러나 이미 우리나라를 비롯하여 다른 국가들도 자율주행시스템의 운행을 위한 기본 요건을 규정해 두고 있다. 이와 같다면 자율주행자동차 운행과 관련된 운전면허의 문제도 신중한 검토를 통하여 해결할 필요가 있다. 다만 문제해결을 위한 관련 법령의 신설이나 개정이 곧바로 요구되는 것은 아니다. 왜냐하면, 현재 직면한 상황을 두고 검토가 아닌 미래의 상황을 예상하여 관련 법령을 신설하거나 개정은 위험을 수반하게 되기 때문이다. 따라서 자율주행자동차 상용화에 따른 운전면허의 문제는 자율주행자동차기술 수준을 고려하여 꾸준하게 논의하고 대처해야 할 것이다. 또한 이러한 논의는 '사람 운전자'와 '자율주행시스템 운전자'로 구분하여 논의는 진행되어야 할 것이다.

---

[47] 송연정·김현·성기영, "자율주행시스템의 운전면허에 관한 수용성", 대한교통학회지 제40권 제1호, 대한교통학회, 2022, 28쪽.

[48] 고광용·김연주, 『자율주행 운전면허제도 법제방안 연구 I – 필요성과 방향성을 중심으로-』, 도로교통공단 교통과학연구원, 2019, 55쪽.

4. 자율주행을 위한 도로 관리체계 검토

도로 시스템은 전통적으로 '사람 운전자'의 운전행위를 지원하는 역할을 수행해 왔다. 그러나 자율주행자동차는 '사람 운전자'가 아닌 '자율주행시스템'이 그 역할을 대신하게 된다. 이러한 상황은 기존 도로 시스템으로 자율주행자동차라는 자율주행시스템과의 협력을 도모할 수는 없으며, 새로운 도로 시스템을 구성해야 하는 시점이다.[49] 그리고 자율주행자동차는 상용화가 되면 실제 도로에서 운행될 것이다. 이와 같다면 자율주행자동차는 기존 일반자동차가 혼재된 상태에서 도로를 주행하게 된다. 이때 현행 도로 상황은 혼재되어 운행되는 경우를 대비하고 있는지 의문이다. 이러한 의문은 자율협력 주행을 위한 자동차와 도로 시스템이 구비되어 있는가의 문제이며, 그 역할을 달리 규명하여 자율주행자동차 운행을 위한 도로 시스템 개발을 위한 중장기 로드맵을 수립하고 제시하여야 한다.[50]

자율주행자동차법은 자율주행자동차와 관련한 사항들을 포괄적으로 포함하고 있다. 그러나 자율주행자동차법은 상당 부분 도로 관리체계와 관련되어 있음에도 세부적 실행과 관련된 사항은 지정하고 있지 않다. 따라서 이에 대한 실행 방안으로 '자율주행 지원 도로 분류' 및 이를 기반으로 한 '일원화된 관리기준'과 '자율주행 지원 도로 확대 계획'을 마련하여 도로 관리업무를 조정하고 현 도로 관리체계를 보완하여야 한다.[51]

이와 관련하여 국무조정실과 국무총리비서실은 2018.11.7.에 자율주행차 로드맵을 발표하였다. 이 로드맵은 미국 SAE에서 발표한 자율주행자동차 발전단계를 고려하여 우리나라에서 자율주행에 대해 주행할 수 있는 도로구간에 대한 시나리오를 제시하였다.[52]

---

49 이기영, "자율주행 시대를 대비한 도로의 역할", 정보와 통신 제33권 제4호, 한국통신학회지, 2016, 47쪽.

50 전문수 외, 『자율주행차의 도로주행을 위한 운행체계 및 교통인프라 연구개발 기획연구』, 도로교통공단, 2018, 83쪽.

51 윤서연 외 3인, 『자율주행시대에 대응한 도로관리체계 연구』, 국토연구원, 2019, 81쪽.

52 윤서연 외 3인, 앞의 책, 55, 83쪽.

표 2-11 자율주행 단계별 발전 시나리오		
수준	발전 시나리오	설명
Level 2 (2018)	① 연속류 시험구간 자율주행	신호등 없는 자동차 전용도로 시험구간 자율주행
	② 자율주차	자율주행 기능을 통한 자동주차
	③ 연속류 고속구간 자율주행	신호등 없는 자동차 전용도로 고속구간 자율주행
Level 3 (2020)	④ 연속류 자율주행	신호등 없는 자동차 전용도로 자율주행
	⑤ 단속류 자율주행	신호등 있는 주요도로 자율주행
Level 4 (2025)	⑥ 연속류 완전 자율주행	신호등 없는 자동차 전용도로 운전자 개입 없는 완전 자율주행
	⑦ 단속류 완전 자율주행	신호등 있는 주요도로 운전자 개입 없는 완전 자율주행
Level 5 (2035)	⑧ 완전 자율주행	전체 도로(비포장도로, 보행자 혼합도로 등) 운전자 개입 없는 완전 자율주행

출처: 국무조정실, "자율주행차 미래, 미리 내다보고 선제적으로 규제혁파 – 자율주행차 분야 선제적 규제혁파 로드맵 발표", 국무총리비서실 보도자료, 2018.11.7.

자율주행자동차 상용화를 대비하여 도로 관리체계는 첫째, 자율주행을 위한 도로 시설 관리기준 변경, 둘째, 자율주행을 위한 디지털 인프라의 마련, 셋째, 자율주행 지원 도로 등급 마련 등 변화가 필요하다.[53]

우선 자율주행을 위한 도로 시설 관리기준은 자율주행자동차법이 제정되면서 자율주행자동차와 관련한 사항들을 포괄적으로 담고 있다. 그러나 도로 관리체계와 연관된 세부적인 실행은 여전히 부족한 부분이 있다. 따라서 '자율주행 지원 도로 분류' 및 이를 바탕으로 한 '일원화된 관리기준' 그리고 '자율주행 지원 도로 확대 계획'을 마련하여 도로 관리업무를 조정하고 현재의 도로 관리체계를 보안할 필요성이 있다.[54]

---

53 윤서연 외 3인, 앞의 책, 82쪽 이하.
54 윤서연 외 3인, 앞의 책, 81쪽.

다음으로 자율주행자동차는 기존 자동차의 기술 요소만으로 구현되는 것이 아닌 정보통신기술과 다양한 첨단기술을 접목한 형태의 자동차이다. 이에 따라 자율주행이 구현되기 위해서는 양방향 통신 수준과 데이터가 가장 기초적이고 기반이 되어야 한다. 결국 자율주행을 위한 디지털 인프라의 마련은 높은 수준의 자율주행을 구현할 수 있는지 여부를 판명하게 된다.[55] 이를 실현하기 위한 가장 기초적 작업 중의 하나는 종이 도면에 기반을 둔 도로지도가 아닌 디지털화된 디지털 도로지도(또는 전자지도) 구축이 필요한 것이다. 특히 자율주행이 원활하기 위하여 정밀도로지도가 필요하다. 정밀도로지도는 규제선(차선, 경계선 등), 도로 시설(터널, 교량 등), 표지 시설(교통안전표지, 신호기 등)을 3차원으로 표현한 전자지도이다. 이것은 자율주행자동차의 자차위치 파악, 도로 정보 인지를 위하여 필요하며, 이를 위하여 최신 도로 정보가 신속하게 반영되어야 한다.[56]

---

55 윤서연 외 3인, 앞의 책, 83쪽.

56 국토교통부, "도로 준공 시 자율주행차 위한 정밀도로지도 함께 만든다-11월부터 정밀도로지도 신속갱신체계 제도 행정예고-" 보도자료, 2020.3.10., 1쪽. 국토교통부는 자율주행자동차 운행에 필수적인 정밀도로지도의 구축 및 갱신을 위하여 도로관리청의 도로 변경사항 통보 의무를 구체화하는 내용을 담아 행정규칙을 개정하였다.

표 2-12 정밀도로지도 구축 항목

구축항목	정의
(1) 주행경로노드	주행경로링크의 연결점을 기술한다.
(2) 주행경로링크	주행경로의 일부분을 기술한다. 주행경로는 자율주행자동차가 주행과정에서 참고할 수 있는 가상 경로선을 의미함으로 인해 이의 일부인 링크는 특정 차로에 대한 속성정보를 포함할 수 있다.
(3) 차도구간	개념적으로 구분되는 도로의 일부분으로서 터널, 교량, 고가차도, 치하차도, 자율주행금지구간 등 하나의 차도구간에 대한 정보를 기술한다.
(4) 부속구간	도로구간의 한 유형으로서 휴게소, 졸음센터, 보도, 자전거도로 등과 같은 부속시설 형태의 구간을 의미한다.
(5) 주차면	휴게소 및 졸음센터 안에 존재하는 주차면의 정보를 기술한다.
(6) 안전표지	하나의 안전표지에 대한 공통 속성들을 기술하며, 상속을 통해 세부유형으로 구체화된다. 이에 안전표지는 주의표지, 지시표시, 규제표지, 보조표지 및 노면표시로 세분화된다.
(7) 노면선표시	안전표지의 세부유형으로서 노면선표시(선으로 표시되는 노면표시)를 기술한다. 일반적으로 주행과 관련된 규제(차선, 정지선 등)를 의미하는 표시를 포함한다.
(8) 노면표시	안전표지의 세부유형으로서 노면표시(선 형태가 아닌 노면표시)를 기술한다.
(9) 신호등	교통안전시설로서의 신호등을 기술한다. 신호등의 구체적인 유형 및 분류는 교통안전표지일람표의 내용을 참고하도록 한다
(10) 킬로포스트	고속국도 등에 설치되어 있는 킬로포스트를 기술한다.
(11) 차량방호 안전시설	도로안전시설 설치 및 관리지침-차량방호안전시설 편에서 설명하는 안전시설을 기술한다. 이는 중앙분리대 및 가드레일 시설 등에 대한 정보를 포함한다.
(12) 과속방지턱	도로안전시설 설치 및 관리지침-과속방지턱 편에서 설명하는 안전시설을 기술한다.
(13) 높이장애물	주행에 있어 참고해야 하는 높이제한을 부여하는 다양한 시설에 대한 정보를 기술한다. 육교, 고가도로, 기타 높이제한 시설물 등이 이의 세부유형이 될 수 있다.
(14) 지주	신호등 및 표지 등이 부착되어 있는 지주들을 기술한다.

출처: 국토교통부, 『정밀도로지도 설명 및 안내 자료』, 국토지리정보원 스마트공간정보과, 2021, 3쪽.

그림 2-6　정밀도로지도 제작과정

| 1 작업계획 수립 | 2 MMS, 기준점 측량 | 3 표준자료 제작 | 4 객체추출 및 묘사 |

작업대상 지역, 방법 및 도화 일정 등　　MMS 및 기준점 측량 등　　3차원 점군데이터 생성 등　　도화, 정위치 및 구조화 편집 등

출처: 국토교통부, 『정밀도로지도 설명 및 안내 자료』, 국토지리정보원 스마트공간정보과, 2021, 42쪽.

　　이와 더불어 자율주행을 위한 디지털 인프라 마련은 자율주행 혼재 환경에서 안전하고 최적화된 자율주행 운영관리를 위해 신속한 데이터 수입 및 분석·예측 기반의 교통정보를 생성 및 제공할 수 있는 융합교통 관제 플랫폼 구현이 필요하다.[57]

　　마지막으로 도로 등급화, 즉 세분화는 자율주행의 안전성을 담보할 수 있는 도로와 그렇지 못한 도로를 구분할 목적으로 수행되는 것이다.[58] 이는 결국 자율주행의 안전성을 제고하기 위해 자율주행의 관점에서 도로의 등급을 세분화하는 것이다.

57　경찰청, "'22년 경찰청 소관 국가연구개발사업 추진계획", 경찰청 과학치안정책팀, 2022, 41쪽. 경찰청은 2021년부터 2027년까지 '자율주행차 혁신사업'을 진행하고 있다. 이 사업은 ① 자율주행 융합신산업 육성: 자동차-ICT-도로교통 융합신기술·서비스 개발 및 법·제도 개선, 표준화 등 융합생태계 기반 마련을 통한 자율주행 융합신산업 발굴·육성, ② 자율주행 국민수용성 향상: 자율주행 신뢰성 확보 및 공공 서비스 개발을 통한 국민 수용성 향상으로 교통사고 저감 등 사회적 현안 해결 등을 목적으로 한다.

58　류시균·유재상, 『자율주행시대에 대응한 경기도 도로정책방향 연구』, 경기연구원, 2020, 21쪽.

5. 자율주행자동차 운전자의 책임

가. 서설

자율주행자동차 상용화의 최종적인 목표는 사람 운전자의 개입 없이 자율주행시스템이 스스로 작동하는 완전 자율주행이다. 그러나 시장에 상품으로 판매될 자율주행자동차는 Level 3(미국 SAE 기준) 이상부터일 것이다. 이처럼 자율주행자동차가 상용화되어 기존의 자동차처럼 운행이 되는 경우 자동차 사고가 발생하는 경우 그 책임을 누구에게 물어야 하는지 명확하게 할 필요가 있다. 이는 앞에서 살펴본 바와 같이 자율주행자동차의 운전자성을 인정한다는 의미이며, '운전'의 '행위주체'이면서 '책임주체'라는 것이다. 이로 인하여 곧바로 사람 운전자에게 운행으로 인한 사고에 대한 책임을 완전히 배제시킬 수 있는가라는 문제와 직결된다.

행위 해방이 곧 책임을 해방시킨다는 의미가 아니다. 자율주행자동차는 기계의 자율주행에 따른 행위 해방을 가능하게 해 주는 것이며, 모든 책임으로부터 해방이므로 이에 대한 검토 필요성이 있다.[59] 이것은 달리 말해 모든 책임으로부터 해방되는 범주가 자율주행시스템을 장착하고 있는 모든 형태의 자율주행자동차로 볼 수 있는가의 문제인 것이다. 현행법상 자율주행자동차는 3가지 유형으로 구분하고 있다. 만약 부분 자율주행시스템의 운영 시 자율주행시스템의 운전 전환 요구가 있는 경우에는 지체 없이 직접 조작하여 운전하도록 하는 운전자 조항 신설을 한다면 부분 자율주행은 어떤 단계인지 기술 수준에 따른 분류 정도는 제시가 되어야 한다.[60]

나. 자율주행시스템의 책임

이처럼 자율주행자동차와 관련한 책임 문제는 기존 사람 운전자에 대한 책임 문제를 넘어서 자율주행시스템에 대한 책임을 어떻게 귀속시킬 것인가에 대한 논의이다. 이는 무엇에 초점을 맞추는가에 따라 그 책임이 달라진다. 즉 운행

---

59 김연주, 앞의 논문(2021), 39쪽.

60 이수경, 앞의 논문, 166쪽.

자 책임, 제조사 책임 등 어디에 무게를 두고 볼 것인가이다. 이와 관련하여 기존 행위주체인 운행자와 제조사 간 책임과 의무를 재배분하는 방식으로 이루어지고 있다.[61] 결국 책임과 의무의 재배분은 자율주행자동차와 관련된, 즉 소유자, 운전자, 탑승자, 제조사 등 개별 주체들 사이의 문제인 것이다.

자동차 사고는 운전자의 주의의무를 다하더라도 언제 어디에서도 발생할 수 있다. 실제 도로 위에서 사고가 발생하는 경우 책임귀속의 판단을 위해서 교통사고와 관련 법령에서 자율주행자동차에 적용될 수 있는 규정이 필요하다.[62] 이것은 미국 SAE 기준에 따라 Level 4와 Level 5의 경우 '사람 운전자'가 아닌 '자율주행시스템'이 주된 운전자이다. 이에 따라 자율주행시스템이 운전하던 중 교통사고가 발생하였다면, 책임귀속을 어떻게 할 것인가의 문제이다. 이때 고려해야 할 상황은 '사람 운전자'가 자신의 주의의무를 다했더라도 예측할 수 없었던 자율주행시스템의 결정에 따른 것이라면 이용자인 '사람 운전자'가 객관적으로 예견할 수 없었던 결과에 대한 책임을 지울 수는 없을 것이다.[63] 결국 이 문제는 자율주행시스템을 설계한 제조사의 책임으로 귀결되지만 이에 대한 증명은 쉽지 않은 문제이다.

완전 자율주행자동차와 같이 과학기술의 발전에 따라 인간의 개입이 적어지면서 사고의 출력과정이 분명하지 않아 책임귀속이 곤란한 경우가 빈번하게 발생할 것이다. 이러한 경우 관련법과 정책들 간의 유기적 연관성을 통한 위험에의 선제적 대응과 위험원인의 관리가 더욱 중요해진다.[64]

---

61 민한빛, 앞의 논문, 215쪽.
62 차종진, "Level4 자율주행자동차 상용화를 위한 2021년 독일 도로교통법 개정과 시사점", 4차 산업혁명 법과 정책 제3호, 4차 산업혁명융합법학회, 2021, 262쪽.
63 박희수, "자율주행자동차의 형법적 쟁점 및 대응방안", 법학논집 제25권 제3호, 이화여자대학교 법학연구소, 2021, 110쪽.
64 박희수, 앞의 논문, 111쪽.

Ⅵ 결론

　자율주행자동차와 관련하여 우리 정부는 2019.10.에 관계부처 합동의 「미래 자동차 산업 발전 전략, 2030년 국가 로드맵」을 발표하였다. 이 로드맵에는 ① 친환경차 세계시장 선도, ② 자율주행자동차 미래시장 선점, ③ 미래차 서비스 시대 준비, ④ 산업생태계 대전환 지원 등을 담고 있다. 이러한 로드맵은 세계적으로 IT 기술 기반의 자율주행자동차, 공유 모빌리티 등 미래 모빌리티 사업으로 교통 패러다임 전환을 예정하고 진행되는 것이다.

　여기에서 미래 모빌리티는 통행 목적을 달성하기 위한 친환경적이고 통합적이며, 자율주행된 맞춤형 서비스를 포함하는 이동수단을 의미한다. 세계 모빌리티 시장 규모는 컨설팅업체 맥킨지에 따른 2015년 300억 달러(약 33조 원)에서 2030년 1조 5000억 달러(약 1680조 원)로 커질 것으로 전망하고 있다. 그리고 글로벌 시장조사 업체인 'Markets And Markets'에 따르면 MaaS의 글로벌 시장 규모는 2021년 약 33억 달러(약 3조 9,273억 원)로 평가한다. 그리고 연평균성장률은 32.1%로 2030년에 이르면 약 401억 달러(약 47조 7,230억 원) 규모에 달할 것으로 전망하고 있다. 이처럼 미래 모빌리티가 성공적으로 도입되기 위해 법적·사회적·경제적·정책적 측면에서 다양한 연구들이 진행되고 있다.

　2022.6.9. 현대·기아자동차는 서울 강남구와 서초구 일부 지역에서 자율주행 4단계 기술을 적용한 '로보라이드(RoboRide)' 실증을 위한 시범 서비스를 시작하였다. 이보다 일찍 2020.12.에 중국은 안전요원이 동승하지 않아도 자율주행 테스트할 수 있는 무인 주행허가증을 발급하였다. 이처럼 자동차회사들뿐만 아니라 전 세계 국가들은 자율주행자동차 개발에 매진하고 있다. 이에 더하여 완전 자율주행을 위한 실증사업을 시작하고 있으며, 곧 완전 자율주행이 실현될 것으로 기대를 모으고 있다. 이러한 변화를 가능하게 하는 것은 과학기술, 특히 인공지능기술과 정보통신기술의 발전이다. 이러한 기술들은 자동차에 접목되어 자율주행을 구현하고 있다. 기술이 발전하면 필연적으로 이와 관련된 제도 및 법령 정비도 함께 논의되어야 한다. 예를 들어, 앞에서 이야기한 자율주행 4단계 기술을 적용한 '로보라이드' 실증 시범 서비스는 시범주행에 대한 법적·제도

적 뒷받침이 필수적이다.

이러한 상황을 반영하여 다양한 입법을 하는 등의 노력을 하고 있다. 가장 대표적인 것이 자율주행자동차법이다. 그러나 자율주행자동차와 관련된 문제는 단순히 자율주행자동차법만으로 해결할 수 없는 구조이다. 즉 다양한 분야의 법률들과 연관을 맺고 있다. 구체적으로 보면 자동차에 관해서는 「자동차관리법」과 자율주행자동차법, 운전자에 관해서는 「도로교통법」 그리고 도로에 관해서는 「도로법」 등이 관련 법률이라 할 수 있다. 단편적으로 앞에서 말한 법률만이 관계된 것은 아니며, 이보다 더 많은 관련 법령이 있다. 이들은 자동차를 운행하기 위해서 필수적 요소인 자동차, 운전자, 도로 등과 관련된 것이며, 자율주행자동차 운행과도 직접적으로 연관되는 것이다. 따라서 관련 법령들이 유기적으로 작동되어야만 자율주행자동차와 관련되어 파생되는 문제를 해결할 수 있을 것이다.

제3장

자율주행자동차
관련 미국의 법제 현황

- 도규엽 -

Ⅰ 미국의 자율주행자동차 정의

미국은 2013년 자동차공학회(SAE)에서 규정한 자율주행의 수준을 준용하여 2016년 연방 지침에 자율주행자동차를 "Highly Automated Vehicle"로 칭하였으며, 이는 SAE 6단계에서 Level 3-5에 해당한다. SAE Level 3은 조건부 자동운전을 의미하는데, 운전의 주체는 컴퓨터에 있지만 특정 구간이나 상황에서 제어권이 운전자로 전환될 수 있다. SAE Level 4와 Level 5는 완전 자율운전을 의미하고 두 단계는 운전자의 탑승 유무에 따라 구분된다.

Ⅱ 미국의 연방 법제 현황

1. 연방의 자율주행자동차 관련 정책

미국 연방 교통부(USDOT)와 연방 도로교통안전국(NHTSA)은 2016년 법·제도적 방향성을 제시하는 지침을 만들었고, 거의 매년 이에 대한 지속적 보완이 이루어지고 있다.

가. 연방 자율주행자동차 정책(Federal Automated Vehicles Policy)(2016)

2016년에 발표한 「연방 자율주행자동차 정책」에서는 고도자율주행기술의 발전으로부터 파생될 수 있는 잠재적 이점 - 교통사고 사망률 감소, 다양한 이유의 운전불가능자 지원 등 - 을 인정하며, 개발에 있어서 안전을 최우선으로 한 상업화 전 성능 관련 지침, 주정부 차원의 도로주행 관련 규제, 현행법상의 적용되는 규제, 새로운 법적 도구의 가능성 등을 다루고 있다.[1] 「연방 자율주행자

---

[1] 미국 연방 교통부, Federal Automated Vehicles Policy, 2016(https://www.transportation.gov/AV/federal-automated-vehicles-policy-september-2016, 최종 검색일: 2021.8.21.).

동차 정책」에서 연방법은 안전표준성에 대한 규제를, 주법은 면허, 등록, 도로교통법, 안전성검사, 인프라스트럭처, 보험 관련 규제를 고려할 것을 권하고 있다.[2]

나. 자율주행시스템: 안전에 대한 비전 2.0(Automated Driving Systems : A Vision for Safety 2.0)(2017)

2017년에 발표한 「자율주행시스템: 안전에 대한 비전 2.0」에서는 기업 및 여러 관련 기관의 의견을 수렴하여 앞서 언급한 2016년의 「연방 자율주행자동차 정책」에 수정을 가하였다.[3] 이는 안전에 대한 기존의 15개의 항목을 12개로 줄여 불필요한 개발 규제를 줄이기 위해 노력하는 방향으로 이루어졌다.[4]

「자율주행시스템: 안전에 대한 비전 2.0」이 제시하는 12개의 안전기준은 다음과 같다.

1) 시스템 안전
프로세스에 있어서 산업표준과 ISO(국제표준화기구), SAE의 기준을 준수해야 한다.[5]

2) 운영설계
특정 도로유형, 지역, 속도, 범위, 날씨 등의 조건이 포함되어야 한다.[6]

3) 사물과 사건의 감지 및 대응
특정 상황에서의 자율주행시스템과 운전자의 대응에 관한 내용이 명시되어

---

2 미국 연방 교통부, Federal Automated Vehicles Policy, 2016(https://www.transportation.gov/AV/federal-automated-vehicles-policy-september-2016, 최종검색일: 2021.8.21.).

3 미국 연방 교통부, USDOT Automated Vehicles 2.0 Activities, 2017(https://www.transportation.gov/av/2.0, 최종검색일: 2021.8.21.).

4 미국 연방 교통부, USDOT Automated Vehicles 2.0 Activities, 2017(https://www.transportation.gov/av/2.0, 최종검색일: 2021.8.21.).

5 미국 연방 교통부, USDOT Automated Vehicles 2.0 Activities, 2017(https://www.transportation.gov/av/2.0, 최종검색일: 2021.8.21.).

6 미국 연방 교통부, USDOT Automated Vehicles 2.0 Activities, 2017(https://www.transportation.gov/av/2.0, 최종검색일: 2021.8.21.).

야 한다.[7]

4) 최소위험환경을 위한 대체시스템

문제 발생의 최소위험상태로 전환할 수 있게 해야 한다.[8]

5) 검증방법

자율주행시스템의 안전성 검증방법론 개발과 이에 관련된 시뮬레이션, 시험주행 등이 자체적으로 또는 제3자에 의하여 수행되어야 한다.[9]

6) 인간 - 기계 간 인터페이스

시스템과 운전자 간의 정보전달기능에 관련해서는 ISO, SAE, ANISI(미국표준협회)의 지침을 준수하여야 한다.[10]

7) 사이버보안

자가진단능력을 보유하고 사이버 공격에 대응할 수 있어야 한다.[11]

8) 충돌 내구성

기업들의 시나리오 베이스를 통하여 충돌 사고 시 운행자가 보호되어야 하며, 운행자가 없을 시에는 타 차량과의 호환성이 고려되어야 한다.[12]

---

7   미국 연방 교통부, USDOT Automated Vehicles 2.0 Activities, 2017(https://www.transportation.gov/av/2.0, 최종검색일: 2021.8.21.).

8   미국 연방 교통부, USDOT Automated Vehicles 2.0 Activities, 2017(https://www.transportation.gov/av/2.0, 최종검색일: 2021.8.21.).

9   미국 연방 교통부, USDOT Automated Vehicles 2.0 Activities, 2017(https://www.transportation.gov/av/2.0, 최종검색일: 2021.8.21.).

10 미국 연방 교통부, USDOT Automated Vehicles 2.0 Activities, 2017(https://www.transportation.gov/av/2.0, 최종검색일: 2021.8.21.).

11 미국 연방 교통부, USDOT Automated Vehicles 2.0 Activities, 2017(https://www.transportation.gov/av/2.0, 최종검색일: 2021.8.21.).

12 미국 연방 교통부, USDOT Automated Vehicles 2.0 Activities, 2017(https://www.transportation.gov/av/2.0, 최종검색일: 2021.8.21.).

9) 충돌 이후 행동

사고통지센터에 유효한 정보를 전달하는 방식 등을 통하여 사고 후에도 차량의 안전주행 가능 여부가 판단되어야 한다.[13]

10) 데이터 저장

사고원인 평가 및 기타 데이터가 저장되어야 한다.[14]

11) 소비자 교육과 훈련

훈련 프로그램 개발 등을 통하여 운전자에게 기능 및 비상시 대처 등에 관련한 교육을 제공하여야 한다.[15]

12) 연방법, 주법, 지방자치법규

연방법, 주법과 지방자치법규 관련 사항을 준수하여 개발하여야 한다.[16]

다. 교통의 미래에 대한 준비: 자율주행자동차 3.0(Preparing for the Future of Transportation: Automated Vehicles 3.0)(2018)

2018년에 발표한 「교통의 미래에 대한 준비: 자율주행자동차 3.0」부터는 지침 발표의 주체가 기존의 연방 도로교통안전국에서 '연방 교통부'로 상향조정되었다.[17] 이는 미국 연방 차원에서 자율주행자동차 관련 정책의 중요도 및 규모가 증가하였음을 나타내는 것이라 볼 수 있다. 「교통의 미래에 대한 준비: 자율주행자동차 3.0」에서는 해당 지침이 2017년 「자율주행시스템: 안전에 대한 비전

---

13 미국 연방 교통부, USDOT Automated Vehicles 2.0 Activities, 2017(https://www.transportation.gov/av/2.0, 최종검색일: 2021.8.21.).

14 미국 연방 교통부, USDOT Automated Vehicles 2.0 Activities, 2017(https://www.transportation.gov/av/2.0, 최종검색일: 2021.8.21.).

15 미국 연방 교통부, USDOT Automated Vehicles 2.0 Activities, 2017(https://www.transportation.gov/av/2.0, 최종검색일: 2021.8.21.).

16 미국 연방 교통부, USDOT Automated Vehicles 2.0 Activities, 2017(https://www.transportation.gov/av/2.0, 최종검색일: 2021.8.21.).

17 미국 연방 교통부, Preparing for the Future of Transportation: Automated Vehicles 3.0, 2018(https://www.transportation.gov/av/3/preparing-future-transportation-automated-vehicles-3, 최종검색일: 2021.8.24.).

2.0」의 대체가 아닌 보완임을 강조하고 있다.[18]

　「교통의 미래에 대한 준비: 자율주행자동차 3.0」에서는 자율주행자동차의 도입을 가속화하기 위하여 6개의 원칙과 이를 실행에 옮기기 위한 5개의 전략을 발표하였으며, 연방정부, 주정부와 더불어 연방 도로교통안전국, 연방 자동차운송업체안전국, 연방 고속도로관리국의 역할까지 규정하였다.[19] 구체적으로 살펴보자면, 연방 도로교통안전국은 사람 운전자 차량 탑승에만 적용되는 미국 연방 자동차안전기준을 개정해야 하고, 면제신청절차를 간소화시켜야 한다.[20] 그리고 연방 자동차운송업체안전국은 상업용 자율주행 운송차량의 보급에 대한 규제를 개선시켜야 한다.[21] 또 연방 고속도로관리국은 미국 표준 교통통제설비 매뉴얼을 자율주행기술의 발전에 따라 업데이트해야 한다.[22]

　「교통의 미래에 대한 준비: 자율주행자동차 3.0」이 제시하는 원칙과 전략은 다음과 같다. 우선 원칙으로는 '안전 중심, 기술 중립, 규제의 현대화, 규제환경과 운영환경 일치, 자율주행에 적극 대비, 시민이 누리는 자유의 보호 및 강화'를 정하고 있다.[23] 그리고 이러한 원칙을 실현하기 위한 전략으로는 '이해관계자와 대중의 참여, 이해관계자 지원을 위한 모범사례와 정책방향 연구, 자발적 기술

18　미국 연방 교통부, Preparing for the Future of Transportation: Automated Vehicles 3.0, 2018(https://www.transportation.gov/av/3/preparing-future-transportation-automated-vehicles-3, 최종검색일: 2021.8.24.).

19　미국 연방 교통부, Preparing for the Future of Transportation: Automated Vehicles 3.0, 2018(https://www.transportation.gov/av/3/preparing-future-transportation-automated-vehicles-3, 최종검색일: 2021.8.24.).

20　미국 연방 교통부, Preparing for the Future of Transportation: Automated Vehicles 3.0, 2018(https://www.transportation.gov/av/3/preparing-future-transportation-automated-vehicles-3, 최종검색일: 2021.8.24.).

21　미국 연방 교통부, Preparing for the Future of Transportation: Automated Vehicles 3.0, 2018(https://www.transportation.gov/av/3/preparing-future-transportation-automated-vehicles-3, 최종검색일: 2021.8.24.).

22　미국 연방 교통부, Preparing for the Future of Transportation: Automated Vehicles 3.0, 2018(https://www.transportation.gov/av/3/preparing-future-transportation-automated-vehicles-3, 최종검색일: 2021.8.24.).

23　미국 연방 교통부, Preparing for the Future of Transportation: Automated Vehicles 3.0, 2018(https://www.transportation.gov/av/3/preparing-future-transportation-automated-vehicles-3, 최종검색일: 2021.8.24.).

표준의 개발 지원, 향후 정책 결정의 토대가 될 기술연구 수행, 규제 현대화' 등을 제안하고 있다. [24]

라. 자율주행자동차 기술 분야에서의 미국의 리더십 확보: 자율주행 자동차 4.0(Ensuring American Leadership in Automated Vehicle Technologies: Automated Vehicles 4.0(2020)

2020년에 발표한 「자율주행자동차 기술 분야에서의 미국의 리더십 확보: 자율주행자동차 4.0」은 2018년의 「교통의 미래에 대한 준비: 자율주행자동차 3.0」에 대한 보완이며 좀 더 다양한 기관과의 협력으로 발표되었지만, 구체적인 제도 마련에 대한 내용보다는 각 기관에서 지향해야 할 원칙을 설명하는 정도에 그치는 것으로 평가할 수 있다. 「자율주행자동차 기술 분야에서의 미국의 리더십 확보: 자율주행자동차 4.0」은 ① 미국 연방정부의 자율주행자동차 원칙, ② 자율주행자동차 기술 성장과 리더십을 지원하는 관리 노력, ③ 협업에 대한 미국 연방정부의 활동 및 기회라는 세 가지 주요 영역에 걸쳐 구성되어 있다.[25]

마. 자율주행자동차 종합계획(Automated Vehicles Comprehensive Plan)(2021)

미국 연방 교통부는 2021년 1월, 2020년에 발표한 「자율주행자동차 기술 분야에서의 미국의 리더십 확보: 자율주행자동차 4.0」을 기준으로 한 「자율주행자동차 종합계획」을 발표하였다. 해당 계획은 자율주행자동차 관련 제도 마련을 위한 다음의 구체적인 세 가지 지향점을 제시하고 있다.[26]

---

24 미국 연방 교통부, Preparing for the Future of Transportation: Automated Vehicles 3.0, 2018(https://www.transportation.gov/av/3/preparing-future-transportation-automated-vehicles-3, 최종검색일: 2021.8.24.).

25 미국 연방 교통부, Ensuring American Leadership in Automated Vehicle Technologies : Automated Vehicles 4.0, 2020(https://www.transportation.gov/av/4, 최종검색일: 2021.8.25.).

26 미국 연방 교통부, Automated Vehicles Comprehensive Plan, 2021(https://www.transportation.gov/av/avcp, 최종검색일: 2021.8.25.).

1) 협업 및 투명성 증진

연방 교통부는 대중을 포함한 파트너와 이해관계자에게 자율주행시스템의 능력과 제약에 관한 분명하고 신뢰할 수 있는 정보에 접근할 수 있는 환경을 조성하는 것을 첫 번째 지향점으로 삼고 있다.[27]

2) 규제 환경의 현대화

연방 교통부는 두 번째 지향점으로서, 혁신적인 자동차 디자인, 형태, 조작모델에 있어서 의도되지 않고 불필요한 장벽들을 제거함으로써 규제를 현대화할 것이며, 자율주행시스템기술의 안전한 수행능력을 평가하기 위해 안전성에 집중된 체제와 도구를 발전시킬 것임을 밝히고 있다.[28]

3) 교통시스템의 준비

마지막으로 연방 교통부는 교통시스템의 안전성, 효율성 그리고 접근성의 발전을 위한 작업을 할 때, 이해관계자들과의 협력을 통하여 안전한 평가 및 자율주행시스템의 통합을 위한 기본적인 연구와 입증 활동들을 실시할 것임을 명시하고 있다.[29]

바. 연방 차원의 자율주행자동차 관련 법률의 제정 현황

1) 발의된 법안

행정부의 자율주행자동차 관련 제도 마련을 위한 정책적 연구 및 지침 발표는 꾸준히 이루어지고 있으나, 입법부의 관련 법안 제정에 있어서는 2017년 두 건의 관련 법안, 즉 「자율주행법(Self Drive Act)」 법안과 「자율주행자동차 시행법(AV START Act)」 법안이 발의된 이외에는 특별히 진척된 바가 없는 상황이다. 「자율주행법」 법안은 하원에서 통과되었고, 같은 목적과 구조를 가진 상원 법안

---

27 미국 연방 교통부, Automated Vehicles Comprehensive Plan, 2021(https://www. transportation.gov/av/avcp, 최종검색일: 2021.8.25.).

28 미국 연방 교통부, Automated Vehicles Comprehensive Plan, 2021(https://www. transportation.gov/av/avcp, 최종검색일: 2021.8.25.).

29 미국 연방 교통부, Automated Vehicles Comprehensive Plan, 2021(https://www. transportation.gov/av/avcp, 최종검색일: 2021.8.25.).

인 「자율주행자동차 시행법」 법안이 추진되었는데, 본회의를 통과하지 못했다. 2020년 9월 23일 「자율주행법」 법안이 다시 제출되어 도로교통 소위원회에 보내진 상황이다.[30]

2) 안전을 보장하는 미래 삶의 전개와 자동차 혁신 연구에 관한 법: 자율주행법(Safely Ensuring Lives Future Deployment and Research In Vehicle Evolution Act: Self Drive Act)(2017-2018)[31]

「자율주행법(Self Drive Act)」 법안의 주요 내용은 다음과 같다.

가) 교통부 장관의 최종 규정 신설의무

교통부 장관은 24개월 내에 자율주행자동차 개발에 참여하는 각 주체가 제출하는 안전성 평가 인증사항에 관한 최종 규정을 마련해야 한다.[32] 이 최종 규정에는 해당 주체의 요건, 차량의 안전 및 성능 – 비상시의 안전 및 성능 포함 – 을 입증할 테스트 결과와 데이터 등에 대한 명확한 설명 자료, 관련 인증 개정 시 재입증 여부 등이 포함되어야 한다.[33] 최종 규정이 마련되기 전까지는 연방정부가 마련한 정책 지침에 따른 안전 평가 결과를 도로교통안전청에 제출해야 한다.[34] 또한, 이 법률 시행 후 1년 내에 교통부장관은 '입법 및 안전 계획'을 마련하여 상임위원회에 제출하고 일반에 공개해야 한다.[35]

---

30 미국 연방 의회, H.R.8350 - 116th Congress, SELF DRIVE Act(2019-2020) (https://www.congress.gov/bill/116th-congress/house-bill/8350/all-actions?overview=closed#tabs, 최종검색일: 2021.5.18.).

31 H.R.3388 - 115th Congress(2017-2018)(https://www.congress.gov/bill/115th-congress/house-bill/3388?q=%7B%22search%22%3A%5B%22HR+3388%22%5D%7D&r=1, 최종검색일: 2021.5.18.).

32 미국 연방 의회, H.R.3388 SELF DRIVE Act(2017-2018)(https://www.congress.gov/bill/115th-congress/house-bill/3388?q=%7B%22search%22%3A%5B%22HR+3388%22%5D%7D&r=1, 최종검색일: 2021.5.18.).

33 미국 연방 의회, H.R.3388 SELF DRIVE Act(2017-2018)(https://www.congress.gov/bill/115th-congress/house-bill/3388?q=%7B%22search%22%3A%5B%22HR+3388%22%5D%7D&r=1, 최종검색일: 2021.5.18.).

34 미국 연방 의회, H.R.3388 SELF DRIVE Act(2017-2018)(https://www.congress.gov/bill/115th-congress/house-bill/3388?q=%7B%22search%22%3A%5B%22HR+3388%22%5D%7D&r=1, 최종검색일: 2021.5.18.).

35 미국 연방 의회, H.R.3388 SELF DRIVE Act(2017-2018)(https://www.congress.

나) 사이버 보안계획 마련에 대한 요구

자율주행기능 탑재 차량 및 자율주행자동차의 제조사는 사이버 보안계획을 마련하지 않으면 미국 내 판매나 수입이 금지될 수 있다.[36] 계획에는 제조사가 사이버 공격이나 미확인 사이버 침입, 허위 정보, 악의적인 차량 통제명령을 인지하고 대응할 수 있는 대책, 사이버 안보관련 제조사 내 지정 책임담당자, 자율주행시스템으로의 접근 제한 절차가 포함되어야 한다.[37]

다) 연방 자동차 안전기준 적용 면제

교통부 장관은 차량의 개발과 시험운행을 장려하기 위해 연방 자동차 안전기준의 적용을 면제할 수 있다.[38] 면제 적용 업체는 첫 번째 12개월에 25,000대 이하를, 두 번째 12개월간은 50,000대 이하, 세 번째 및 네 번째 12개월간은 각각 100,000대 이하의 차량을 제조할 수 있고, 2 - 4년 이내의 기간 동안 보장된다.[39] 기간은 사안에 따라 달라진다.

라) 연방정부와 주정부의 역할 분담

자율주행자동차 설계나 제조 및 성능 기준은 연방에서 마련하고, 주정부는 등록, 허가, 면허, 보험, 안전검사 등의 제도를 마련하여 시행하도록 정하고 있다.[40]

---

gov/bill/115th-congress/house-bill/3388?q=%7B%22search%22%3A%5B%22HR+3388%22%5D%7D&r=1, 최종검색일: 2021.5.18.).

36 미국 연방 의회, H.R.3388 SELF DRIVE Act(2017-2018)(https://www.congress.gov/bill/115th-congress/house-bill/3388?q=%7B%22search%22%3A%5B%22HR+3388%22%5D%7D&r=1, 최종검색일: 2021.5.18.).

37 미국 연방 의회, H.R.3388 SELF DRIVE Act(2017-2018)(https://www.congress.gov/bill/115th-congress/house-bill/3388?q=%7B%22search%22%3A%5B%22HR+3388%22%5D%7D&r=1, 최종검색일: 2021.5.18.).

38 미국 연방 의회, H.R.3388 SELF DRIVE Act(2017-2018)(https://www.congress.gov/bill/115th-congress/house-bill/3388?q=%7B%22search%22%3A%5B%22HR+3388%22%5D%7D&r=1, 최종검색일: 2021.5.18.).

39 미국 연방 의회, H.R.3388 SELF DRIVE Act(2017-2018)(https://www.congress.gov/bill/115th-congress/house-bill/3388?q=%7B%22search%22%3A%5B%22HR+3388%22%5D%7D&r=1, 최종검색일: 2021.5.18.).

40]미국 연방 의회, H.R.3388 SELF DRIVE Act(2017-2018)(https://www.congress.gov/bill/115th-congress/house-bill/3388?q=%7B%22search%22%3A%5B%22HR+3388%22%5D%7D&r=1, 최종검색일: 2021.5.18.).

3) 혁신적 기술 발전을 통한 안전 운송에 관한 미국의 비전 법안: 자율주행자동차 시행법(American Vision for Safer Transportation through Advancement of Revolutionary Technologies Act: AV START Act)(2017-2018)

해당 법안은 지방정부 차원의 규제 제한을 위해 연방법 우선의 원칙, 자율주행자동차에 대한 연방 자동차 안전기준(FMVSS)[41] 적용의 면제, 자율주행자동차 제조업체의 사이버보안 계획 수립 등의 조항을 포함하고 있다.

다음은 「자율주행자동차 시행법(AV START Act)」 법안의 주요 내용은 다음과 같다.

가) 연방법 우선의 원칙

주정부의 설계, 제조, 성능에 관한 법이나 규제는 연방법에 구속된다.[42] 주정부는 이와 관련된 불합리한 제한이 없는 범위 내에서 자율주행자동차의 실무적 관리 - 등록, 허가, 운전교육, 보험, 법 집행, 교통사고 조사, 안전검사, 판매, 유통, 수리 등 에 대한 법이나 규정을 제정할 수 있다.[43]

나) 자율주행자동차의 안전 기준 면제

교통부 장관으로부터 연방 자동차안전기준(FMVSS) 면제권을 획득한 차량제조업체는 이 법의 시행일로부터 12개월 이내 최대 5만 대, 다음 12개월간 최대 7만 5천 대, 그다음 12개월간 최대 10만 대의 자율주행자동차를 판매할 수 있다.[44] 한편 5년 이상 면제권을 인정받은 차량제조업체는 그 이후의 어느 12개월에 대해서든 10만 대를 초과하여 판매할 수 있도록 교통부에 신청할 수 있다.[45]

---

41 S.1885 115th Congress(2017-2018)(https://www.congress.gov/bill/115th-congress/senate-bill/1885/all-info?r=7, 최종검색일: 2021.5.18.).

42 FMVSS는 미국 연방의 자동차 안전기준으로 모든 자동차제조업자에게 적용된다.

43 미국 연방 의회, S.1885 AV START Act(2017-2018)(https://www.congress.gov/bill/115th-congress/senate-bill/1885/all-info?r=7, 최종검색일: 2021.5.18.).

44 미국 연방 의회, S.1885 AV START Act(2017-2018)(https://www.congress.gov/bill/115th-congress/senate-bill/1885/all-info?r=7, 최종검색일: 2021.5.18.).

45 미국 연방 의회, S.1885 AV START Act(2017-2018)(https://www.congress.gov/bill/115th-congress/senate-bill/1885/all-info?r=7, 최종검색일: 2021.5.18.).

다) 안전평가 보고서의 제출

차량제조업체는 자율주행자동차의 판매에 앞서 최소 90일 이전에 교통부 장관에게 안전평가 보고서를 제출해야 하며, 해당 차량의 판매가 중단되기 전까지 매년 업데이트된 보고서를 제출해야 한다.[46] 보고서에는 자율주행자동차 시스템의 안전, 자율주행자동차 시스템의 성능, 사고, 충돌 기록의 수집, 사이버보안, 운전자 자동차 상호작용 시스템, 충돌 내구성, 자율주행자동차나 시스템의 기능과 한계, 차량 충돌 이후의 반응 등이 포함되어야 한다.[47]

④ 사이버 보안 계획 차량제조업체는 자율주행자동차나 시스템의 사이버보안 위험을 확인하고 경감하기 위한 계획을 개발, 유지, 시행해야 한다.[48] 사이버 보안 계획에는 리스크 기반의 안전필수 시스템 확인과 보호, 잠재적 사이버 보안 사고의 효율적 탐지와 대응, 사이버보안 사고 발생 이후 신속한 복구계획, 사이버보안 사고와 위협, 취약점에 관한 산업계의 자발적 정보 교류를 위한 제도적 방안, 사이버보안 관리 담당자의 지정 등이 포함되어 있어야 한다.[49]

교통부 장관은 제조업체들과 협력해 보안연구자가 발견한 자율주행자동차의 취약점을 제조업체가 확인하고 보완하도록 하는 보안취약점 공개협력 정책을 자발적으로 채택하도록 장려할 수 있다.[50] 자율주행자동차와 관련된 사이버 보안 위험 연구를 수행하는 모든 연방기관은 연구결과에 대하여 교통부 장관과 논의해야 한다.[51]

---

46 미국 연방 의회, S.1885 AV START Act(2017-2018)(https://www.congress.gov/bill/115th-congress/senate-bill/1885/all-info?r=7, 최종검색일: 2021.5.18.).

47 미국 연방 의회, S.1885 AV START Act(2017-2018)(https://www.congress.gov/bill/115th-congress/senate-bill/1885/all-info?r=7, 최종검색일: 2021.5.18.).

48 미국 연방 의회, S.1885 AV START Act(2017-2018)(https://www.congress.gov/bill/115th-congress/senate-bill/1885/all-info?r=7, 최종검색일: 2021.5.18.).

49 미국 연방 의회, S.1885 AV START Act(2017-2018)(https://www.congress.gov/bill/115th-congress/senate-bill/1885/all-info?r=7, 최종검색일: 2021.5.18.).

50 미국 연방 의회, S.1885 AV START Act(2017-2018)(https://www.congress.gov/bill/115th-congress/senate-bill/1885/all-info?r=7, 최종검색일: 2021.5.18.).

51 미국 연방 의회, S.1885 AV START Act(2017-2018)(https://www.congress.gov/bill/115th-congress/senate-bill/1885/all-info?r=7, 최종검색일: 2021.5.18.).

Ⅲ 주 차원의 법제 현황

1. 미국 각 주의 자율주행자동차 법제 현황

　미국에서 자율주행자동차 관련 주 차원의 법제 현황을 살펴보자면, 2011년 네바다주를 시작으로 플로리다주, 캘리포니아주 등을 비롯한 31개의 주와 워싱턴 D.C.에서 자율주행자동차 관련 규제와 행정명령을 마련하게 되었다.[52] 연방 지침의 권고대로, 자율주행자동차 생산에 있어서 산업표준 관련 규제를 다루는 연방법과의 차이는 주법이 대체로 개발 후 실제 도로에서의 안전주행을 위한 운전자 및 운전 조작의 규제에 더 집중하고 있다는 점에서 드러난다.

　다음 표는 2021년 5월 기준 각 주의 자율주행자동차 관련 법제 현황을 정리한 것이다.

표 3-1 미국 각 주의 자율주행자동차 관련 법제 현황(2021년 8월 기준)				
주	시험주행/ 상용화	면허 필요 여부	사람 운전자 필요 여부	보험 필요 여부
앨라배마	상업용도 한정 상 용화	x	x	$2,000,000
애리조나	상용화	o	자율주행시스템 단계에 따라 다름	o
알칸소	상업용도 한정 상용화 (2021. 8. 1.부터)	o (2021.8.1.부터)	자율주행시스템 단계에 따라 다름	o (2021.8.1.부 터)
캘리포니아	상용화	명시된 바 없음	x	$5,000,000
콜로라도	상용화	x	명시된 바 없음	x

52　미국 고속도로 안전보험협회(Insurance Institute for Highway Safety : IIHS), Autonomous vehicle laws(https://www.iihs.org/topics/advanced-driver-assistance/autonomous-vehicle-laws#fn22, 최종검색일: 2021.8.27.).

코네티컷	시험주행	o	o	$5,000,000
컬럼비아구 (워싱턴 D.C.)	상용화	o	o	X
플로리다	상용화	자율주행시스템 단계에 따라 다름	자율주행시스템 단계에 따라 다름	o
조지아	상용화	자율주행시스템 단계에 따라 다름	자율주행시스템 단계에 따라 다름	o
하와이	시험주행	명시된 바 없음	o	명시된 바 없음
일리노이	시험주행	o	o	o
아이오와	상용화	o	자율주행시스템 단계에 따라 다름	o
루이지애나	상업용도 한정 상용화	X	X	$2,000,000
메인	시험주행	명시된 바 없음	명시된 바 없음	o
매사추세츠	시험주행	X	o	X
미시간	차량에 따라 다름	o	X	o
네브래스카	상용화	자율주행시스템 단계에 따라 다름	자율주행시스템 단계에 따라 다름	o
네바다	상용화	자율주행시스템 단계에 따라 다름	자율주행시스템 단계에 따라 다름	o
뉴햄프셔	상용화	o	o (단, 시험주행은 필요 없음)	$5,000,000
뉴멕시코	시험주행 (2022.7.1.부터)	명시된 바 없음	명시된 바 없음	명시된 바 없음

뉴욕	시험주행	○	○	$5,000,000
노스캐롤라이나	상용화	자율주행시스템 단계에 따라 다름	X	○
노스다코타	상용화	자율주행시스템 단계에 따라 다름	자율주행시스템 단계에 따라 다름	○
오하이오	시험주행	○	X	○
오클라호마	시험주행	명시된 바 없음	명시된 바 없음	명시된 바 없음
펜실베이니아	차량에 따라 다름	차량에 따라 다름	차량에 따라 다름	X
테네시	상용화	X	X	$5,000,000
텍사스	상용화	X	X	○
유타	상용화	○	X	○
버몬트	시험주행	○	○	$5,000,000
버지니아	시험주행	명시된 바 없음	명시된 바 없음	X
워싱턴	시험주행	자율주행조작자의 유무에 따라 다름	X	$5,000,000

출처: 미국 고속도로 안전보험협회(IIHS: Autonomous vehicle laws), 2021. 8.
(https://www.iihs.org/topics/advanced-driver-assistance/autonomous-vehi-cle-laws#fn22 : 최종검색일 2021년 8월 27일).

2. 미국 각주의 자율주행자동차 관련 법제의 특징적 요소

가. 애리조나주

애리조나주의 경우, '완전 자율주행자동차'가 자율주행실패인 상황에서 최소위험상태로 만들 수 있는 능력을 갖추고 있고, 조작자가 해당 '완전 자율주행자동차'가 적용규정을 준수하고 있다는 점을 증명한 경우에는 조작자가 자동차 안

에 있을 필요가 없는 것으로 정하고 있다.[53]

나. 알칸소주

알칸소주에서는 자율주행실패의 경우 최소위험상태에 도달 가능한 '완전 자율주행자동차'는 운전대가 필요하지 않다.[54]

다. 플로리다주

플로리다주의 경우, '완전 자율주행자동차'는 면허가 있는 조작자가 필요하지 않고, 원격운영시스템이 장착되어 가동 중인 '자율주행자동차'는 조작자가 차 안에 있을 필요도 없다.[55]

라. 조지아주

조지아주에서는 자율주행시스템이 가동 중인 '완전 자율주행자동차'는 면허가 있는 조작자가 필요하지 않으며 조작자가 차 안에 있을 필요도 없다.[56]

마. 아이오와주

아이오와주의 경우 '운전자 없이 운행가능한 자동차'가차 자율주행실패의 경우 최소위험상태에 도달할 수 있다면 조작자가 차 안에 있을 필요가 없다.[57]

53　미국 고속도로 안전보험협회(Insurance Institute for Highway Safety : IIHS), Autonomous vehicle laws(https://www.iihs.org/topics/advanced-driver-assistance/autonomous-vehicle-laws#fn22, 최종검색일: 2021.8.27.).

54　미국 고속도로 안전보험협회(Insurance Institute for Highway Safety : IIHS), Autonomous vehicle laws(https://www.iihs.org/topics/advanced-driver-assistance/autonomous-vehicle-laws#fn22, 최종검색일: 2021.8.27.).

55　미국 고속도로 안전보험협회(Insurance Institute for Highway Safety : IIHS), Autonomous vehicle laws(https://www.iihs.org/topics/advanced-driver-assistance/autonomous-vehicle-laws#fn22, 최종검색일: 2021.8.27.).

56　미국 고속도로 안전보험협회(Insurance Institute for Highway Safety : IIHS), Autonomous vehicle laws(https://www.iihs.org/topics/advanced-driver-assistance/autonomous-vehicle-laws#fn22, 최종검색일: 2021.8.27.).

57　미국 고속도로 안전보험협회(Insurance Institute for Highway Safety : IIHS),

바. 미시간주

미시간주는 '자율주행자동차'의 시험운행과 '요청된 자율주행자동차 네트워크' 개발을 허가한다.[58]

사. 네브래스카주

네브래스카주에서는 '자율운전시스템이 장착된 자동차'는 면허가 있는 조작자가 필요하나, '운전자 없이 운행가능한 자동차'가 자율주행실패의 경우 최소위험상태에 도달할 수 있다면 조작자가 필요하지 않다.[59]

아. 네바다주

네바다주에서는 '완전 자율주행자동차'가 자율주행실패의 경우 최소위험상태에 도달할 수 있다면 면허가 있는 조작자가 필요하지 않고 조작자가 자동차 안에 있을 필요도 없다.[60] 또한 실험주행을 원하는 회사나 개인의 경우 \$5,000,000의 보험증서가 필요하며, '자율주행자동차 네트워크 회사'는 \$1,5000,000의 보험이 필요하다.[61]

Autonomous vehicle laws(https://www.iihs.org/topics/advanced-driver-assistance/autonomous-vehicle-laws#fn22, 최종검색일: 2021.8.27.).

58 미국 고속도로 안전보험협회(Insurance Institute for Highway Safety : IIHS), Autonomous vehicle laws(https://www.iihs.org/topics/advanced-driver-assistance/autonomous-vehicle-laws#fn22, 최종검색일: 2021.8.27.).

59 미국 고속도로 안전보험협회(Insurance Institute for Highway Safety : IIHS), Autonomous vehicle laws(https://www.iihs.org/topics/advanced-driver-assistance/autonomous-vehicle-laws#fn22, 최종검색일: 2021.8.27.).

60 미국 고속도로 안전보험협회(Insurance Institute for Highway Safety : IIHS), Autonomous vehicle laws(https://www.iihs.org/topics/advanced-driver-assistance/autonomous-vehicle-laws#fn22, 최종검색일: 2021.8.27.).

61 미국 고속도로 안전보험협회(Insurance Institute for Highway Safety : IIHS), Autonomous vehicle laws(https://www.iihs.org/topics/advanced-driver-assistance/autonomous-vehicle-laws#fn22, 최종검색일: 2021.8.27.).

자. 뉴햄프셔주

뉴햄프셔주에서는 '자율주행시스템이 장착된 자동차'는 2021년 7월 1일까지 면허가 있는 조작자가 필요하나, '자율주행자동차 시험 파일럿 프로그램'이 가동되고 있는 경우에는 조작자가 차 안에 있을 필요는 없고, 2021년 7월 1일 이후에는 모든 '자율주행시스템이 장착된 자동차'는 조작자가 차 안에 있을 필요가 없다.[62]

차. 노스캐롤라이나주

노스캐롤라이나주의 경우, '자율주행시스템'이 작동되고 있는 '완전 자율주행자동차'의 경우에는 조작자가 조작 면허가 없어도 무방하다.[63]

카. 노스다코타주

노스다코타주에서는 '자율주행자동차'가 자율운전실패의 경우 최소위험상태에 도달할 수 있다면, 자율운전시스템이 모든 동적 운전업무를 관장하고 있을 때에는 면허가 있는 조작자가 차 안에 있을 필요가 없다.[64]

타. 펜실베니아주

펜실베이니아 교통국 지침은 '고도자율주행자동차'의 시험운행을 허용하며, 펜실베이니아 주법은 'highly automated work zone vehicles'의 개발을 019

---

62 미국 고속도로 안전보험협회(Insurance Institute for Highway Safety : IIHS), Autonomous vehicle laws(https://www.iihs.org/topics/advanced-driver-assistance/autonomous-vehicle-laws#fn22, 최종검색일: 2021.8.27.).

63 미국 고속도로 안전보험협회(Insurance Institute for Highway Safety : IIHS), Autonomous vehicle laws(https://www.iihs.org/topics/advanced-driver-assistance/autonomous-vehicle-laws#fn22, 최종검색일: 2021.8.27.).

64 미국 고속도로 안전보험협회(Insurance Institute for Highway Safety : IIHS), Autonomous vehicle laws(https://www.iihs.org/topics/advanced-driver-assistance/autonomous-vehicle-laws#fn22, 최종검색일: 2021.8.27.).

년 4월 22일부터 허용해 오고 있다.[65] 그리고 펜실베이니아 교통국 지침에 따르면 '고도자율주행자동차'의 시험운행에 있어서 면허가 있는 조작자가 필요하나, 주법의 'highly automated work zone vehicles' 관련 조항은 면허에 대하여 명시하고 있지 않다.[66]

더불어 펜실베이니아 교통국 지침은 '고도자율주행자동차'의 시험운행에 있어서 조작자가 차 안에 있어야 할 것으로 요구하지만, 주법에 따르면 조작자가 'highly automated work zone vehicles'에 타고 있어야 할 필요가 없다.[67]

---

65 미국 고속도로 안전보험협회(Insurance Institute for Highway Safety : IIHS), Autonomous vehicle laws(https://www.iihs.org/topics/advanced-driver-assistance/autonomous-vehicle-laws#fn22, 최종검색일: 2021.8.27.).

66 미국 고속도로 안전보험협회(Insurance Institute for Highway Safety : IIHS), Autonomous vehicle laws(https://www.iihs.org/topics/advanced-driver-assistance/autonomous-vehicle-laws#fn22, 최종검색일: 2021.8.27.).

67 미국 고속도로 안전보험협회(Insurance Institute for Highway Safety : IIHS), Autonomous vehicle laws(https://www.iihs.org/topics/advanced-driver-assistance/autonomous-vehicle-laws#fn22, 최종검색일: 2021.8.27.).

제4장

자율주행자동차 관련
독일 법제 발전 동향

- 차종진 -

I 서론

독일은 자율주행자동차의 상용화를 선도하고 있는 국가 중 하나이다. 독일은 자동차 산업의 강국일 뿐 아니라, 첨단과학기술 강국으로 자율주행자동차 상용화를 위하여 박차를 가하고 있다. 이러한 노력은 기술개발뿐 아니라 제도정비에서도 나타나고 있다. 주지하는 바와 같이 독일은 2017년 「도로교통법(StVG: Straßenverkehrsgesetz)」을 개정하여 Level 3 자율주행자동차에 관한 근거 규정을 신설하였다. 또한 Level 4 자율주행자동차의 상용화를 위해 2021년 5월 28일 「도로교통법」을 개정하였다. 이러한 법제도 선제적 정비를 통하여 독일은 자율주행자동차의 상용화를 가속화하고 있다. 우리나라 역시 차세대 교통환경에서 자율주행자동차를 주목하고 개발에 진력하고 있지만, 그에 반한 「도로교통법」을 포함한 법제도적 정비의 속도는 지지부진한 상태로 답보하고 있다는 인상을 지울 수 없다. 이에 본 연구는 선제적으로 법제도를 정비한 독일의 자율주행자동차 규율내용을 개정 단계에 따라 추적하고, 분석하여 국내법 개선을 위한 시사점을 도출하고자 한다.

II 2017년 도로교통법 개정

1. 배경

2017년 독일 「도로교통법(StVG)」의 개정에 앞서 2016년 3월에 발효된 「도로교통에 관한 비엔나 협약(Vienna Convention on Road Traffic, 이하 '비엔나 협약'이라 한다)」은 운전자가 주행에 개입하여 자동차를 통제할 수 있는 가능성을 전제로 자율주행자동차의 운행을 회원국에 허용하였다.[1] 이후 2017년 2월 20일 독일 정

---

[1] 차종진·이경렬, "자율주행자동차의 등장과 교통형법적인 대응", 형사정책연구 제29권 제1호, 한국형사정책연구원, 2018, 116쪽.

부는 연방의회(Bundestag)에 「도로교통법 개정을 위한 법률 초안(Entwurf eines ... Gesetzes zur Änderung des Straßenverkehrsgesetzes)」[2]을 제출하였고, 동 초안은 본질적인 변경 없이 원안가결되어 2017년 6월 21일 개정 「도로교통법(StVG)」이 발효되기에 이르렀다.[3] 이는 세계 최초로 자율주행자동차의 도로교통참여를 규율한 법률로 평가된다.[4]

개정법률 초안에는 향후 기술적 장치가 정해진 상황(in bestimmten Situationen)에서 차량조정을 담당하는 것이 가능하지만, 이러한 자율주행된 시스템이 한계를 가지며, 필요한 경우 운전자가 차량조정을 재인수할 것이 요구된다는 점을 언급하고 있다.[5] 이에 자율주행된 주행기능을 갖춘 자동차와 운전자 간의 상호협력을 위한 입법적 규율이 필요하고, 개정 초안은 이러한 상호협력 체계에 대하여 규정하는 것을 목적하였다.[6]

2017년 개정 독일 「도로교통법(StVG)」의 주요 개정 내용의 요지는 아래와 같다.

- 제1a조(고도 또는 완전 자율주행된 주행기능을 갖춘 자동차) 신설
- 제1b조(고도 또는 완전 자율주행된 주행기능의 이용에서 운전자의 의무) 신설
- 제63a조(고도 혹은 완전 자율주행된 주행기능을 갖춘 자동차에서의 정보처리) 신설

이밖에 법규명령 발령을 위한 몇몇의 수권규정들이 추가되었고,[7] 제12조에

---

2   Drucksache 18/11300(2017).

3   독일 「도로교통법(StVG)」의 신속한 개정 과정에 대하여는 정다현·임현, "독일 도로교통법상 자율주행차의 규율에 관한 검토", 공법학연구 제20권 제1호, 한국비교공법학회, 2019, 310-311쪽 참조.

4   BMVI 홈페이지(https://www.bmvi.de/SharedDocs/DE/Artikel/DG/gesetz-zum-autonomen-fahren.html, 최종검색일: 2022.5.24.). 또한 주현경, "자율주행 레벨 4에 대한 독일의 법제적 대응", IT와 법연구 제24집, 경북대학교 IT와 법연구소, 2022, 301쪽 각주 22) 참조.

5   Drucksache 18/11300(2017), S. 1.

6   Drucksache 18/11300(2017), S. 1.

7   법규명령 발령을 위한 수권규정으로 제63b조, 제6조 제1항 제14a호, 제6조 제4항이 신설 또는 개정되었다. 또한 정보처리와 관련된 자료저장에 대하여 규정하기 위해 제32조 제1항 제8호가 신설되었다.

서는 자율주행주행자동차의 주행 시 발생한 사고의 경우 손해배상책임 최고한
도액이 인명사상의 경우 1,000만 유로, 물적 손해의 경우 200만 유로로 기존대
비 2배 증액되었다. 아래에서는 특히 자율주행자동차의 통행과 관련되어 실체
적 내용을 규정하고 있는 개정사항에 대하여 분설한다.

2. 용어의 사용과 적용대상

2017년 개정법률에 대한 소개에 앞서 용어사용에 관한 간단한 설명이 필요
해 보인다. 자율주행자동차의 단계별 분류는 통상 미국의 "국제자동차기술인
협회(SAE International)"의 J3016 규격을 따르고 있다. 독일도 원칙적으로 이러한
표준을 따르고 있는 것으로 보인다. 독일 「도로교통법」상의 용례에 주목한다면
2017년 개정 「도로교통법」은 "고도자율주행주행(hochautomatisierte Fahrfunktion)"
또는 "완전자율주행주행(vollautomatisierte Fahrfunktion)"을 규율대상으로 하고 있는
데, 이는 Level 3에 해당한다고 할 수 있다.[8] 2021년 개정 「도로교통법」에서는
위의 용어 대신 "자율주행기능(autonome Fahrfunktion)"이라는 용어를 사용하고 있
으며, 이는 Level 4에 해당한다고 할 수 있다. 이때 Level 3과 Level 4는 차량 내
사람 운전자의 제어권 인수 여부와 관련된다. 즉 Level 3에서는 긴급상황에서
자율주행시스템이 개입을 요청하는 경우 사람 운전자가 제어권을 인수해야 하
는 반면, Level 4에서는 긴급상황 발생 시 최소위험상태 도달 등의 방법으로 사
람 운전자의 개입 없이 자율주행시스템에 의한 상황 대처가 이루어진다.[9] 이와
같은 의미에서 연방 교통·디지털인프라부(BMVI: Bundesministerium für Verkehr und
digitale Infrastruktur) 홈페이지에서는 2017년 개정법률이 운전자의 제어권 인수
를 전제로 하는 '제3단계인 자율주행 시스템(automatisiertes System, Stufe 3)'에 적
용되고, 2021년 개정법률은 제4단계인 '자율자동차(autonomes Kraftfahrzeug,

---

8   독일에서의 자율주행자동차의 분류와 용어의 사용에 관하여는 정다현·임현, 앞의 논문,
     310-311쪽 참조.
9   이와 관련하여 주현경, 앞의 논문, 301쪽 참조.

Stufe 4)'의 규율과 상용화를 목적하고 있다는 점을 명확히 밝히고 있다.[10]

3. 개정 조문의 내용

가. 자동주행자동차의 허가 등

2017년 개정 「도로교통법」의 제1a조는 자율주행주행자동차의 허가, 정의 (기술적 요건), 적용범위 및 운전자의 명시 등에 관한 내용을 담고 있다. 주요 내용은 아래와 같다.

[자율주행된 주행기능을 갖춘 자동차의 허가] 신설된 제1a조 제1항은 자율주행된 주행기능을 이용한 자동차 주행이 사용지침에 맞게 이용되는 경우 허가된다는 점을 명시하고 있다. 이때 고도 또는 완전 자율주행된 주행기능이 장착된 자동차의 운행을 의미하는 것이 아니라, 바로 그 자율주행된 주행기능이 작동된 상태에서 자동차가 운행하는 경우의 허가조건을 의미한다.[11] 제1항에 따르면 자율주행된 주행기능에 의한 자동차의 운행은 자율주행된 주행기능의 사용방법에 맞는 경우에만 허용될 수 있다. 예를 들어, 고속도로에서의 이용이 명시된 자율주행주행기능은 일반 국도에서 이용될 수 없다.[12]

[자율주행기능의 기술적 요건] 제2항은 자율주행된 주행기능을 이용한 자동차에 구비되어야 하는 기술적 장치를 나열하면서 본 법에서 적용을 받는 자율주행주행자동차를 정의하고 있다. 즉 자율주행된 주행기능을 이용한 자동차의 운행을 위하여 자동차가 갖추어야 할 최소한의 기술적 요건을 규정하고 있다. 본 법에서 규정하는 자율주행주행자동차의 핵심은 운전자가 자율주행된 주행시스템을 작동시키는 경우 자율주행된 주행기능을 통하여 차량조정이 가능하고(제1호), 운전자가 이를 비활성화하는 경우 다시 운전자가 차량조정에 관한 제어권을 인수할 수 있어야 하며(제3호), 나아가 교통법규를 준수할 수 있어야 한다는 점이

---

10 BMVI 홈페이지 : https://www.bmvi.de/SharedDocs/DE/Artikel/DG/gesetz-zum-autonomen-fahren.html (최종검색일: 2021.6.10.).
11 Drucksache 18/11300(2017), S. 20.
12 Drucksache 18/11300(2017), S. 20.

다(제2호). 즉 사람 운전자와 자율주행된 주행시스템 간에 필요한 경우 자동차의 제어권 이전이 가능해야 한다. 또한 이러한 제어권 이전이 의미를 갖기 위하여는 사람 운전자의 제어 필요성이 있는 경우 이를 운전자에게 인지시킬 수 있어야 하며(제4호), 이러한 경고기능은 적시에 제어권이 이전될 수 있도록 시간적 여유를 가지고 이루어져야 한다(제5호). 마지막으로 자율주행된 주행기능 장치에는 시스템설명서에 위배되는 상황을 경고할 수 있는 기능이 있어야 한다(제6호).

[적용 대상의 한정] 제3항은 전항인 제1항과 제2항이 적용되는 차량을 한정하고 있다. 이에 따르면 신설된 제1a조의 제1항과 제2항은 「도로교통법」 제1조 제1항에 따라 허가된 자동차에 적용된다. 제1조 제1항은 공공도로에서 운행하는 자동차와 그 부수차에 대하여 관할관청의 운행허가를 유보하고 있다.[13] 이에 따라 신설된 조항은 공공도로에서의 통행을 위하여 관할관청의 허가를 득하지 않은 자동차에는 적용되지 않는다. 또한 자율주행된 주행기능이 국제적인 규정 또는 독일 내에서 적용되는 규정에 상응하거나 혹은 유럽연합지침 2007/46/EC에 의하여 형식승인을 받은 경우에만 제1a조 제1항과 제2항이 적용된다.

[운전자] 제4항은 자율주행된 주행기능을 갖춘 자동차의 운전자를 특정하고 있다. 자율주행된 주행기능을 갖춘 자동차에서 운전자는 주행기능을 작동시키고 이를 이용하는 자이다. 자율주행된 주행기능이 활성화되어 사람 운전자가 운전에 개입하지 않는 동안에도 운전자는 사람 운전자임을 명확히 하고 있다. 결국 자율주행된 주행기능시스템에 운전자의 지위를 부여하지 않았다고 판단된다.

---

13 독일 도로교통법 제1조
   (1) 공공도로에서 운행하는 자동차와 그 트레일러는 관할관청(허가관청)의 운행허가를 받아야 한다. 허가는 차량 처분권자가 운행허가서, 개별허가서 또는 EC 모델 승인서 제출 시 신청에 따라 공식 번호판을 교부함으로써 이루어진다.
   (2) 철로와 결부되지 아니하고 기계의 힘으로 움직이는 육상 차량은 이 법에서 말하는 자동차로 간주한다.(번역은 국회도서관, 2018에서 인용)

제1a조 고도로 자동화되거나 완전 자동화된 주행기능을 가진 자동차

(1) 고도 또는 완전 자동화주행기능에 의한 자동차의 작동은 그 기능이 이용지침에 맞게 사용되는 경우 허용된다.

(2) 이 법에서 고도 또는 완전 자동화주행기능을 갖춘 자동차란 다음 각호의 기술적 장치를 구비한 자동차를 말한다.

1. 장치의 작동 후 운전작업을 수행하기 위해 종방향 조정 및 횡방향 조정을 포함하여 해당 자동차를 조종할 수 있는 장치(차량조종)

2. 고도 또는 완전 자동화된 차량조종 중 차량제어에 적용되는 교통법규를 준수할 수 있는 장치

3. 운전자에 의하여 언제든지 수동으로 조정인수가 가능하고 비활성화가 가능한 장치

4. 운전자 스스로의 운전필요성을 운전자에게 인지시킬 수 있는 장치

5. 운전자에게 스스로의 운전필요성을 차량조정 인계 전에 충분한 여유를 가지고 시각, 청각, 촉각 그리고 그밖에 지각 가능한 방법으로 운전자에게 표시할 수 있는 장치

6. 시스템설명서와 반대되는 사용을 알려 주는 장치

    이러한 자동차의 생산자는 차량이 제1문의 조건에 부합한다는 점을 시스템설명서에 반드시 밝혀야 한다.

(3) 위의 제1항과 제2항은 제1조 제1항 따라 허가되고, 제2항 제1문에서 규정한 기준에 해당하며, 고도 또는 완전 자동화된 주행기능이 다음 각호의 어느 하나에 해당하는 경우에만 적용한다.

1. 국제적인 규정과 이 법의 적용범위에서 적용되는 규정에 기술되어 있고, 이에 부합하는 경우

2. 자동차와 자동차의 부수차 그리고 이러한 자동차를 위한 시스템, 부품 및 독립적인 기술 설비의 승인을 위한 기준 정립에 관한 2007년 9월 5일 유럽 의회 및 이사회 지침(기본지침) 2007/46/EC 제20조(2007년 10월 9일 관보 L 263, 1면)에 따라 형식승인을 받은 경우

(4) 운전자는 제2항의 의미에서 고도 또는 완전 자동화주행기능을 작동시키고 차량조정을 위하여 이용하는 자이다. 또한 운전자가 이러한 기능을 사용방법에 맞게 이용하여 자동차를 직접 조정하지 않는 경우에도 그러하다.

나. 운전자의 주의의무 경감과 제어권 인수의무

신설된 제1b조는 자율주행된 주행기능에 의한 차량 운행 시 운전자의 주의의무와 상호 간 차량 제어권 이전에 관하여 규정하고 있다. 후술하는 바와 같이 동조는 자율주행주행기능에 의한 차량 운행 시 운전자의 주의의무를 경감하고 있는 반면, 일정한 경우 즉각적인 제어권 인수의무를 규정하고 있어 사고 발생 시 책임귀속을 결정하는 근거규정으로 기능할 수 있다. 이러한 의미에서 자율주행주행자동차 통행에서 매우 중요한 의미를 담고 있는 것으로 판단된다.

[운전자의 주의의무 경감] 먼저 제1b조 제1항은 자율주행된 주행기능을 이용하는 자동차에서 운전자의 주의의무를 경감하고 있다. 이에 따라 자동주행 중 운전자는 교통흐름과 차량조종에 주의를 기울이지 않아도 된다. 앞서 제1a조 제4항에서 규정한 바와 같이 자율주행주행자동차에서 어느 경우에나 사람 운전자가 운전자의 지위를 갖고, 이에 따라 통상의 자동차의 운전자에게 적용되는 모든 주의의무를 준수하여야 한다. 자율주행주행자동차에서 자동운전시스템을 작동한 후에는 차량 제어권이 이전되는 상황을 고려하여 사람 운전자의 주의의무를 경감시키는 특별규정이라고 할 수 있다.[14] 반면에 운전자는 제1b조에 따라 상황인지준비의무와 즉각적인 제어권 인수의무를 부담한다.

[운전자의 차량 제어권 인수의무] 제1b조 제2항은 운전자에게 일정한 경우 즉각적으로 차량 제어권을 인수할 의무를 명시하고 있다. 운전자는 ⅰ) 자동운행시스템이 제어권 인수를 요구하는 경우, ⅱ) 그러한 경고가 없다고 하더라도 자동주행을 위한 전제요건이 더 이상 존재하지 않는다는 것을 인지하거나 혹은 명백한 상황을 근거로 인지하여야 하는 경우 차량 제어권을 즉각적으로 인수하여야 한다. 따라서 운전자는 시스템설명서에 기재된 자동주행시스템 이용의 한계를 정확하게 숙지하고 주의하여야 한다. 이를 통해 자동주행시스템이 제어권 인수를 요구하지 않는 경우에도 긴급상황 발생 시 제어권을 인수할 것인지를 결정할 수 있어야 한다.[15] 또한 제2항 제1호의 인수경고 이외의 기술적 결함이나,

---

14 정다현·임현, 앞의 논문, 320쪽.
15 Drucksache 18/11300(2017), S. 22.

타이어 파열과 같은 명백한 손상 발생 시 제어권을 인수하여야 한다.[16]

나아가 자동주행자동차의 제어권 인수의무는 제1b조 제1항 후단의 상황인 지준비의무를 통하여 보충되는데, 이에 따르면 운전자는 제2항에 따른 제어권 인수의무를 이행하기 위하여 제어권 인수상황을 인지할 대비를 하고 있어야 한다. 따라서 운전자는 자동주행기능에 의한 차량 운행 시 특히 차량조정에 대한 주의의무가 경감되지만 상황 발생 시 즉각적으로 제어권 인수를 위하여 준비상태를 유지하여야 한다.

제1b조 고도로 자동화되거나 완전 자동화된 주행기능 사용 시 차량 운전자의 권리와 의무

(1) 차량 운전자는 제1a조에 따른 고도 또는 완전 자동화주행기능을 이용하여 차량을 운행할 때 교통흐름과 차량조종에 주의를 기울이지 아니할 수 있다. 이때 운전자는 제2항에 따른 의무를 언제든지 이행할 수 있을 정도로 인지할 준비가 되어 있어야 한다.

(2) 다음 각호의 어느 하나에 해당하는 경우 차량 운전자는 지체 없이 다시 차량을 조종할 의무가 있다.
   1. 고도 또는 완전 자동화된 시스템이 이를 요구할 경우
   2. 운전자가 고도 또는 완전 자동화주행기능을 정해진 사용법에 따라 사용할 수 있는 전제요건들이 더 이상 존재하지 않는다는 것을 인지하거나, 명백한 상황을 근거로 인지하여야 하는 경우

다. 자율주행자동차 관련 데이터의 저장 등

2017년 개정을 통해 독일 「도로교통법」 VIa장(자동차에서의 데이터처리)이 신설되었다. 본 장은 제63a조(고도 또는 완전 자율주행된 주행기능을 갖춘 자동차에서의 데이터처리)와 제63b조(권한의 근거)로 구성된다. 제63a조 자동주행기능을 이용하여 주행하는 차량의 사고 발생 시 책임귀속을 명확히 하기 위한 수단으로 의미를 갖는다. 즉 본 규정을 통하여 자동주행시스템의 이상으로 발생하는 사고 책임을 모두 운

---

16 Drucksache 18/11300(2017), S. 22.

전자에게 귀속시키는 것을 방지할 수 있다.[17] 또한 본 규정을 통하여 운전자는 사고가 자동주행시스템의 이상에서 발생하였다는 것을 입증함으로써 책임비난으로부터 벗어날 수 있을 것이다.[18]

[정보의 저장] 제1항에 따라 운전자와 자동주행시스템 간 제어권 이전이 발생한 경우 위성내비게이션시스템을 통해 조사된 위치정보와 시간정보가 저장되어야 한다. 또한 자동주행시스템이 운전자에게 제어권 인수를 요청한 경우 또는 자동주행시스템에 기술적 장애가 발생한 경우 역시 관련 정보가 저장되어야 한다.

[정보의 제공] 저장된 정보를 교통위반사건 조사를 위하여 주법에 따라 이를 관할하는 주행정청에 제공될 수 있으며, 주행정청은 이를 저장하고 이용할 수 있다. 제공되는 정보의 범위는 행정청에 의하여 수행되는 조사절차에 필요한 한도로 제한된다. 제공된 정보는 구별되어 저장되고 식별조치되어야 하며, 행정청의 목적을 수행하기 위한 경우에만 접근될 수 있어야 한다.[19] 관할있는 행정청의 조사와 밀접한 시간적 연관성을 갖는 정보만이 제공될 수 있으며, 일반적인 교통통제 또는 교통감시를 목적으로 제공될 수 없다.[20]

[정보의 제3자 제공] 제3항은 정보의 제3자 제공을 규정하고 있다. 이때 제3자란 교통사고 관련자를 의미한다.[21] 차량소유자는 제7조 제1항[22]에 따른 사고에서 손해배상청구권의 주장 또는 방어를 위하여 해당 정보가 필요한 경우 이를 제공하여야 한다.

[정보의 삭제] 제4항은 정보의 저장기간을 규정한다. 제1항에 따른 정보는 6개월이 지나면 삭제되어야 한다. 해당 정보가 만약 제7조 제1항에서 규정한 사

---

17 Drucksache 18/11300(2017), S. 24.

18 Drucksache 18/11300(2017), S. 24.

19 Drucksache 18/11300(2017), S. 25.

20 Drucksache 18/11300(2017), S. 25.

21 Drucksache 18/11300(2017), S. 25.

22 독일 도로교통법 제7조 제1항
   (1) 자동차 운행 중 또는 자동차로 운반하는 트레일러 운행 중에 사람을 사망시키거나 신체
   또는 건강을 해치거나 물건을 손상한 경우 차량소유자는 이로 인해 발생한 손해를 피해
   자에게 배상할 책임이 있다.(번역은 국회도서관, 2018에서 인용)

고와 관련된 경우 3년까지 저장할 수 있다.

[연구목적 정보의 제3자 제공] 제5항에 따라 교통사고연구의 목적을 위하여 정보를 익명화 처리한 후 제3자에게 제공할 수 있다.

정보의 저장, 관리 및 처리에 관한 자세한 사항을 규정하기 위해 제63b조[23]에 수권규정을 두고 있으며, 이에 따라 연방 교통·디지털인프라부가 법규명령을 발령할 수 있다

VIa. 자동차에서의 데이터 처리

제63a조 고도 또는 완전 자동화된 주행기능을 갖춘 자동차에서의 데이터처리

(1) 운전자와 고도 또는 완전 자동화된 시스템 간에 차량조종의 교체가 이루어진 경우 제1a조에 따른 자동차는 위성내비게이션시스템을 통해 조사된 위치정보와 시간정보를 저장한다. 위의 정보저장은 또한 자동주행시스템에 의하여 운전자에게 차량조정을 인수할 것이 요청되거나 시스템의 기술적 장애가 발생한 경우에도 이루어진다.

(2) 제1항에 따라 저장된 데이터는 주(州)법에 따라 교통위반사건의 처벌을 관할하는 행정청이 요청할 경우 이 행정청에 제공될 수 있다. 이 행정청은 제공받은 데이터를 저장하고 이용할 수 있다. 데이터 제공의 범위는 이 행정청에 의하여 실행된 조사절차와 관련하여 제1항의 사항을 확인하는 목적에 필요할 정도로 제한된다. 개인정보 처리에 관한 일반규정은 이와 상관없이 유효하다.

(3) 다음 각호의 경우 차량소유자는 제1항에 따라 저장된 데이터를 제3자에게 전달하여야 한다.

　　1. 제7조 제1항에 규정된 사건과 관련하여 청구권의 주장, 충족 또는 방어를 위해 데이터가 필요한 경우

　　2. 자동화된 주행기능을 가진 자동차가 이 사건과 관련된 경우, 제2항제3문을 준용한다.

23　독일 도로교통법 제63b조 권한의 근거
　　연방 교통디지털기반시설부는 정보보호 및 정보자유 담당자와 협의하여 제63a조를 시행하기 위해 다음 각호에 관한 법규명령을 제정할 권한을 갖는다.
　　　1. 저장매체의 기술적 형태 및 장소, 제63조 제1항에 따른 저장방식
　　　2. 제63a조 제1항에 따른 저장의무 수신인
　　　3. 자동차 매각 시 무권한자의 개입으로부터 저장된 데이터를 안전하게 하기 위한 조치
　　제1문에 따른 법규명령은 제정 전에 연방참사원에 송부하여야 한다.(번역은 국회도서관, 2018에서 인용)

(4) 제1항에 따라 저장된 정보는, 자동차가 제7조 제1항에서 규정한 사고와 관련된 경우를 제외하고, 6개월 후에 삭제되어야 한다. 위의 사고와 관련된 경우 해당 정보는 3년 후에 삭제되어야 한다.

(5) 제7조 제1항에 규정된 사건과 관련하여 제1항에 따라 저장된 데이터는 교통사고연구 목적으로 익명화된 형태로 제3자에게 전달할 수 있다.

Ⅲ 자동화되고 네트워크화된 자동차교통을 위한 윤리지침

1. 배경

2016년 9월 30일 연방 교통·디지털인프라부(BMVI: Bundesministerium für Verkehr und digitale Infrastruktur) 장관의 제안으로 구성된 "윤리위원회 - 자율주행 및 네트워크화 주행(Ethik - Kommission Automatisiertes und Vernetztes Fahren)"은 독립적인 전문위원회로서 자율주행자동차의 상용화와 관련된 다양한 윤리적 문제들에 관하여 논의하였다. 여기서는 특히 주행 시 사람 운전자의 개입을 필요치 않은 Level 4 및 Level 5에 대하여 논의를 집중하였다. 철학, 법학, 사회학 등 분야의 학자, 소비자 보호 관련 전문가, 자동차생산기업 등 산업계 인사 등 14인으로 구성된 윤리위원회는 논의 끝에 2017년 6월 20일 「자율주행 및 네트워크화된 자동차교통에 대한 윤리지침(Ethische Regeln für den automatisierten und vernetzten Fahrzeugverkehr)」을 발표하였다.[24]

---

24 BMVI 홈페이지 : https://www.bmvi.de/SharedDocs/DE/Publikationen/DG/bericht-der-ethik-kommission.pdf?__blob=publicationFile (최종검색일: 2021.6.10.).

2. 주요 내용

윤리지침의 주요 내용은 아래와 같다.

- 자율주행 및 네트워크화된 시스템 개발 목적: 교통참여자의 안전 증진, 이동 기회의 증대
- 도입조건: 인간의 운전과 비교하여 적어도 위험이 낮다는 점이 증명되어야 함
- 자율주행 및 네트워크화된 시스템의 도입·승인·감독에 대한 책임을 국가가 부담함
- 자율주행시스템은 선택적 침해사례와 같은 딜레마 상황이 발생하지 않도록 설계되어야 함
- 상이한 법익 간의 선택이 문제된다면 법익형량을 통해 사람 생명이 최우선 가치로 고려되어야 함
- 생명 대 생명의 선택적 사례에서 개인적 표지(나이, 성별, 신체적·정신적 특징)에 기반한 차별은 엄격히 금지되어야 함
- 제조자 등은 시스템을 지속적으로 최적화하고, 사후적 관찰 및 개선할 의무가 있음
- 자율주행자동차의 배치 및 지침에 대한 지침의 투명한 공개
- 명확한 책임관계를 위하여 사람과 기계의 간 통제권 인계절차 등에 관해 명확히 구분하고 확인할 수 있어야 함
- 비상상황에서 자율주행자동차는 사람의 도움없이 스스로 안전한 상태에 이르러야 함

아래에서는 윤리지침 전문번역을 인용한다.[25]

---

1. 부분 및 완전 자동화된 교통시스템은 도로교통의 모든 이용자들의 안전을 향상시키는 것을 우선으로 한다. 또한 이동 기회를 확대하고 더 많은 이익의 창출과 관련되어 있다. 기술개발은 자신의 책임하에 행동하는 사적자치의 원칙에 따른다.

2. 인간의 보호는 다른 어떤 공리주의적 고려보다 우선한다. 목표는 피해를 완전히 피할 수 있는 수준까지 낮추는 것이다. 자율주행시스템은 긍정적 의미의 위험의 균형이라는 점에서 인간이 운전할 때와 비교하여 최소한 그 이하의 피해를 담보할 때 허용되어야 한다.

3. 공공의 도로교통 공간에서 자율주행시스템의 도입과 허용을 보장할 책임은 공공기관에 있다. 때문에 주행시스템은 행정관청의 허가와 통제를 필요로 한다. 그 지도 원리는 사고를 피하는 것인데, 이는 긍정적 의미의 위험의 균형에 이른다면 기술적으로 피할 수 없는 위험이 있더라도 자율주행의 도입을 허용한다는 것을 의미한다.

4. 자신의 책임하에 내리는 인간의 결정은 개개의 인간이 개인적 발전에 대한 요구와 보호욕구를 중심으로 하는 한 사회의 표현이다. 때문에 모든 국가적, 정치적 규제 결정의 목적은 자유로운 계발(free development)과 개인의 보호(protection of individuals)를 위한 것이다. 자유로운 사회에서 기술의 합법화는 개인의 자기결정의 자유를 최대화하는 것과 타인의 자유와 안전 사이에 균형을 맞추는 방식으로 이루어져야 한다.

5. 자율주행 기술은 가능한 한 실제적으로 사고를 방지해야 한다. 기술은 비교 형량할 수 없는 2가지의 나쁜 것 중에서 하나를 선택해야 하는 딜레마 상황과 같은 결정적 상황이 절대로 발생하지 않도록 설계되어야 한다. 이러한 맥락에서 기술적 옵션(적용범위를 제어 가능한 교통상황, 차량센서 및 브레이크 성능, 위험에 처한 사람을 위한 신호로 제한하는 것에서부터 지능형 도로인프라를 통한 위험방지에 이르는)의 전체 스펙트럼을 사용하고 지속적으로 발전시켜야 한다. 교통 안전성의 상당한 강화는 개발 및 규제의 목적인데, 이는 사실 교통약자를 보호하는 방어적이고 예측 가능한 운전을 하도록 차량을 설계하고 프로그래밍하는 것에 있다.

6. 특히 자동화된 충돌 방지 옵션을 갖춘 고도로 자동화된 주행시스템의 도입은 그것이 기존의 잠재적인 피해 가능성을 줄일 수 있을 때 사회적으로 윤리적으로 필요하다. 반대로, 완전 자동화된 주행시스템의 이용을 위해 부과된 법적 의무 또

---

25 이하 번역은 황문규 외, 『글로벌 법제논의의 현황과 전망 -자율주행자동차에 대한 법적 규제를 중심으로-』, 한국법제연구원, 2018, 90면 이하에서 인용.

는 실질적인 불가피성의 야기는 그것이 기술적인 명령에 전적으로 종속되어 있다면 윤리적으로 우려스럽다(주체를 단지 네트워크의 한 요소로 전락시키는 것의 금지).

7. 모든 기술적 예방 조치에도 피할 수 없는 위험상황에서는 인간의 생명을 보호하는 것이 법익형량에서 최우선 순위를 차지한다. 따라서 기술적으로 실현 가능한 범위 내에서 인간의 피해를 방지할 수 있다면 충돌 시 동물 또는 재산상 피해를 감수하도록 프로그래밍되어야 한다.

8. 생명 대 생명에 대한 결정과 같은 진정한 딜레마적 결정은 관계인의 "예측할 수 없는" 행동의 영향하에 있는 구체적 상황에 달려있다. 따라서 그 결정은 명확하게 표준화될 수도 없고, 또한 윤리적으로 의심의 여지가 없게 프로그램화될 수도 없다. 기술적 시스템은 사고를 피하도록 설계되어야 하지만, 도덕적으로 판단능력 있고 책임감 있는 운전자의 결정을 대체하거나 앞당기는 정도로 사고후 유증을 복합적 또는 직관적으로 평가하도록 표준화될 수는 없다. 비상상황에서 한 사람 또는 그 이상의 사람을 구하기 위하여 한 사람을 살해하는 경우 운전자의 행위가 위법한 것은 사실이지만, 반드시 유책한 행위는 아닐 것이다. 특수한 상황을 고려한 그러한 법적 판결이 단순히 추상적-일반적인 사전 판단과 그에 적합한 프로그래밍으로 바꿀 수는 없다. 이러한 점에서 독립적 공공기관(예컨대, 자동화된 교통시스템의 사고 조사를 위한 연방기구 또는 자동화 및 네트워크화된 도로교통에서 안전을 위한 연방관청)을 통하여 사례들을 체계적으로 처리하는 것이 바람직스러울 것이다.

9. 피할 수 없는 사고 상황의 경우 개인적인 특성(연령, 성별, 신체적 또는 정신적 체질)을 기준으로 한 차별은 엄격히 금지된다. 피해자들을 서로 상쇄시키는 것도 금지되어 있다. 개인 피해의 수를 줄이는 일반적 프로그래밍은 정당화될 수 있다. 빌리티 위험을 야기한 관계인은 비관여자를 희생해서는 안 된다.

10. 인간에게 유보된 책임성은 자율주행시스템하에서 자동차 운전자로부터 기술적 시스템의 제조자 및 운영자, 인프라적이고, 정치적, 법적인 의사결정기구로 이동한다. 법적 책임제도 및 사법실무는 이러한 변화를 충분히 고려해야 한다.

11. 자율주행시스템의 활성화로 인한 손해에 대한 책임은 다른 제품에 대한 책임에서와 마찬가지로 동일한 원칙이 적용된다. 이를 통해 제조업체나 운영자는 시스템을 지속적으로 최적화하고, 또한 이미 제공된 시스템을 관찰하며, 기술적으로 가능하고 합리적으로 시스템을 개선해야 할 의무를 지게 된다.

12. 대중은 새로운 기술과 그 사용에 대해 충분히 차별화된 설명을 요구할 권리가 있다. 여기서 개발된 원칙의 구체적 적용을 위하여 자율주행차량의 배치 및 프

로그래밍에 대한 지침은 가능한 투명한 방식으로 도출되어야 하며, 공개적으로 전달되고 독립적 전문기관에 의하여 검증되어야 한다.

13. 디지털 교통인프라의 맥락에서 철도 및 항공과 유사하게 모든 차량의 완전한 네트워크화 및 중앙통제가 미래에 가능한지 여부는 오늘날 짐작하기 어렵다. 디지털 교통인프라의 맥락에서 모든 차량의 완전한 네트워크화 및 중앙통제는 그것이 도로교통 이용자의 전체적인 감시 및 차량조작에 대한 위험을 확실히 배제할 수 없다면 윤리적으로 우려스럽다.

14. 자동화된 주행은 상상할 수 있는 공격, 특히 IT 시스템의 조작 또는 내재적 취약성이 도로교통에 대한 신뢰를 지속적으로 흔드는 것과 같은 손해로 이어지지 않을 정도의 범위 내에서만 정당화될 수 있다.

15. 자율주행으로 생성되고, 차량의 제어를 위한 데이터를 활용하도록 허용된 비즈니스 모델은 도로교통 이용자의 자율성과 데이터 주권의 한계에 직면하게 된다. 차량 보유자 또는 차량 이용자는 자신에게 귀속되는 차량데이터의 전달 및 사용에 대해 결정한다. 그러한 데이터 공개의 자발성은 진정한 대안이 존재하고 실행 가능한 것을 전제로 한다. 검색 엔진이나 소셜 네트워크의 운영자가 데이터에 접근하는 경우와 같은 사실에 대해서는 규범적 힘으로 초기 단계에서 대응되어야 한다.

16. 무인 운전시스템이 사용되고 있는지 또는 운전자가 시스템을 무효화하는 옵션으로 책임을 지는지 여부를 명확하게 구분할 수 있어야 한다. 무인이 아닌 주행시스템의 경우 인간/기계 인터페이스는 어떤 권한이 어느 편에 있는지, 특히 통제의 책임이 어느 편에 있는지가 모든 시점에서 명확히 규제되고 인식되도록 설계되어야 한다. 예컨대, 시간 및 접근방식에 관한 권한(그리하여 책임)의 분배는 문서화되고 저장되어야 한다. 이는 특히 인간과 기술 간 인계절차에 적용된다. 자동차 및 디지털 기술이 국경을 넘어 확산되고 있는 상황에서 프로토콜 또는 문서화 의무의 호환성을 담보하기 위하여 인계절차 및 문서화의 국제 표준화가 모색되어야 한다.

17. 고도로 자동화된 차량의 소프트웨어와 기술은 운전자에게 갑작스러운 운전 제어("비상")가 사실상 필요 없도록 설계되어야 한다. 효율적이고 안정적이며 안전한 인간과 기계 간 통신을 가능케 하고 과부하를 방지하기 위해 시스템은 인간이 인간의 의사소통 방식에 더 잘 적응해야 하고, 반대로 인간에게 더 향상된 적응 능력을 요구해서는 안 된다.

18. 차량 운행에서 자기 학습을 하는 학습 시스템과 중앙 시나리오 데이터베이스와의 연결은 안전성을 확보할 수 있는 경우에 한하여 윤리적으로 허용될 수 있

다. 자기 학습 시스템이 차량 제어에 적절한 기능에 대한 안전 요건을 충족하고 여기에 설정된 규정을 훼손하지 않는 경우에 한하여 이 시스템이 설치되어야 한다. 승인 테스트를 비롯하여 적절한 보편적 표준을 만들기 위해 중립적인 기관의 중앙 시나리오 카탈로그에 관련 시나리오를 전달하는 것은 바람직하다.

19. 비상 상황에서 차량은 자율적으로, 즉 인간의 도움 없이 스스로 "안전한 상태"에 도달해야 한다. 특히 안전한 상태 또는 (자율주행시스템에서 사람으로 제어권) 전환절차에 관한 정의를 통일하는 것이 바람직스럽다.

20. 자동화된 시스템의 적절한 사용은 일반적인 디지털 교육의 일부분이 되어야 한다. 자동화된 주행 시스템의 올바른 사용법은 운전면허 강습 때 적절한 방식으로 전달되고 확인되어야 한다.

Ⅳ 2021년 「도로교통법」 개정

1. 배경

독일에서 자율주행자동차의 상용화를 위한 두 번째 「도로교통법」 개정이 최근에 있었다. 연방정부가 2021년 2월 8일 제출한 '도로교통법 개정안(자율주행법)'[26]이 2021년 5월 20일 연방의회(Bundestag)에서 의결되었고, 2021년 5월 28일 연방참사원(Bundesrat)에서 승인되어 시행을 앞두고 있다. 독일 연방교통·디지털인프라부(BMVI) 장관은 독일이 세계에서 최초로 자율주행자동차의 일상적 운행을 보장하는 법을 제정하였고, 향후 자율주행자동차 환경에서 선도적·주도적 역할을 기대하고 있으며, 2022년까지 자율주행자동차의 상용화를 목표하고 있다고 밝혔다.[27] 이번 개정을 통하여 가능해진 자율주행자동차 도입 시나리오는 아래와 같다.[28]

---

26 Entwurf eines Gesetzes zur Änderung des Straßenverkehrsgesetzes und des Pflichtversicherungsgesetzes - Gesetz zum autonomen Fahren

27 BMVI 홈페이지 : https://www.bmvi.de/SharedDocs/DE/Artikel/DG/gesetz-zum-autonomen-fahren.html (최종검색일: 2021.6.9.).

28 BMVI 홈페이지 : https://www.bmvi.de/SharedDocs/DE/Artikel/DG/gesetz-zum-

- 일정한 지점을 왕복하는 자율주행차를 이용한 셔틀운송
- 정해진 경로를 운행하는 버스와 같은 교통수단을 통한 여객운송
- Hub2Hub 운송 - 물류센터 간 무인 운행 연결
- 비도심 지역에서의 운송수요에 맞춘 자율주행자동차를 이용한 서비스제공
- 듀얼모드 자율주행자동차 (예를 들어, 자동발렛파킹)

자율주행자동차 상용화를 위한 이번 「도로교통법」 개정의 요지는 아래와 같다.
- 자율주행자동차의 제조, 상태 및 장치에 대한 기술적 요건의 정립
- 연방 교통국(Kraftfahrt-Bundesamt)에 의한 자율주행자동차에 대한 운행허가 수여에 관한 심사와 절차 규정
- 자율주행자동차의 운행에 참여하는 사람의 의무와 관련된 규정
- 자율주행자동차의 운행에 있어 정보처리와 관련된 규정
- 이미 형식승인된 자동차의 자율주행된 주행기능과 자율적 주행기능의 사후 작동을 가능케 하는 규정
- 자동주행자동차 및 자율주행자동차의 검증을 가능케 하기 위한 통일적 규정의 정비와 정립

아래에서는 주요 개정내용을 분설한다.

2. 주요 개정내용

가. 제1d조 - 지정된 통행구역에서의 자율주행자동차

[자율주행자동차(Kraftfahrzeug mit autonomer Fahrfunktion)] 신설된 제1d조는 자율주행자동차와 관련한 기본적인 개념을 정의하고 있다. 동조 제1항은 자율주행자동차를 사람 운전자의 부재하에 운전작업을 수행할 수 있고, 동법 제1e조 제2항에서 규정한 기술적 장치를 설비한 자동차로 정의하고 있다. 구체적

인 기술적 요건에 관한 사항은 신설된 동법 제1j조가 법규명령에서 정하도록 위임하고 있다.

[**지정된 통행구역(festgelegter Betriebsbereich)**] 자율주행자동차는 주행이 허가된 공공도로에서 운행될 수 있는데, 제1d조 제2항은 이를 "지정된 통행구역(festgelegter Betriebsbereich)"이라고 하면서 장소적·공간적으로 특정된 공공의 도로영역으로 정의하고 있다.

[**기술감독관(Technische Aufsicht)**] 2017년 개정의 규율대상인 자율주행주행시스템(automatisierte Fahrsystem)과 달리 개정법에서 상정하는 자율주행기능(autonomoe Fahrfunktion)에서는 더 이상 사람 운전자의 운행지배를 요구하지 않는다.[29] 그럼에도 필요한 경우 외부에서(von außen) 자율주행자동차를 기동시키거나 자율주행기능을 비활성화할 수 있는 책임을 부여받은 사람이 필요하고, 동법은 이와 같은 업무를 "기술감독관(Technische Aufsicht)"에게 부여하고 있다. 기술감독관이 자율주행자동차의 운행을 상시적으로 감시할 필요는 없으나, 기술감독관은 구체적인 상황에서 필요한 경우 이러한 업무를 수행하기 위해 항상 준비가 되어 있어야 하고, 한 명의 기술감독관이 다수의 자율주행자동차에 대하여 이러한 임무를 수행하는 것이 가능할 수 있다고 한다.[30] 기술감독관의 업무에 대하여는 후술하는 제1f조 제2항에서 자세히 정하고 있다.

[**최소위험상태(risikominimaler Zustand)**] 제4항은 "최소위험상태"를 규정하고 있다. 이에 따르면 교통안전을 최대한 고려한 주행상태를 의미하며, 자율주행시스템 스스로의 판단 혹은 기술감독관의 요구에 따라 최소위험상태로 전환될 수 있다. 2020년 12월 우리나라 국토부에서 발표한 가이드라인에서는 유사한 용어로 "위험최소화운행"을 "고장 또는 운행가능영역 이탈 등에 의해 자율주행시스템의 작동 및 제어 관련 기능이 정상적으로 수행되지 않거나, 정해진 목적지까지 운행이 불가능하게 된 경우 시스템이 스스로 알아서 운행에 따른 위험을 최소화하기 위해 수행하는 기능(감속이나 갓길 정차 등)을 말한다"라고 규정하고 있다.[31]

---

29 Drucksache 19/27439, S. 20.
30 Drucksache 19/27439, S. 20.
31 국토교통부, 『레벨4 자율주행자동차 제작·안전 가이드라인』, 진한엠앤비, 2012, 3쪽.

> ### 제1d조 지정된 통행구역에서의 자율주행자동차
>
> (1) 이 법에서 자율주행자동차란 다음과 같다.
>   1. 지정된 통행구역에서 자동차를 운전하는 사람 없이 운전작업을 수행할 수 있고,
>   2. 제1e조 제2항에 따른 기술적인 장치를 구비한 자동차
> (2) 이 법에서 지정된 통행구역은 장소적·공간적으로 특정된 공공의 도로영역을 의미한다. 그러한 도로영역에서 자율주행자동차는 제1e조 제1항에 따른 요건이 충족되는 경우 운행할 수 있다.
> (3) 이 법에서 자율주행자동차의 기술감독관은 제1e조 제2항 제8호에 따라 작동 중에 있는 자동차를 작동 중지시킬 수 있고, 자동차에 대하여 제1e조 제2항 제4호 및 제3항에 따라 주행을 기동시킬 수 있는 자연인이다.
> (4) 이 법에서 위험최소상태란 교통상황을 적절히 고려하여 다른 교통참가자와 제3자에 대하여 가능한 최대의 교통안전을 보장하기 위하여 자율주행자동차가 자신의 판단에 따라 또는 기술감독관의 판단에 따라 스스로 도달하는 상태이다.

나. 제1e조 - 자율주행자동차의 운행, 이의제기 및 취소소송

[자율주행자동차의 허용성] 개정법 제1e조는 자율주행자동차 운행의 허용성에 대한 요건을 규정하고 있다. 이때 자율주행자동차의 운행은 사람 운전자의 운전조작을 요하지 않는 자율주행시스템에 의한 운행을 의미한다. 먼저 자율주행자동차의 운행이 허용되기 위해서는 동조 제2항에서 규정한 기술적 장치를 갖추어야 한다(제1호). 또한 제2호에 따라 동조 제4항에서 정하고 있는 바와 같이 연방 교통국(Kraftfahrt-Bundesamt)에 의한 운행허가(Betriebserlaubnis)가 있어야 한다. 제3호에서는 자율주행자동차가 주법에 따라 지정된 통행구역에서 사용되어질 것을 정하고 있으며, 또한 제4호에 따라 동법 제1조 제1항에서 따른 허가요건을 갖추어야 한다. 이러한 조건은 중첩조건으로 이해된다.[32]

[기술적 요건] 동조 제2항은 자율주행자동차에 요구되는 기술적 요건과 필요한 기능에 대하여 열거하고 있다. 기술적 요건은 사람 운전자의 개입 없이 자율주행자동차가 운전작업을 수행하기 위한 성능상의 전제조건으로, 그 충족여부

---

32 Drucksache 19/27439, S. 21.

는 곧 제4항에서 정하고 있는 연방 교통국의 허가심사의 대상이 된다. 총 10개의 사항이 나열되어 있고 그 요지는 아래와 같다.

- 지정된 통행구역에서의 독자적인 운전작업(제1호)
- 교통법규 준수 및 사고예방장치(제2호)
- 법규준수 불능 시 최소위험상태로의 전환(제3호)
- 대체적 운전기동의 추천과 판단을 위한 정보제공(제4호)
- 제시된 운전기동에 대한 평가와 최소위험상태로의 전환(제5호)
- 기능상 장애의 즉시 보고(제6호)
- 유사시 최소위험상태로의 전환 및 대피(제7호)
- 기술감독관에 의한 비활성화와 최소위험상태로의 전환(제8호)
- 대체적 운전기동, 기능상태에 대한 경고에 대한 보고(제9호)
- 안정적 무선통신망의 확보(제10호)

위의 요건 중 특히 제2호와 관련해서 만약 자율주행자동차가 자율주행 중 법규의 복잡성, 다른 교통참여자와의 간섭 또는 소통의 어려움을 이유로 법규준수를 할 수 없다고 한다면, 자율주행자동차의 주행 자체의 허용성이 모두 부정되는 것이 아니라, 자율주행자동차의 주행에 허용되는 통행구역이 그 정도만큼 제한되는 것으로 해석된다.[33] 또한 사고방지 장치와 관련하여 딜레마 상황이 문제 된다면 ⅰ) 상이한 법익 간 경중을 고려하고, 사람의 생명을 최우선가치로 인식하여야 하며, ⅱ) 사람의 생명 간 선택적 침해가 문제되는 사례에서는 사람의 인격적 표지(나이, 성별, 육체적·정신적 상태 등)를 근거로 경중을 판단해서는 아니된다. 이러한 기준이 추상적이며, 구체적 사례에서 결정적인 판단의 근거를 제시할 수 없지만 그럼에도 프로그램 작성 시 파라미터로 기능할 수 있다는 점에서 의의를 갖는다고 한다.[34] 제5호에서는 자율주행시스템이 기술감독관의 운전기동 요구를 무조건적으로 수용하는 것이 아니라, 위험이 예상되는 경우 이를 무시하고 최소위험상태로 전환될 수 있음을 명시하고 있다. 제10호에 따르면 자

---

[33] Drucksache 19/27439, S. 21.
[34] Drucksache 19/27439, S. 22.

율주행자동차는 안정적인 무선통신망에 연결되어 있어야 하는데, 이때 "충분히 안정적인"이란 무선통신망의 해제에도 불구하고 적어도 기술감독관과는 통신 가능한 상태를 유지해야 한다는 것을 의미한다.[35] 사용할 수 있는 무선통신망이 아예 존재하지 않거나, 무선통신망에 허용되지 않은 침입이 발생한 경우 자율주행자동차는 최소위험상태로 전환되어야 한다.[36]

[기타 장애상태에서의 운전의 계속] 제3항은 기타 장애상태에서의 계속적 운전의 요건을 다루고 있다. 입법이유서는 자율주행자동차가 아직 상황의 이성적 추론이나 기타 교통참여자와의 협력을 통하여 장애를 극복하는 수준까지 도달하지 못한 것으로 이해한다.[37] 예컨대, 교통법규를 엄격히 준수하는 경우 계속적인 운행이 불가능한 상태가 발생하거나 기타 교통참여자와의 협력적 주행이 없다면 통행의 곤란함을 극복하지 못하는 경우가 있다고 보고 있다. 제3항은 이러한 경우 기술감독관으로부터 운전기동에 관한 지시를 받거나, 그러한 지시에 따라 스스로 주행하는 것이 가능하고, 장애 발생 시 이를 극복하기 위하여 기술감독관에게 통행방법에 관한 지시를 요청하는 것이 가능하다면 기술적 요건을 충족하는 것으로 본다.

[운행허가의 발급] 제4항 이하에서는 자율주행자동차의 운행허가에 대하여 규정하고 있다. 자율주행자동차의 운행허가는 연방 교통국(Kraftfahrt-Bundesamt)이 관할한다. 운행허가의 요건은 제2항의 기술적 요건의 충족과 제1f조 제3항 제4호에 따른 생산자의 확약이다. 발급된 허가가 취소되어 이에 대하여 이의를 제기하거나 취소소송을 제기하는 경우에도 허가취소의 효과는 계속해서 유지된다(제5항). 또한 주법에 따라 관할있는 행정청이 지정하는 통행구역의 허가취소에 대하여도 유예효과를 인정하지 않는다(제6항).

---

35 Drucksache 19/27439, S. 23.
36 Drucksache 19/27439, S. 23.
37 Drucksache 19/27439, S. 24.

제1e조 자율주행자동차의 운행, 이의제기 및 취소소송

(1) 자율주행기능에 의한 자동차의 운행은 다음과 같은 경우에 허용된다.

    1. 자동차가 제2항에 따른 기술적인 요건을 충족하는 경우

    2. 자동차에 대하여 제4항에 따른 운행허가가 수여된 경우

    3. 자동차가 주법에 따라 관할있는 행정청에 의하여 허가되고, 지정된 통행구역에서 운행되어야 하고,

    4. 자동차가 제1조 제1항에 따라 공공교통 참여를 위하여 허가된 경우

    제1h조에 따른 자동차의 운행과 그밖에 제1조 제1항에 따른 허가는 이로부터 영향 없이 적용된다.

(2) 자율주행자동차는 다음 각호의 장치를 설비하여야 한다.

    1. 자동차를 운전하는 사람이 차량제어에 개입함이 없이 또는 자동차의 운행이 기술감독관에 의하여 상시적으로 감시되지 않고, 각각의 지정된 통행구역 내에서 스스로 운전작업을 수행하는 것을 가능하게 하는 장치

    2. 스스로 차량통행에 적용되는 교통법규를 준수하는 것을 가능하게 하는 장치. 그리고 다음 각 목의 사고방지시스템을 갖추어야 한다.

        a) 사고방지 및 사고감경을 위하여 설비된 장치

        b) 상이한 법익들 간에 회피불가능한 선택적 침해가 문제되는 경우 법익 간의 경중을 고려하고, 이때에 사람의 생명 보호가 최고의 우선순위를 갖는 장치

        c) 사람의 생명 간 회피불가능한 선택적 위태화 사례에서 인격적 표지를 근거로 어떠한 경중도 예정하고 있지 않는 장치

    3. 운행의 계속이 오직 도로교통법규의 위반을 통하여 가능한 경우 자동차를 스스로 최소위험상태로 전환시키는 장치

    4. 제3호의 사례에서 다음 각 목의 장치

        a) 운행의 계속을 위하여 기술감독관에게 가능한 운전기능을 추천하는 장치

        b) 기술감독관이 추천된 운전기동에 대하여 판단할 수 있기 위하여 상황판단을 위한 정보를 전송하는 장치

    5. 기술감독관에 의하여 제시된 운전기동을 평가하고, 그러한 운전기동이 교통 참가자 혹은 비참가자를 위험하게 할 수 있는 경우 이를 따르지 않고, 자동차를 독자적으로 최소위험상태로 전환시키는 장치

    6. 장치의 기능상 손상을 기술감독관에 즉시 보고할 수 있게 하는 장치

    7. 시스템의 한계를 인식하고, 시스템 한계에 도달하거나 자율주행기능을 저하시킬 수 있는 기술적 결함이 발생하거나, 지정된 통행구역의 경계에 도

달하는 경우 자동차를 스스로 최소위험상태로 전환시키고, 점멸식경보장
치를 작동시키며 가능한한 안전한 장소에 대피시키는 장치

8. 언제든지 기술감독관에 의하여 비활성화될 수 있고, 비활성화 상황에서 자
동차를 스스로 최소위험상태로 전환하게 하는 장치

9. 기술감독관에게 대체적 운전기동의 작동 및 비활성화에 대한 요구를 충분
한 시간을 가지고 통보하는 장치 및 자율주행자동차의 기능상 상태에 대한
경고를 시각적, 음향적으로 혹은 기타 인지가능한 방법으로 보고하는 장치

10. 충분히 안정적인 무선통신망, 특히 기술감독관과의 무선통신망을 확보하
고, 안정적인 무선통신망이 해제되거나 혹은 이에 대하여 허용되지 않은
침입이 발생하는 경우 자동차를 스스로 최소위험상태로 전환시키는 장치

(3) 기술적 장치가 운전작업을 스스로 수행할 수 없게 하는 기타의 장애 발생 시
다음 각호의 경우에는 제2항 제1호 내지 제4호에 따른 요건을 충족하기에 충
분한 것으로 본다.

1. 기술감독관을 통하여 대체적 운전기동이 제시되어질 수 있다는 것을 기술
적 장치가 보장하는 것이 가능한 경우

2. 제1호에 따른 대체적 운전기동이 기술적 장치에 의하여 스스로 실행되고,

3. 충분한 시간적 여유를 가지고 시각적, 음향적 또는 기타 인지가능한 방법
으로 기술적 장치가 기술감독관에게 운전기동의 방법을 요청하는 것이 가
능한 경우

(4) 제2항에 따른 기술적인 요건이 충족되고 제1f조 제3항 제4호에 따라 생산자
의 확약이 있는 경우 연방 교통국은 생산자의 신청에 따라 자율주행자동차를
위한 운행허가를 발급한다.

(5) 자율주행자동차의 운행허가 취소에 대한 이의제기와 취소소송은 유예효과를
갖지 않는다.

(6) 지정된 통행구역의 허가 취소에 대한 이의제기와 취소소송은 유예효과를 갖
지 않는다.

다. 제1f조 - 자율주행자동차의 작동에서 관계자의 의무

제1f조는 자율자동차의 운행과 관련된 관계자의 의무를 설시하고 있다. 이에는 소유자(Halter), 기술감독관(Technische Aufsicht) 및 생산자(Hersteller) 등이 포함된다.

[소유자의 의무] 제1항에 따라 자율주행자동차의 소유자는 통행안전성 및 환경적합성을 유지하기 위한 조치를 내려야 한다. 특히 정기적인 정비, 통행과 관련되지는 않지만 준수해야 할 교통상 법규의 준수 그리고 기술감독관의 임무를 수행해야 한다.

[기술감독관의 의무] 제2항은 기술감독관의 의무를 적시하고 있다. 먼저 기술감독관은 자동차시스템에 의하여 대체적 운전기동을 제시받고, 이에 관한 정보를 전달받고 평가 가능한 경우 지체 없이 대체적 운전기동을 시행하여야 한다(제1호). 또한 비활성화에 대한 통지가 있는 경우 즉시 실행하고(제2호), 자동차시스템의 알림을 평가하고 교통안전을 위한 조치를 취하여야 하며(제3호), 자율주행자동차가 최소위험상태로 전환되는 경우 탑승객과 연락을 취하는 한편, 안전을 위한 조치를 실행해야 한다(제4호).

[생산자의 의무] 제4항은 생산자의 의무를 열거하고 있다. 총 6가지의 의무를 제시하고 있고, 그 주요 내용은 아래와 같다.

- 자동차의 개발 및 작동 기간 중 외부로부터의 침입에 대한 보안화와 그에 대한 증명
- 위험평가 실시 및 위험평가 방법과 확인된 취약요소에 대한 보호책 대비와 증명
- 무선통신망의 보안
- 시스템설명서 및 작동설명서 작성 및 기술적 요건을 충족한다는 점에 대한 확인
- 자율주행자동차의 운행과 관련된 자들에 대한 교육 제공
- 시스템의 오작동 및 네트워크망으로의 침입이 있을 시 이에 대한 조치 및 보고

제1f조 자율주행자동차의 작동에서 관계자의 의무

(1) 자율주행자동차의 소유자는 자동차의 통행안전성 및 환경 적합성을 유지할 의무를 가지며 이를 위하여 필요한 예방조치를 하여야 한다. 소유자는 특히 다음 각호의 의무를 갖는다.

    1. 자율주행기능을 위하여 필요한 시스템에 대한 정기적 정비

    2. 자동차 통행과 관련되지 않은 기타 교통법규 준수를 위한 조치

    3. 기술감독관의 임무 수행

(2) 자율주행자동차의 기술감독관은 다음 각호의 의무를 갖는다.

    1. 자동차시스템에 의하여 시각적, 청각적 또는 기타 인지가능한 방법으로 기술감독관에게 대체적 운전기동이 통지되고, 자동차시스템에 의하여 준비된 정보가 상황의 평가를 가능하게 하는 즉시 제1e조 제2항 제4호 및 제3항에 따른 대체적 운전기동을 위하여 자동차를 기동시킬 것

    2. 비활성화가 자동차시스템을 통하여 시각적, 청각적 혹은 기타 인지가능한 방법으로 고지되는 즉시 자율주행기능을 지체 없이 비활성화할 것

    3. 자율주행자동차의 기능상태에 대한 기술적 장치의 알림을 평가하고 상황에 따라 교통안전을 위한 필요한 조치를 취할 것

    4. 자동차가 최소위험상태로 전환되는 경우, 즉시 자동차의 탑승객과 연락을 취하고, 교통안전을 위해 필요한 조치를 취할 것

(3) 자율주행자동차의 생산자는 다음 각호의 의무를 진다.

    1. 자동차의 총 개발기간과 작동기간 동안에 전자적·전기적 자동차시스템과 자동차와 연결되어 있는 전자적·전기적 시스템이 침입으로부터 보안되었다는 점을 연방 교통국 및 관할있는 행정청에 대하여 증명할 것

    2. 자동차에 대한 위험평가를 실시하고, 위험평가가 어떠한 방법으로 실행되었는지와 위험평가에서 확인된 위험에 대한 자동차의 취약요소가 보호되었다는 점을 연방 교통국 및 관할있는 행정청에 증명할 것

    3. 자율주행자동차의 충분히 보안된 무선통신망을 증명할 것

    4. 모든 자동차에 대하여 시스템설명서를 작성하고, 작동설명서를 생산하고, 연방 교통국과 작동설명서에서 자동차가 제1e조 제2항 그리고 제3항과 관련한 요건을 충족한다는 점을 반드시 명시할 것

    5. 작동에 참여하는 사람을 위하여 특히 주행기능을 중심으로 기술적인 기능방법과 기술감독관의 직무수행이 설명되는 자동차에 대한 교육을 제공할 것

6. 자동차, 자동차의 전자적·전기적 시스템 또는 자동차와 연결된 전자적·전기적 시스템에서의 오작동, 특히 자동차의 무선통신망으로의 허용되지 않은 침입을 확인하는 즉시 연방 교통국 및 주법에 따라 관할있는 관청에 통지하고 필요한 조치를 취할 것

라. 제1g조 – 정보처리

개정법에 신설된 제1g조는 자율주행자동차의 운행과 관련된 정보의 수집·저장·처리·삭제 등에 관하여 규정하고 있다. 해당 정보의 처리 등에 관련해서는 연방 교통국과 주법에 따라 정해진 관할있는 행정청이 관여한다. 본질적으로는 정보의 저장에 관하여 자율주행자동차의 소유주가 의무를 부담한다. 일정한 경우 연방 교통국과 행정청은 이러한 정보를 수집 및 이용할 수 있다. 개정법 제1g조의 정보처리 규정은 결국 자율주행자동차의 교통적합성 및 교통안전성을 통제하기 위한 목적으로 제정되었다.[38] 아래에서 주요 내용을 분설한다.

[소유주의 정보저장 의무] 자율주행자동차의 소유주는 제1항 각호에서 열거하고 있는 정보를 저장할 의무를 진다. 저장되어야 할 대상 정보는 아래와 같다.

- 차량식별번호 – 관청의 통제 대상을 확인(제1호)
- 위치정보 – 자율주행자동차의 지정학적 위치로 사고시 기술적·구조적 심사 및 지정된 통행구역에서의 사실관계 확인(제2호)
- 자율주행시스템 이용의 횟수와 시간 – 작동, 비활성화, 기타 이용 등에 관한 정보로 사고가 자율주행시스템에 의하여 발생했는지 여부 확인(제3호)
- 대체적 운전기동 작동의 횟수와 시간 – 대체적 운전기동의 상시성에 대하여 평가하고, 이를 통하여 성능 및 운행안전성을 감시(제4호)
- 소프트웨어 상태에 대한 정보를 포함한 시스템감시정보 – 시스템의 안전성 및 신뢰성을 평가하고, 시스템에서의 기술적 결함의 원인을 확인(제5호)
- 환경 및 기상여건 – 사고에 연관될 수 있는 외부적 기상상황 확인(제6호)
- 전송지연 및 주파수대역대와 같은 네트워킹파라미터 – 사고로 이어질 수 있는 작동상황의 확인(제7호)

---

38 Drucksache 19/27439, S. 26.

- 활성화되고 비활성화된 수동적 · 능동적 보안시스템의 이름, 이 보안시스템의 상태에 관한 정보 및 보안시스템을 작동시킨 원인 - 전체시스템의 안정성과 신뢰성 확인(제8호)
- 종방향 및 횡방향에서의 자동차 가속 - 사고의 유형을 파악하고, 시스템에 의하여 이루어진 대응 확인(제9호)
- 속도(제10호)
- 조명기술적인 장치의 상태 - 시스템 안전성 확인(제11호)
- 자율주행자동차의 전력공급 - 전체 시스템의 안전성과 신뢰성 확인(제12호)
- 외부로부터 자동차로 전송된 명령 및 정보 - 시스템으로의 불법적인 침입 확인(제13호)

자율주행자동차 소유자는 위의 정보를 ⅰ) 자율주행자동차의 운행 감독(제4항), ⅱ) 공공복지 증진을 위한 교통 관련 연구 목적(제5항)을 위해 요청하는 경우 연방 교통국에, 이와 달리 지정된 통행구역 등의 심사를 위해 요청하는 경우 주 행정청에 제공할 의무가 있다.

[정보를 저장할 상황] 제2항에 따라 제1항에서 열거한 정보는 정보최소화 원칙에 따라 다음과 같은 상황이 발생한 경우 저장된다.
- 기술감독관의 개입 - 기술감독관의 개입과 그로부터 연유한 사실 평가
- 충돌시나리오 - 출동상황, 즉 사고 발생 시 다른 교통참여자와의 상호작용 평가
- 통상적이지 않은 차선변경 또는 회피기동 - 예상하지 못했던 장애가 출현한 경우 자율주행자동차의 안정성 평가
- 운행 중 장애 발생 - 자율주행자동차의 안전성 신뢰성 평가

[생산자의 정보설명의무] 제3항 제1문에 따라 생산자는 자율주행자동차의 운행 중에 사적영역침해 및 정보가 처리될 수 있다는 점을 설명하여야 한다. 생산자는 이때 해당 내용에 대하여 상세히, 명확히 그리고 평이한 언어로 설명해야 한다. 제2문에서는 "사전적 보호장치(PbD: Privacy by design and default)"원칙을 고려하여 소유자에게도 정보접근권을 인정하게 하고 있다. 이는 자율주행자동차의 운행에 동반되어 생성되는 정보의 정보주체가 소유자임을 고려한 것으로

볼 수 있다.[39]

[연방 교통국의 정보 수집·저장·처리 및 삭제] 연방 교통국은 자율주행자동차 통행의 안전성을 감독하기 위하여 제1항에서 열거한 정보를 수집·저장·처리할 수 있다. 아울러 기술감독관으로 선임된 자의 인적사항과 그 전문성에 관한 증명을 요구할 수 있다. 해당 정보가 연방 교통국의 임무달성에 더 이상 필요하지 않은 경우 즉시 삭제되어야 하고, 늦어도 해당 자율주행자동차의 운행 종료 후 3년 후에는 삭제되어야 한다.

[연구목적 정보의 제공] 제5항에 따라 연방 교통국은 제4항 제1호에 따라 수집하고 저장한 정보를 연구목적을 위하여 대학교, 연구기관 및 타 행정청 등에 제공할 수 있다.

[주행정청의 정보 수집·저장·처리 및 삭제] 제6항은 자율주행자동차의 통행을 위해 지정된 통행구역 허가권을 갖는 주행정청에 정보의 수집·저장·처리 권한을 부여하고 있다. 주행정청은 지정된 통행구역이 적절한지, 허가의 전제조건이 여전히 존재하는지, 허가와 함께 부과된 부담이 준수되고 있는지를 감독하기 위한 목적으로 정보를 처리하여야 한다. 수집된 정보의 삭제는 제4항의 규정 내용과 같다.

제1g조 정보처리

(1) 자율주행자동차의 소유자는 자동차 작동 시 다음 각호의 정보를 저장할 의무가 있다.

　　1. 차량식별번호

　　2. 위치정보

　　3. 자율주행기능의 작동 및 비활성화 같은 사용의 횟수와 시간

　　4. 대체적 운행기동 작동의 횟수와 시간

　　5. 소프트웨어 상태에 대한 정보를 포함한 시스템감시정보

　　6. 환경 및 기상여건

　　7. 예를 들어 전송지송 및 주파수대역대와 같은 네트워킹파라미터

　　8. 활성화되고 비활성화된 수동적·능동적 보안시스템의 이름, 이 보안시스템

39　Drucksache 19/27439, S. 28.

의 상태에 관한 정보 및 보안시스템을 작동시킨 원인

9. 종방향 및 횡방향에서의 자동차 가속

10. 속도

11. 조명기술적인 장치의 상태

12. 자율주행자동차의 전력공급

13. 외부로부터 자동차로 전송된 명령 및 정보

소유자는 다음 각호의 경우에 연방 교통국 및 주법에 따라 관할있는 행정청이 요청하는 때에 제1문에 따른 정보를 제공할 의무가 있다.

1. 연방 교통국과 관련하여 제4항과 제5항에 따른 임무수행을 위하여 필요한 경우

2. 주법에 따른 관할있는 행정청과 관련하여 제6항에 따른 임무수행을 위하여 필요한 경우

(2) 제1항에 따른 정보는 다음 각호의 경우 저장되어야 한다.

1. 기술감독관의 개입이 있는 경우

2. 충돌시나리오의 경우, 특히 사고 및 사고에 준하는 경우

3. 통상적이지 않은 차선변경 또는 회피기동이 있는 경우

4. 운행과정에서 장애가 발생한 경우

(3) 생산자는 사적영역으로의 개입가능성과 자율주행 상태에서 자동차가 작동할 시 활용되는 정보의 처리에 대하여 소유자에게 상세히, 명확히 그리고 평이한 언어로 고지하여야 한다. 이와 관련된 자동차의 소프트웨어는 소유자에게 상응하는 개입을 가능하게 해야 한다.

(4) 연방 교통국은 자율주행자동차의 안전한 운행을 감독하기 위하여 필요한 경우 소유자에게서 다음 각호의 정보를 수집하고, 저장하고, 처리할 수 있다.

1. 제1항에 따른 정보

2. 기술감독관으로 선임된 사람의 이름 및 그의 전문적인 자격에 관한 증명

소유자가 「연방 정보보호법」 제26조에 따라 자신 측의 고용인을 기술감독관으로 선임한다면 「연방 정보보호법」 제26조를 적용한다. 연방 교통국은 정보가 제1문에 따른 목적을 위하여 더 이상 필요하지 않은 경우 이를 즉시 삭제하여야 한다. 늦어도 해당 자동차의 운행의 종료 후 3년이 도과하면 삭제하여야 한다.

(5) 연방 교통국은 제4항 제1호에 따라 소유자에게서 수집한 정보를 - 인적정보에 해당하지 않는 한 - 교통과 관련한 공공의 복지를 위한 목적에서, 특히 도로교통에서의 디지털화, 자동화와 네트워크화의 영역에서의 학문적 연구를

위하여 또한 도로교통에서의 사고연구를 위하여 다음 각호의 기관이 접근하게 할 권한이 있다.

1. 전문학교 및 대학교

2. 대학교 외의 연구기관

3. 연구, 개발, 교통계획 혹은 도시계획 사무를 수행하는 연방, 주 및 지역의 행정청

제1문에 따른 기관은 해당 정보를 오직 제1문에서 언급한 목적을 위하여만 사용할 수 있다. 제4항 제2문을 준용한다. 일반적인 정보제공 규정은 영향 없이 적용된다.

(6) 지정된 통행구역의 허가에 대하여 주법에 따라 관할있는 행정청은 자율주행 자동차의 운행을 위하여 지정된 통행구역이 적절한지의 여부, 특히 해당 허가의 전제조건이 존재하고, 그와 관련된 부담이 준수되는지의 여부를 평가하고 감독하기 위해 필요한 경우 다음 각호의 정보를 소유자에게서 수집하고, 저장하고 처리할 권한이 있다.

1. 제1항에 따른 정보

2. 기술감독관으로 선임된 사람의 이름 및 그의 전문적 자격에 대한 증명

지정된 운행영역의 허가에 대하여 주법에 따라 관할있는 행정청은 해당 정보가 제1문에 따른 목적을 위하여 더 이상 필요치 않은 경우 즉시 삭제하여야 한다. 늦어도 해당 자동차의 운행의 종료 후 3년이 도과하면 삭제하여야 한다.

마. 제1h조 - 자동화된 주행기능 그리고 자율주행기능의 사후 작동

제1h조는 허가대상 자동차에 국제적 규범 또는 독일 내에 적용되는 규범에서 상정하지 않는 주행기능이 설치된 경우 이에 대한 허가에 관하여 규정하고 있다. 이에 따라 허가신청 시 통상의 허가조건을 모두 충족해야 함은 물론이고, 추가적인 기능을 비활성화하는 경우 기존 허가시스템에 영향을 미치지 못할 것을 요건으로 제시하고 있다. 공로상에서 위의 추가적인 기능을 활성화하기 위해서는 연방 교통국의 특별한 허가가 필요하다.

> **제1h조 자동화된 주행기능 그리고 자율주행기능의 사후 작동**
>
> (1) 국제적인 규범과 이 법이 적용되는 영역 내의 규범에서 규정하지 않은 자동화 주행기능 또는 자율주행기능이 자동차에 설치되어 있다면, 이 자동차의 운행을 위한 허가 수여는 그러한 자동화된 주행기능 또는 자율주행기능을 고려하지 않고 상응하는 허가규정에 따라 그러한 자동화된 주행기능 또는 자율주행기능이 비활성화되는 경우 허가된 시스템에 영향을 미치지 않는 경우에만 허용된다.
>
> (2) 이 법이 적용되는 공공 도로교통상 이러한 기능의 작동에 대하여 허가된 자동차에서 제1항에 언급한 자동화된 혹은 자율화된 운행기능의 활성화는 오직 특별히 연방 교통국에 의하여 수여된 허가를 근거로 이루어질 수 있다. 이러한 허가는 오직 운행기능이 제1a조 제3항, 제1e조 제2항 또는 다른 해당하는 허가규정에 따라 허가요건을 충족하는 경우에만 수여된다. 연방 교통국은 이때에 주의되어야 할 기술적 요건을 공개한다.

바. 제1i조 - 자동화된 그리고 자율화된 주행기능의 검증

개정법 제1i조는 자율주행주행기능 및 자율주행기능의 검증에 관하여 규정하고 있다. 이에 따라 자율주행주행기능과 자율주행기능의 개발단계에서 검증허가 요건을 충족하는 경우 개발 중인 자동차의 공로에서의 통행이 허가될 수 있다. 이에 관하여 연방 교통국이 소유자의 신청에 따라 검증허가를 부과하는 한편, 이에 부담을 발할 수 있다. 또한 동조는 기술적 요건의 정립 등에 있어서 정보기술이 문제되는 경우 연방 보안기술청과의 협력하도록 정하고 있다.

> **제1i조 자동화된 그리고 자율화된 주행기능의 검증**
>
> (1) 자동화주행기능 또는 자율주행기능의 개발을 위하여 개발단계에서의 검증에 이용되는 자동차는 오직 다음 각호의 경우에만 공공도로에서 운행할 수 있다.
>   1. 자동차에 대하여 제2항에 따른 연방 교통국이 검증허가를 수여한 경우
>   2. 제1조 제1항에 따라 자동차가 허가된 경우
>   3. 자동차가 오직 검증을 위하여 운행되고,
>   4. 자동차가 운행 중에 다음 각목과 같이 상시적으로 감독되는 경우
>   a) 자동화주행기능의 경우 자동차교통에 대한 기술적 개발과 관련해서 신뢰할 수 있는 운전자에 의하여 감독이 이루어지는 경우

b) 자율주행기능의 경우 그 장소에 임장하고, 자동차교통에 대한 기술적 발전과 관련하여 신뢰되는 자동차운전자에 의하여 감독이 이루어지는 경우
(2) 제1항 제1호에 따른 검증허가는 소유자의 신청에 따라 연방 교통국에 의하여 수여된다. 연방 교통국은 언제든지 자동차의 안전한 운행을 보장하는 결정을 부과하여 검증허가를 수여할 수 있다. 지정된 통행구역으로 운행을 한정하는 부과조건과 관련해서는 장소적으로 관할있는 주의 최고 주행정청이 청문되어야 한다.
(3) 연방 교통국은 기술적 요건의 정립, 적용, 개발 및 평가에 있어 정보기술에서의 안전의 문제와 관련하여 연방 정보기술보안청에 협력한다.

 # 결론

지금까지 자율주행자동차와 관련된 독일의 법제동향에 대하여 소개하였다. 제4차 산업혁명이 진행되고 있는 지금의 상황에서 자율주행자동차는 그 어느 분야보다 잠재력을 인정받고 있다. 이러한 배경에서 독일은 기술개발뿐 아니라 자율주행자동차의 일상적 통행을 위한 제도적 기틀을 마련하기 위하여 다분한 노력을 하였고, 어느 정도 성과를 거둔 것으로 보인다.

우리나라 역시 자율주행자동차를 신성장 산업으로 인식하고 꾸준한 개발 노력을 다하고 있다. 주지하는 바와 같이 2015년 개정을 통하여 「자동차관리법」 제2조 제1의3호에서 "자율주행자동차란 운전자 또는 승객의 조작 없이 자동차 스스로 운행이 가능한 자동차를 말한다"라고 규정하였고, 2019년 자율주행자동차 상용화법 제2조 제2항에서는 자율주행자동차를 "부분 자율주행자동차"와 "완전 자율주행자동차"로 구분하여 정의하고 그 구체적인 종류의 규정은 부령에 위임하고 있지만, 관련 하위법령은 아직 발령되지 않았다. 나아가 2016년 2월 자율주행자동차의 안전운행요건 및 시험운행 등에 관한 규정[40] 제2조 제4호에서는 "자율주행시스템"에 대해 "운전자의 적극적인 제어 없이 주변 상황

40　국토교통부고시 제2016-46호.

및 도로정보를 스스로 인지하고 판단하여 자동차의 가·감속, 제동 또는 조향장치를 제어하는 기능 및 장치"로 정의하고 있다. 또한 자동차손해배상보장법은 2020년 4월 개정을 통하여 자율주행자동차사고조사위원회를 국토교통부에 설치하고, 자율주행자동차의 제작자 등에게 자율주행정보 기록장치를 부착할 의무 등 자율주행자동차의 사고 시 사고조사를 위한 법적 기반을 마련하였다. 또한 2022년 4월 20일 시행된 개정 「도로교통법」에서는 자율주행시스템과 자율주행자동차의 정의 규정을 신설하고, 자율주행자동차 운전자의 준수사항과 그 위반에 대한 처벌 근거를 마련하였다. 이는 3단계 수준의 자율주행자동차에 관한 규율로 자율주행자동차의 운전자는 해당 시스템의 직접 운전 요구에 지체 없이 대응하여 조향장치 등을 직접 조작해 운전해야 하고, 이를 위반한 경우 20만원 이하의 벌금이나 구류 또는 과료에 처하게 된다.

이와 같이 우리나라도 자율주행자동차에 관한 법적 규율에 속도를 내고 있다. 2022년 개정법에 따르면 3단계 자율주행자동차의 공로상 통행이 가능하고, 자율주행시스템에 의한 주행상태에서 사람 운전자의 주의의무가 일정부분 경감된다. 그러나 현재 3단계 자율주행자동차를 넘어 4단계 및 5단계 자율주행자동차의 상용화를 예고하는 기업이 속속 등장하고 있다. 이처럼 완전 자율주행이 가능한 4단계 및 5단계 자율주행자동차의 통행이 머지않은 시점에 가능한 것으로 예견되고 있는 바, 이에 대한 입법적 조치가 선제적으로 이루어져야 할 것이다. 이는 자율주행자동차의 공로상 통행에 있어서 안전성을 확보할 뿐 아니라 명확한 법적 근거를 통하여 산업 발달에도 긍정적 효과를 미칠 것이라 생각된다. 본 보고서에는 시론적 차원에서 독일 법제동향을 소개하는 데 그쳤지만, 독일 「도로교통법」이 3단계를 거쳐 4단계의 자율주행자동차에 대한 법제도를 마련한 만큼, 이를 보다 철저히 분석하면 향후 우리나라 법제도 정립에 시사점을 찾을 수 있을 것이라 기대된다.

제5장

자율주행자동차 관련 일본의 도로교통법령 발전 동향

- 배상균 -

Ⅰ 서론

자율주행자동차는 최근 급속히 기술개발이 진전되고 있는 분야 중 하나이며, 일본에서는 이를 통해 사람이 운전하는 것보다 더 안전하고 원활한 운행이 가능해질 수 있을 것으로 기대하고 있다. 또한 현재 그 해결이 어려운 도로교통에 관한 여러 가지 과제들도 자율주행 기수를 통해 향후 해결될 수 있을 것으로 기대하고 있다.[1] 예를 들어, 일본 사회의 저출산 고령화 문제로 인해, 현재 지방에 있는 고령 노인에 대한 이동 서비스 확보가 지역사회의 큰 현안으로서 거론되고 있으며, 또한 고령 노인이 교통사고의 피해자가 되는 비율이나, 고령 노인이 일으키는 교통사고의 비율 등이 높아지고 있다. 따라서 고령 노인과 관련된 교통서비스 확보 및 교통사고를 어떻게 해결할지가 큰 과제가 되고 있다.

이러한 상황에서 운전 조작과 안전 확인을 보조하거나, 자동운전 이동서비스를 제공하는 자율주행자동차의 상용화를 추진하는 것은 우선, ① 고령 노인에 관련한 교통사고를 줄이고, 고령 노인의 운전환경을 최대한 안전하게 보조함으로써 고령 노인이 되어도 안전하게 운전할 수 있는 여건을 조성하고자 함에 있다.[2] 또한, ② 지방이나 산간 지역, 이제는 많이 노후화된 대규모 주택 단지 등과 같이 저출산 고령화가 진행되어 인구가 감소하고 있는 지역에서는 고령 노인에 대한 이동 수단의 확보가 중요한 과제가 되고 있다. 이에 대해서도, 자율주행자동차를 통한 새로운 이동 서비스 제공으로서 이동 수단 부족 상황을 해결할 주요 방안으로서 제시되고 있다. 더욱이 ③ 현재 물류량이 비약적으로 증대하고 있으나, 화물차량 운전기사 부족 문제가 계속되고 있어 일본 경제에 심각한 타격을 주고 있다. 이에 대해서도, 최근 주요 국정과제로서 검토되고 있으며, 예를 들어 미래 물류서비스 정비방안으로서 자율주행자동차를 이용하여 운전자의 부

---

[1]   高度情報通信ネットワーク社会推進戦略本部・官民データ活用推進戦略会議, 『自動運転に係る制度整備大綱』, 2018, 3頁。

[2]   高度情報通信ネットワーク社会推進戦略本部・官民データ活用推進戦略会議, 前掲注1), 3頁。

담을 줄이거나 필요한 운전자 수를 줄이는 등의 방법으로, 운전자 부족 문제를 해결할 수 있을 것으로 기대하고 있다.[3]

이처럼 자동운전기술의 발전을 통해 일본에서의 도로교통에 관한 여러 문제가 해결될 것으로 기대하고 있고, 이러한 기술 발전을 보다 촉진하기 위해 일본 정부에서는 2020년까지 Level 3 자율주행기술 실현에 필요한 관련 법제도 개선방안을 검토하였고, 그 가이드라인으로서 "자동운전에 관한 제도정비 대강(自動運転に係る制度整備大綱)"을 2018년 4월 17일에 최종 책정하였다.

여기서는 앞서 언급한 2018년 "자동운전에 관한 제도정비 대강(大綱)"을 비롯하여, 일본의 자율주행자동차 관련 도로교통법령 개정 동향 등을 중심으로 살펴보고자 한다.

Ⅱ 2018년 "자동운전에 관한 제도정비 대강(大綱)"

앞서 언급한 바와 같이 본 제도정비 대강은 일본 자율주행자동차 관련 법제도 정비방안의 가이드라인적 성격을 가진다. 또한 본 제도정비 대강에서는 자율주행 Level 의 정의를 SAE International의 J3016(2016.9.) 및 그 일본어 참고 번역인 JASO TP 180041(2018.2.)의 정의에 따른다.[4]

또한 본 제도정비 대강에서는 자동운전 시스템 탑재 차량(이하 '자율주행자동차'라 한다)의 도입 초기 단계인 2020년 이후부터 2025년까지 공공도로에서 자율주행자동차와 자동운전 시스템을 비탑재한 기존의 차량(이하 '일반차'라 한다)이 혼재하는 상황과 자율주행자동차의 비율이 적은 이른바 "과도기"를 상정하여 여러 도로

---

3 高度情報通信ネットワーク社会推進戦略本部 · 官民データ活用推進戦略会議, 前掲注1), 3頁。

4 다만, JASO TP 18004에서는 "자동운전 시스템(ADS)"이란 자율주행기술 레벨 3 이상인 것을 의미한다고 정의하고 있으나, 본 제도정비 대강에서는 "자동운전 시스템"을 운전자동화 시스템의 일반적 용어로써 폭넓게 사용하고 있음에 유의해야 한다(高度情報通信ネットワーク社会推進戦略本部 · 官民データ活用推進戦略会議, 前掲注1), 6頁).

교통 관련 법제도의 개선 방향을 검토하였다.[5]

1. 자동운전기술의 검토 범위

가. 자가용 승용차의 검토 대상

1) 고속도로에서의 자동운전

① Level 2(부분 운전자율주행)로서 예를 들어, 고속도로에서의 자동운전기능(고속도로 진입로에서 출구까지 합류, 차선 변경, 차선·차간 유지 등)이 있는 시스템을 의미한다. 이 단계에서는 운전자는 자동운전 중에도 안전운전에 관한 감시·대응의 주체가 된다. 다만, 주행 상황 등에 대한 시스템의 통지 기능을 활용할 수 있다.[6]

② Level 3(조건부 운전자율주행)으로서 예를 들어, 고속도로 등 일정 조건에서의 자동운전 기능을 가진 시스템을 의미한다. 운전자는 자동운전 중에는 기본적으로 운전에 관여하지 않고, 운전자를 대신하여 운전에 관한 인지, 판단, 조작을 시스템이 수행한다. 다만 자동운전이 계속 작동하기 어려운 상황에서는 시스템에 의한 운전자의 개입요구 등이 통지될 때 운전자는 이에 적절하게 대응해야 한다.[7]

2) 일반도로에서의 자동운전

Level 2로서 예를 들어, 주요 간선도로(국도, 주요 지방도로)에서 직진 운전 및 좌·우회전, 그 밖의 도로에서의 직진 운전 등이 가능한 시스템을 의미한다.

---

5   高度情報通信ネットワーク社会推進戦略本部·官民データ活用推進戦略会議, 前掲注1), 7頁。

6   高度情報通信ネットワーク社会推進戦略本部·官民データ活用推進戦略会議, 前掲注1), 7頁。

7   高度情報通信ネットワーク社会推進戦略本部·官民データ活用推進戦略会議, 前掲注1), 7頁。

나. 물류 서비스의 검토 대상

Level 3(조건부 운전자율주행)으로서 예를 들어, 고속도로 등 일정 조건에서의 자동운전 기능을 가진 시스템을 의미한다. 예를 들어, 고속도로에서 다수의 화물차량이 대열을 구성하여 자율주행하는 것을 의미한다.

다. 이동 서비스의 검토 대상

1) 특정 지역에서의 자율주행자동차 이동 서비스

Level 4(고도 운전자율주행)로서 예를 들어, 특정 지역에서의 원격형 자동운전시스템을 활용한 이동 서비스를 의미한다.[8]

2) 고속도로에서의 자동운전

Level 3(조건부 운전자율주행)으로서 예를 들어, 고속도로 등 일정 조건에서의 자동운전 기능을 가진 시스템을 의미한다.

2. 분야별 기본적 정책의 방향성

가. 자동운전에 관한 제도정비 개선방안

1) 자동운전 환경조건 설정에 따른 안전성 담보

자동운전기술의 안전성을 담보하기 위해서는 "사람", "차량", "주행환경"의 3요소가 중첩적으로 일정한 Level 에 이를 필요가 있다. "사람"은 자동차를 운전하는 사람의 인지나 행동, "차량"은 자동차의 특성이나 구조, 갖춰져 있는 기능, "주행환경"에는 주행 규칙이나 주행하는 도로조건, 통신조건이나 자연조건 등이 해당한다.[9] 향후 자동운전기술의 발전에 따라 사람의 운전 조작 일부를 차량이 대체함으로써 안전성이 담보될 뿐만 아니라, 차량 자체도 안전성의 담보 비율이 높아질 것이다.

---

8   高度情報通信ネットワーク社會推進戰略本部・官民データ活用推進戰略会議, 前揭注1), 8頁。

9   高度情報通信ネットワーク社會推進戰略本部・官民データ活用推進戰略会議, 前揭注1), 10頁。

표 5-1 자동운전 운행환경 조건에 따른 안전 확보를 위한 고려		
사람의 조작에 따른 안전성의 담보	→	사람의 조작에 따른 안전성의 담보
		자동운전을 위한 주행환경조건의 설정에 따른 안전성 담보
차량에 따른 안전성의 담보		차량에 따른 안전성의 담보
일반차량에도 적용되는 주행환경에 따른 안정성 담보		일반차량에도 적용되는 주행환경에 따른 안정성 담보

출처: 高度情報通信ネットワーク社会推進戦略本部 · 官民データ活用推進戦略会議, 『自動運転に係る制度整備大綱』, 2018, 11頁.

그러나 자율주행자동차의 시장 도입기인 2020년경까지는 현재의 복잡한 교통환경에서 자율주행자동차만으로 안전성을 담보하기 어려운 것이 사실이다. 따라서 자율주행용으로 새롭게 주행환경 조건을 설정할 필요가 있고, 이를 통해 자율주행자동차뿐만 아니라 자율주행을 위한 주행환경 조건과의 조합에 따른 안전성이 보장되어야 한다.[10] 이에 따른 자율주행 환경조건 설정의 예로는 ① 주행속도를 저속(정해진 속도 이하)으로 한정하는 것, ② 주행 범위를 정해진 루트만을 주행하거나 또는 다른 교통수단과 혼재(混在)하지 않는 전용도로를 설정하여 그 범위에서만 주행하는 것, ③ 주행조건으로서 날씨 · 시간 등을 한정하는 것(우천, 야간 등 금지), ④ 원격형 자동운전시스템에 필요한 통신조건을 개발 및 정비하는 것 등을 생각할 수 있다.[11]

---

10   高度情報通信ネットワーク社会推進戦略本部 · 官民データ活用推進戦略会議, 前掲注1), 10頁.

11   高度情報通信ネットワーク社会推進戦略本部 · 官民データ活用推進戦略会議, 前掲注1), 10頁.

2) 향후의 방향성

이러한 제도 정비가 원활히 이루어질 경우, 보장해야 할 안전 수준이 상향 평준화될 것이며 또한 자동운전기술의 발전에 따라 장기적으로 더욱 안전성이 높아질 것으로 기대된다.

따라서 자동운전기술의 발전을 통해 지금까지 사람의 운전 조작에 의해 담보되었던 안전성이 차량 및 자동운전을 위한 주행 환경조건에 의해 대체되어 담보된다. 또한, 자동운전기술의 발전 및 차량 개발 기술의 발전에 따라 자율주행자동차가 교통안전에서 담보할 수 있는 비율이 계속하여 증가할 것이다. 이와는 별도로 일반차량에도 적용되는 주행환경 조건은 도로교통 환경 정비 등에 의해 안전성이 높아질 것이다.[12]

한편, 자율주행자동차의 도입 초기에는 다양한 종류의 자율주행자동차가 각각의 주행환경 조건을 고려하여 도입될 것으로 예상되기 때문에, 자율주행자동차의 종류별 혹은 개별 교통서비스 사업별로 안전성을 확인할 필요가 있다. 따라서 일본에서는 자율주행자동차의 안전성을 확보하기 위한 적절한 보안기준의 설정과 특정 지역 또는 특정 주행 조건의 선정에 필요한 객관적인 지표를 작성하여 안전성이 확보될 수 있도록 하고 있다.[13]

나. 자동운전에 관한 제도의 검토 추진 방향

1) 안전성의 통일적 확보

자율주행자동차의 안정성 확보에 관해서는 자율주행기술이 발전 중인 기술임을 고려하여, 우선은 기술 수준의 발전 상황에 기초하여 일반차량에도 적용되는 주행환경, 자율주행자동차, 자동운전용 주행환경 조건 설정을 통해 기존의 운전자가 운전 조작을 하는 일반자동차와 동등하거나 그 이상의 안전 수준을 달성할 것을 목표로 해야 한다. 이 경우, 자동운전용 주행환경 조건 설정은 당분간

---

12 高度情報通信ネットワーク社会推進戦略本部·官民データ活用推進戦略会議, 前掲注1), 11頁。

13 高度情報通信ネットワーク社会推進戦略本部·官民データ活用推進戦略会議, 前掲注1), 11頁。

은 일률적으로 적용될 수 없고, 기술의 발전 상황과 각 지역 및 도로 특성 등을 고려하여 관계 부처가 협의하여 각 조건을 확인함으로써 안전을 확보할 필요가 있다. 이를 통해 안전기준과 자동운전용 주행환경 조건 설정으로 통일적으로 안전을 확보하는 구조를 구축한다.[14]

또한, 자동운전용 주행환경 조건의 범위 내에서 차량이 운행되고 있는 것을 확인 및 감시하는 방법에 대해서는 관계 부처에서 논의를 통해 정한다. 예를 들어, 무인 자율주행 이동 서비스의 도입에 대해서는, 지역 협의회로서 지자체, 관련 교통 사업자, 서비스 사업자, 행정기관(각 자치단체 경찰, 국토교통성 지방국 등), 관련 전문가를 포함한 협의회를 설치하는 것 등이 거론될 수 있다.[15]

2) 자율주행자동차의 안정성 확보 방법

가) 자가용 승용차 등에 관한 검토의 방향성

• 자율주행자동차가 충족해야 할 안전성의 요건과 안전확보대책(도로운송차량법)

자율주행자동차가 충족해야 할 안전성에 관한 요건과 안전확보대책(차량제어 시스템의 안전성, 사이버시큐리티, 운전자에 대한 시스템 이상 경고 등에 관하여 설계 및 개발 중에 고려해야 할 요건 등)에 관하여 검토한다. 또한 자율주행자동차의 안전성이 확보되었는지를 확인하기 위한 평가 방법(실주행에 의한 테스트뿐만 아니라 시뮬레이션도 검토내용에 포함한다)에 관해서도 국제적 논의 상황을 고려하면서 검토를 진행한다.[16]

• 자율주행자동차에 관한 차량 보안기준의 책정(도로운송차량법)

현행 차량 보안기준에서 정하고 있지 않은 개발 단계상의 신기술과 관련된 기준에 대해서는 기술개발 동향이나 국제적인 논의 상황에 기초하여 기술의 다양성을 저해하지 않는 범위에서 단계적으로 기준 책정을 추진한다. 또한 국제기준 책정에 관해서는 일본의 기술을 국제적으로 확산하기 위한 방향성에서 논의

---

14 高度情報通信ネットワーク社会推進戦略本部·官民データ活用推進戦略会議, 前掲注1), 12頁。

15 高度情報通信ネットワーク社会推進戦略本部·官民データ活用推進戦略会議, 前掲注1), 12頁。

16 高度情報通信ネットワーク社会推進戦略本部·官民データ活用推進戦略会議, 前掲注1), 13頁。

를 진행한다.[17]

- 주행기록장치의 의무화

주행기록장치의 의무화에 관해서는 '4) 책임 관계'에서 상세히 다룬다.

- 사용 중인 차량의 안전확보대책(도로운송차량법)

사용 중인 자율주행자동차에 요구되는 보수관리(점검 정비·차량 검사의 확인 사항) 및 이들 차량에 탑재되는 소프트웨어의 계속적인 업데이트에 대한 심사의 기본 방향에 대해 보안기준에 입각하여 검토한다. 또한 필요한 대책을 단계적으로 강구한다.[18]

나) 물류서비스에 관한 검토의 방향성

- 화물차량이 이른바 "전자 견인(가칭)"으로 대열주행을 하게 될 경우에, 해당 차량이 갖추어야 할 기술적 요건 등을 검토한다(도로운송차량법, 도로법).[19]
- 자동운전기술에 의해 단독주행 중인 화물차량이 차량 대 차량 간의 통신을 통해 다른 차량에 뒤따라 붙어 주행함으로써 대열주행을 하게 될 경우에, 해당 차량이 충족해야 할 기술적 요건에 대해 검토한다(도로운송차량법, 도로법).[20]

다) 이동 서비스에 관한 검토의 방향성

- 차량 기준의 완화 인정제도의 사업화에 관한 적용(도로운송차량법)

현행 보안기준 중에서 이동 서비스의 실현에 제한을 초래할 수 있는 기준에 대해서는 현재 실증실험 시에 활용 중인 기준 완화 인정제도를 사업화 상황에서도 활용할 수 있도록 하는 등 유연한 조치를 강구한다.[21]

---

17 高度情報通信ネットワーク社会推進戦略本部·官民データ活用推進戦略会議, 前掲注1), 13頁.

18 高度情報通信ネットワーク社会推進戦略本部·官民データ活用推進戦略会議, 前掲注1), 13頁。

19 高度情報通信ネットワーク社会推進戦略本部·官民データ活用推進戦略会議, 前掲注1), 13頁。

20 高度情報通信ネットワーク社会推進戦略本部·官民データ活用推進戦略会議, 前掲注1), 14頁。

21 高度情報通信ネットワーク社会推進戦略本部·官民データ活用推進戦略会議, 前掲注1), 15-16頁。

3) 교통 규칙의 개선 방향

일본에서는 도로교통에 관한 조약인 제네바조약과 관련된 국제적인 논의에 적극적으로 참여하여 자동운전에 관한 기술개발의 발전에 유의하면서 안전성 확보를 전제로 한 새로운 교통 규칙의 제정을 모색하고 있다.[22]

가) 조건부 자동운전(Level 3) 및 특정 무인 자동운전 이동 서비스(Level 4) 에 관한 검토의 방향성

- 자동운전시스템이 도로교통법령의 규범을 준수하도록 담보하는 데 필요한 조치를 검토한다(도로교통법).
- 자율주행자동차를 사용하는 운전자에 대해서, 자동운전 중에 운전 조작 이외의 어떠한 행위가 허용될 수 있는지에 관한 사항을 포함해 기존 운전자의 의무를 재검토하는 동시에 자율주행자동차를 사용하는 운전자에게 새롭게 부과해야 할 의무에 관하여 검토한다(도로교통법).[23]
- 자율주행자동차의 주행 중 데이터 보존과 그 이용에 관해서는 책임 관계에서 세부적으로 검토한다(도로교통법).
- 자동운전 중에 도로교통법령을 위반한 경우, 이에 대한 벌칙 기준을 검토한다(도로교통법).
- 원격형 자동운전시스템[24]을 사용한 현재의 실증실험의 체계를 사업화 상황에서도 활용할 수 있도록 강구한다(도로교통법).

나) 물류서비스에 관한 검토의 방향성(화물차량의 대열주행)

- 화물차량이 이른바 "전자 견인(가칭)"으로 대열주행을 하게 될 경우에 차열의 전장(全長)이나 주행속도, 운전에 필요한 면허, 주행차선, 후속무인대열

---

22 高度情報通信ネットワーク社会推進戦略本部·官民データ活用推進戦略会議, 前掲注1), 16頁。

23 高度情報通信ネットワーク社会推進戦略本部·官民データ活用推進戦略会議, 前掲注1), 16頁。

24 자동차를 원격으로 조작함으로써 법률상의 운전자 의무를 지는 원격감시·조작자(여러 대의 실험 차량을 주행시키는 경우를 포함)가 있는 경우에 도로 사용 허가를 받아 차량을 주행할 수 있는 "원격형 자동운전시스템의 공공도로 실증실험과 관련된 도로 사용 허가 신청에 대한 취급 기준"에 따른 것이다.

에서 전자연결(전자 견인)이 중단된 상황에서의 대응 방법(다른 차량의 교통에 지장을 주지 않게 정지시키는 방법 등) 등의 대응방침에 관하여 검토한다.[25]

4) 책임 관계

일본도 다른 국가와 마찬가지로 교통사고 발생 시 사고 관련자 등의 책임 관계에 대해서는 각국에서 오랜 기간 시행해 온 교통사고 대책과 관련한 역사적 경위, 그와 관련된 사회적 규범(사회적 인식·수용)에 근거한 법적 책임 관계가 축적되어 현재의 관련 법제도로서 체계화되었다.[26]

이러한 가운데 일본에서도 자율주행자동차로 인한 교통사고 발생 시, 그 책임의 방향성에 대하여, 기존 법제도와 관계성을 고려한 검토가 진행되고 있다. 향후 자율주행 Level 5와 같은 완전 자율주행자동차가 도입되어도, 사고 발생 자체가 근절되는 것은 아니기에 사고 발생 시 신속하게 피해자 구제될 수 있도록 체계를 갖추어야 한다. 또한 자동운전기술을 통해 교통사고 시의 책임 관계를 더 명확히 하고, 교통사고 원인의 철저한 규명을 위한 방안을 마련한다. 이를 위한 데이터 취득·보존·활용에 관해서는 다음과 같이 검토한다.[27]

가) 민사책임

사회수용성과 국민의 이해를 전제로 하면서도 고도의 자동운전기술의 신속한 상용화를 달성하기 위한 관점에서 신속한 피해자 구제를 제1의 원칙으로써 검토를 진행한다. 이러한 검토는 자동운전기술의 개발상황, 각종 관련 법규에 관한 논의, 국제적 논의 동향 등을 고려하여 구체적으로 진행한다.[28]

• 자동차 손해배상에 관한 논점(자동차손해배상보장법)

자율주행자동차의 교통사고로 인한 손해배상의 경우에도 기존의 운행공용

---

25 高度情報通信ネットワーク社会推進戦略本部·官民データ活用推進戦略会議, 前掲注1), 17頁。

26 高度情報通信ネットワーク社会推進戦略本部·官民データ活用推進戦略会議, 前掲注1), 17頁。

27 高度情報通信ネットワーク社会推進戦略本部·官民データ活用推進戦略会議, 前掲注1), 18頁。

28 高度情報通信ネットワーク社会推進戦略本部·官民データ活用推進戦略会議, 前掲注1), 18頁。

자(우리의 "자동차보유자"에 해당한다) 책임을 유지한다. 또한 사고 발생의 원인이 자율주행자동차의 본래적 결함인 경우에 보험회사 등이 자동차회사 등에 대한 구상권 행사의 실효성 확보를 위한 체계 구축을 검토한다.[29]

불법 해킹으로 인하여 야기된 사고의 손해(자동차보유자가 책임을 지지 않는 경우)에 관해서는, 정부보장사업(政府保障事業)으로 대응한다.[30] 다만, 예를 들어 자율주행자동차의 보유자 등이 필요한 보안상의 대책을 강구하지 않고 보수점검 의무위반 등이 인정될 때는 정부보장사업의 대상에서 제외된다.[31]

• 소프트웨어에 관한 책임의 소재(제조물책임법, 민법)

소프트웨어의 불량으로 자율주행자동차가 사고를 발생시켰을 때는 현행 제조물책임법 해석에 근거하여 자율주행자동차의 차량 결함으로 인정되는 한 자동차회사가 제조물 책임을 지게 된다. 또한 소프트웨어 개발자도 그 과실에 따라 별도의 불법행위 책임을 지게 된다.[32]

또한 자율주행자동차에 관해서는 판매 후 차량에 탑재된 소프트웨어의 업데이트가 전제되어 있으므로, 일반차량과 마찬가지로 자율주행자동차의 차량으로서의 결함과 관련한 제조물책임법의 적용에 관해서는 차량 인도 시점이 결함을 판단하는 기준이 된다. 한편, 소프트웨어 업데이트에 대해서는 기술적 동향을 고려하여 검토를 진행한다.[33]

• 사용상의 지시 · 경고와 책임의 소재(제조물책임법)

자율주행자동차의 사용방법이나 리스크에 대하여 소비자가 올바르게 이해

---

29 高度情報通信ネットワーク社会推進戦略本部 · 官民データ活用推進戦略会議, 前掲注1), 18頁。

30 정부보장사업(政府保障事業)은 일본 정부가 「자동차손해배상보장법」에 근거하여, 피해자의 구제를 도모하기 위해 손해를 전보하는 제도이다. 전보되는 손해의 범위와 한도액은 자동차손해배상책임보험의 기준과 동일하다. 예를 들어, 치료비 등과 휴업 손해, 위자료 등이 지급된다.

31 高度情報通信ネットワーク社会推進戦略本部 · 官民データ活用推進戦略会議, 前掲注1), 18頁。

32 高度情報通信ネットワーク社会推進戦略本部 · 官民データ活用推進戦略会議, 前掲注1), 19頁。

33 高度情報通信ネットワーク社会推進戦略本部 · 官民データ活用推進戦略会議, 前掲注1), 19頁。

할 수 있도록, 자율주행자동차에 관한 사용상의 지시·경고(이른바 제품설명서)가 교부된다. 이러한 사용상의 지시·경고가 부적절한 경우에는 "통상 갖추어야 할 안전성"이 충족되지 못하였다고 판단될 수 있으므로, "통상 갖추어야 할 안전성"과 사용상의 지시·경고 등의 관계에 대해서도 기술적 동향을 고려하여 검토를 진행한다.[34]

나) 형사책임(자동차 운전으로 사람을 사상시키는 행위 등의 처벌에 관한 법률 등)

자율주행자동차로 인한 인명의 사상(死傷)에 대해서는 향후 교통법규의 규제 방향에 따라 형벌의 적용 여부가 검토되어야 할 것이다.[35] 즉 자율주행자동차의 상용화 시기를 대비하여, 교통법규, 운송사업에 관한 법제도 등에 의해 운전자, 이용자, 차내 안전요원, 원격감시·조작자, 서비스 사업자 등 여러 관련 주체에 기대되는 역할이나 의무 내용을 명확히 정의하는 것이 중요하다. 이들의 명확한 역할과 의무 내용에 따라 형사책임에 관한 검토가 진행될 것이기 때문이다.[36]

이러한 전제하에서, 기본적으로 향후의 교통법규 규제 방향과 운송사업의 형태 등에 근거하여, 각 당사자에게 요구되는 주의의무에 위반이 있는지 등을 검토하여, 그 책임을 판단하게 될 것이다.[37] 주의의무위반이나 인과관계의 유무 등을 판단하기 위해서는 사고 원인이 명확하게 규명되어야 하므로, 이를 위한 주행데이터 기록·보존 시스템과 데이터 복원·해석 체제가 적시적으로 구축되어야 한다. 또한, 사고 원인의 규명은, 자율주행자동차 도입의 사회 수용성을 높이는 관점에서도 필수 불가결하다.[38]

---

34 高度情報通信ネットワーク社会推進戦略本部·官民データ活用推進戦略会議, 前掲注1), 19頁。

35 高度情報通信ネットワーク社会推進戦略本部·官民データ活用推進戦略会議, 前掲注1), 19頁。

36 高度情報通信ネットワーク社会推進戦略本部·官民データ活用推進戦略会議, 前掲注1), 19頁。

37 高度情報通信ネットワーク社会推進戦略本部·官民データ活用推進戦略会議, 前掲注1), 19頁。

38 高度情報通信ネットワーク社会推進戦略本部·官民データ活用推進戦略会議, 前掲注1), 19頁。

다) 자율주행자동차의 주행 중 데이터 보존에 관한 검토

민사책임에서의 보험회사의 자동차회사에 대한 구상권 행사의 실효성 확보나, 형사책임에서의 인과관계 명확화와 차량 안전성의 확보를 위해, 자동차보유자에게 과도한 부담이 되지 않는 범위에서의 주행기록 장치의 설치 의무화나 사고원인 규명 방안에 관하여 관계 부처와 연계하여 법제도상의 검토를 진행한다.[39]

우선하여 주행데이터 기록장치(이벤트 데이터 레코더(EDR), 블랙박스 등)의 설치 의무화에 대해 검토하고, 이와 더불어 주행데이터의 기록 기능(데이터 요소, 기록 간격·시간, 보관·유지 기간 등)에 대해서도 검토한다. 또한 주행데이터는 개인정보 보호에 유의하면서, 정보 보유자의 교통사고 시의 주행기록 제출 의무화 적용 여부도 포함하여 검토를 진행한다.[40]

5) 운송사업에 관한 법제도 관계

- Level 3의 자율주행자동차를 이용하여 사람·화물을 운송하는 업무를 할 때, 필요한 사업 허가요건[41]이나 절차 등의 내용은 기존의 규제와 동일하게 한다(도로교통법, 화물자동차운송사업법).[42]
- 현행 일본 도로운송법에서는 운전자가 차내에 있는 것을 전제로 운송의 안전 및 여객의 편리성[43]을 확보하도록 하고 있으나, 자동운전기술의 발

---

39 高度情報通信ネットワーク社会推進戦略本部·官民データ活用推進戦略会議, 前掲注1), 20頁。

40 高度情報通信ネットワーク社会推進戦略本部·官民データ活用推進戦略会議, 前掲注1), 20頁。

41 사업 허가에 필요한 요건의 예
① '사업의 계획이 운송의 안전을 확보하기 위해 적절한 것일 것'으로서 운행 관리체제나 정비 관리체제가 정비되어 있을 것 등을 확인.
② '사업 수행상 적절한 계획을 갖출 것'으로서 사업계획 수행상 필요한 수의 차량이 확보되어 있을 것, 손해배상보험에 가입되어 있을 것 등을 확인.
③ '사업을 스스로 적확하게 수행하기에 충분한 능력을 갖출 것'으로서 최근 1년간의 중대 교통사고나 행정처분의 여부, 소요자금의 견적이 적절하고 자금계획이 합리적이며 확실한지 등을 확인.

42 高度情報通信ネットワーク社会推進戦略本部·官民データ活用推進戦略会議, 前掲注1), 20頁。

43 운전자의 승차를 전제로 한 운송의 안전 및 여객 편의 확보를 위한 준수사항의 예
① 버스·택시 사업자가 실시해야 할 사항

전에 따라 운전자가 차내에 부재중인 자율주행자동차(Level 4 이상)로 여객 운송을 실시하는 경우에 필요한 동등한 안전성 및 편리성의 확보방안을 검토한다(도로교통법).[44]

Ⅲ 2019년 개정 도로교통법상 자율주행자동차의 개념

1. 법 개정 경위

자율주행자동차가 도로교통상에서 그 본연의 역할을 충분히 수행할 수 있으려면, 법제적 관점에서 교통안전을 규율하는 도로교통법과의 관계 설정이 가장 중요하다. 따라서 우리나라에서도 자율주행자동차의 상용화를 대비하기 위해 민·관이 협력하여 역량을 집중시키고 있다. 관련하여 일본에서는 2019년 5월경, 2020년 조건부 자율주행자동차(이른바 자율주행 Level 3)의 원활한 도로주행 여건을 확보하기 위해 「도로교통법」[45]과 「도로운송차량법」[46]을

　　・안전에 관한 조치를 강구하기 위해 운전자와 전화 등으로 대화하고 지시할 수 있는 체제 정비
　　・운전자로부터 도로 및 운행 상황에 관해서 확인
　　・운전자에 대한 지도·감독(운행하는 노선 등에 대처하는 운전기술, 지리 및 승객에 대한 응접)
　② 운전자가 실시해야 할 사항
　　・승객이 사상(死傷)했을 때의 승객 보호 등
　　・승객이 공공질서에 반하는 행위를 할 때의 제지 등
　　・천재지변 등으로 안전 운전을 할 수 없는 경우의 보고
　　・운행 중 중대한 고장을 발견했을 때의 운행 중지

44 高度情報通信ネットワーク社会推進戦略本部 · 官民データ活用推進戦略会議, 前掲注1), 20-21頁。

45 道路交通法の一部を改正する法律案(第198回国会), https://www.sangiin.go.jp/japanese/joho1/kousei/gian/198/meisai/m198080198041.htm (최종검색일: 2022.5.10.).

46 道路運送車両法の一部を改正する法律案(第198回国会), https://www.sangiin.go.jp/japanese/joho1/kousei/gian/198/meisai/m198080198039.htm (최종검색일: 2022.5.10.).

개정하였다(2020.4.1. 시행).

일본에서도 자율주행자동차의 상용화를 위해 법제 개선을 서두르고 있으며, 이처럼 자율주행자동차의 등장에 따른 도로교통상의 안전과 원활한 교통을 확보하기 위한 도로교통 관련 법령의 개선은 필수적 사항이라 할 수 있다. 더욱이 2022년에도 도로교통법 개정을 통해 이른바 Level 4 자율주행자동차까지 공공도로에서 운행가능하도록 법제 정비를 검토하고 있다.[47]

2. 자율주행자동차의 정의

일본에서 자율주행자동차는 도로교통법 및 도로운송차량법의 개정을 통해 법적으로 개념이 정의되었는데, 이는 간단히 정리하면 "자동운행장치"를 설치하여 운행하는 자동차를 의미한다고 할 수 있다.

여기서 "자동운행장치"란, 프로그램(전자계산기(입출력 장치를 포함한다)에 대한 지시를 통해 일정 결과를 얻을 수 있도록 구성된 것을 말한다)에 따라 자동적으로 자동차를 운행시키기 위해 필요한 자동차 운행 시의 상태 및 주위의 상황을 감시하기 위한 센서와 해당 센서로부터 송신된 정보를 처리하기 위한 컴퓨터와 프로그램을 주된 구성요소로 하는 장치이다.

또한 해당 장치별로 국토교통대신이 요구한 조건으로 사용될 경우에, 자동차를 운행하는 운전자의 조종에 관한 인지, 예측, 판단 및 조작에 관련된 능력 전부를 대체하는 기능을 가지면서, 해당 기능의 작동상태를 확인하는 데 필요한 정보를 기록하기 위한 장치를 갖춘 것을 의미한다(도로운송차량법 제41조 제2항 참조).[48]

---

47 日本経済新聞(2021.4.1.), 「自動運転「レベル4」実現へ法改正検討　警察庁が論点整理」, https://www.nikkei.com/article/DGXZQODG29BZD0Z20C21A3000000/ (최종검색일: 2022.5.10.).

48 第四十一条(自動車の装置) 2 前項第二十号の「自動運行装置」とは、プログラム (電子計算機 (入出力装置を含む。この項を除き、以下同じ。) に対する指令であつて、一の結果を得ることができるように組み合わされたものをいう。以下同じ。) により自動的に自動車を運行させるために必要な、自動車の運行時の状態及び周囲の状況を検知するためのセンサー並びに当該センサーから送信された情報を処理するための電子計算機及び

2019년 도로교통법 등의 개정은 2020년까지 고속도로에서 조건부 자율주행자동차(Level 3)의 상용화를 목표로 한 것이며, 구체적인 자율주행 수준에 따른 안전운전 기준 설정 등이 법제도 정비를 통해 이루어졌다.

우선 자율주행자동차는 자동운전기술의 수준에 따라 구분하여 정의되는데 일본에서는 미국 도로교통안전국(NHTSA)의 기준[49]을 참고하여 운전이 제어되는 Level 을 운전자가 모든 것을 조작하는 Level 0에서 시스템이 완전하게 운전을 통제하는 Level 5까지 총 6단계로 정리하고 있다.[50]

한편, 아래의 [표 5-2]는 일본에서의 자율주행자동차에 관한 구분을 간단히 표로 정리한 것이다.

표 5-2 일본에서의 자율주행자동차에 관한 구분

Level	정의	운전제어
0	• 상시 운전자가 운전을 제어함	운전자
1	• 운전지원 • 시스템이 전후좌우 어느 측면이든 차량제어를 실시함 (예: 자동 긴급제동기능, 적응형 순향제어 장치(ACC), 차선유지시스템(LKA))	운전자

プログラムを主たる構成要素とする装置であつて、当該装置ごとに国土交通大臣が付する条件で使用される場合において、自動車を運行する者の操縦に係る認知、予測、判断及び操作に係る能力の全部を代替する機能を有し、かつ、当該機能の作動状態の確認に必要な情報を記録するための装置を備えるものをいう。

49 U.S. Department of Transportation(2019.8.1.), "U.S. Department of Transportation Releases Policy on Automated Vehicle Development", https://www.transportation.gov/briefing-room/us-department-transportation-releases-policy-automated-vehicle-development (최종검색일: 2022.5.10.).

50 배상균, "자율주행자동차 기술 발전에 따른 민·형사 책임에 관한 검토 −일본에서의 논의를 중심으로−", 법조 제724호, 2017, 9쪽.

2	• 부분 운전자동화 • 특정조건하에서 자동운전기능 　(예: 자동 추월기능, 고속도로 등의 분기지점, 합류지점에서의 　운전지원(Branch Confluent Support))	운전자
3	• 조건부 운전자동화 • 특정조건에서만 시스템이 모든 운전제어를 실시하며, 시스템 　의 개입요구 등에 대해 운전자가 적절히 대응해야 하는 것이 　요구됨 　(예: 고속도로 등 일정 조건하에서의 자동운전(오토파일럿))	시스템 (작동 계속이 곤란한 경우는 운전자)
4	• 고도의 운전자동화 • 시스템이 모든 운전제어를 실시하지만, 특정 조건하에서만 작 　동 계속이 곤란한 상황에서도 스스로 대응함 　(예: 특정 지역에서의 무인 자동운전 이동 서비스, 고속도로에 　서의 완전 자동운전 등)	시스템
5	• 완전 운전자동화 • 상시 시스템이 모든 운전제어를 실시함	시스템

출처: 自動車技術会, 『JASOテクニカルペーパ －自動車用運転自動化システムのレベル分類及び定義－』,
　　　2018, 19頁。

3. 2019년 일본 도로교통법 등 개정 세부 내용

가. 자동운전장치의 정의 등에 관한 규정의 정비

1) 자동운전장치의 정의(일본 도로교통법 제2조 제1항 제13호의2)

제2조(정의) 이 법률에서, 다음 각호의 용어의 의의는, 각각 해당 각호에서 정하는
바에 따른다.
13의2 "자동운행장치" 도로운송차량법(1951년 법률 제185호) 제41조 제1항 제
　20호에서 규정하는 자동운행장치를 말한다.
17 "운전" 도로에서 차량 또는 노면전차(이하 「차량 등」이라 한다)를 그 본래의 용
　도에 따라 사용하는 것(자동운행장치를 사용하는 경우를 포함한다)을 말한다.

위와 같이 2019년 개정 도로교통법은 이른바 자율주행 Level 3의 자동운전에 관한 법제도를 정비한 것이다. 이에 따라 개정법에 의해 정의되는 자동운전시스템이란, 기본적으로 운행설계영역(Operational Design Domain)[51]의 조건하에서는 운전자에 의한 운전조작을 요구하지 않는 것이다. 구체적으로는 운전자가 도로, 교통 및 자동차의 상태를 파악하기 위해 전방이나 주위의 상황을 확인하는 것이나, 핸들 등의 조작을 하지 않더라도 안전운전 의무(일본 도로교통법 제70조) 등에서 규정된 법률상의 운전조작에 관한 의무에 위반함이 없이 자동적으로 자동차를 운행할 수 있는 것을 의미한다.[52]

따라서 일본에서는 일본 도로교통법 제2조에 정의 규정이 있으므로, 2019년 개정을 통해 "자동운행장치"의 정의를 추가하였다(일본 도로교통법 제2조 제13의2호). 또한, 개정 도로운송차량법에서는 자동운행장치의 정의를 "자동차를 운행하는 운전자의 조종에 관한 인지, 예측, 판단 및 조작에 관한 능력의 전부를 대체하는 기능을 가진 것"으로 규정하고 있다(도로운송차량법 제41조 제2항). 이처럼 양 법률에서 "자동운행장치"를 동일하게 정의하고 있기 때문에, 일본 도로교통법의

---

51 国土交通省自動車局, 『自動運転車の安全技術ガイドライン』, 2018, 4頁에서는 운행설계영역(ODD)에 대해 다음과 같이 설명하고 있다.
(1) 운행설계영역(ODD)의 설정
레벨 3 이상 고도의 자동운전시스템은 아직 개발 단계의 기술이며, 모든 도로환경이나 기상 조건 등에서 자율주행자동차가 완전하고 안전하게 주행을 할 수 있는 기술 수준에 이르지 못하였다. 이 때문에 각각의 자율주행자동차의 성능 및 사용 형태에 따른 운행설계영역(ODD)을 정하여, 주행환경이나 운용방법을 제한함으로써 자동운전시스템이 초래할 수 있는 인신사고 중에서도 합리적으로 예방 가능한 사고가 생기지 않도록 담보할 필요가 있다.
【요건】① 자동차 제작자 및 자율주행자동차를 이용한 이동 서비스시스템 제공자는 자율주행자동차의 성능 및 사용 형태에 따른 ODD를 정하여 주행환경이나 운용방법을 제한함으로써 자동운전시스템이 초래한 인신사고 중에서도 합리적으로 예방 가능한 사고가 생기지 않도록 담보하는 것.
② ODD는 자동운전시스템이 기능하는 특정 조건을 규정하고, 예를 들어 다음의 주행 환경조건에 대해서 설정할 것.
　• 도로조건(고속도로, 일반도로, 차선수, 차선의 유무, 자율주행자동차 전용도로 등)
　• 지리조건(도시지역, 산간지역, 지오펜스(Geofence) 설정 등)
　• 환경조건(날씨, 야간 제한 등)
　• 기타 조건(속도제한, 신호정보 등 인프라 협조의 필요 여부, 특정된 경로에서만의 운행으로 한정할 것, 보안요원의 승차 필요 여부 등)
52 砂田武俊, 『自動車の自動運転の技術の実用化に対応するための規定の整備』, 警察学論集 第72巻 第8号, 2019, 25頁。

정의는 일본 도로운송차량법의 정의를 인용하는 형식으로 규정하였다.[53]

또한 도로운송차량법의 개정을 통해, 기존의 도로운송차량법에서 보안상 또는 공해방지 기타 환경보전상의 기술기준(도로운송차량법 제41조)이 되는 장치에 자동운전시스템으로서 "자동운행장치"를 새로이 추가하였다(도로운송차량법 제41조 제1항 제20호). 도로운송차량법상 보안기준은 "조종 기타의 사용을 위한 작업에서, 안전하면서도 통행인 및 기타에 대해 위험을 끼치지 않을 것을 확보해야 한다"라는 취지가 규정되어 있고(도로운송차량법 제46조), 자동차 장치가 보안기준에 적합하지 않을 때는 해당 자동차를 운행용으로 사용하지 못하도록 하고 있다(도로운송차량법 제41조).[54]

또한 보안기준에 적합한지 여부에 관해서는 국토교통대신이 검사를 하며(도로운송차량법 제59조, 제62조 등), 보안기준에 적합하다고 인정한 때에는 국토교통대신이 교부하도록 되어 있는 자동차검사증을 교부 받은 자동차만이 운행용으로 사용할 수 있다(도로운송차량법 제58조).

이처럼, 2019년 개정 도로운송차량법 제41조 제1항 제20호에서 규정하는 "자동운행장치"에 의해 운전자를 대신하여 안전하게, 즉 법률상 운전조작에 관한 의무에 반함이 없이 자동적으로 자동차를 운행할 수 있는 것이 제도적으로 담보되어 있음을 알 수 있다. 또한 이러한 제도적 담보에 근거하여 도로교통법상 자동운전시스템을 도로운송차량법상의 "자동운행장치"로 규정하였다.[55]

2) 운전 · 운전자의 정의(일본 도로교통법 제2조 제1항 제17호)

2019년 개정 도로교통법의 대상이었던 자율주행 Level 3의 자동운전시스템은 이를 사용하고 있는 중에도 운전조작을 할 수 운전자가 기존과 마찬가지로 상시 존재해야 하며, 자동운전시스템의 "작동계속이 곤란한 경우"로서, 즉 운행설계영역(ODD) 외의 상황 또는 자동운전시스템에 결함 · 고장이 발생한 때에는,

---

53 中川由賀,『道路交通法及び道路運送車両法の改正を踏まえたレベル3自動運転車の操作引継ぎ時の交通事故の運転者の刑事責任』, 中京ロイヤー 第32号, 2020, 14頁。

54 砂田, 前掲注52), 25頁。

55 砂田, 前掲注52), 26頁。

운전자가 운전조작을 인수받아야 한다.[56] 따라서 자동운전시스템을 사용하여 자동차의 운행을 통제하면서도, 운전자는 자동운전시스템의 결함·고장 등으로 인해 운전조작을 신속하고 적절히 인수받아야 함에도 그렇지 못한 때에는 해당 운전에 관하여 책임을 지게 된다.

이에 따라, 자동운행장치를 사용하고 있는 중에도, "작동계속이 곤란한 경우"에는 자동운행장치를 사용하여 자동차를 운행 중인 사람(운전자)이 운전조작을 적절히 인수할 수 있는 상태를 유지해야 한다는 의미로서 안전운전의 의무나 교통사고 시의 구호의무 등 현행법이 운전자에게 부과하고 있는 의무를 마찬가지로 부과하게 되는 것이다. 이처럼 자동운행장치를 사용하여 자동차를 운행하는 행위는 자동운행장치를 사용하지 않고 자동차를 운행하는 "운전"(일본 도로교통법 제2조 제1항 제17호)과 크게 다를 바 없으므로, 자동운행장치를 사용하여 자동차를 운행하는 행위도 마찬가지로 "운전"에 해당하고, 운행을 한 사람 역시 "운전자"에 해당한다.[57]

또한, 법률상 "운전"이란, "도로에서 차량 등을 그 본래의 용도에 따라 사용하는 것"을 의미한다. 따라서 자동차에 관하여 "본래의 용도에 따라 사용하는 것"이란, 원동기를 이용해 자동차를 움직이게 하는 것이라고 한다.[58] 이는 자동운행장치를 사용하여 자동차를 운행하는 경우에도 마찬가지이고, "본래의 용도에 따라 사용하는 것"에 해당하기에 때문에, 현행법상 문제없이 "운전"에 해당한다. 따라서 별도의 "운전"에 관한 개념의 추가나 창설이 요구되지 않았다.[59] 그러나 자동운행장치는 기존의 도로운송차량법 제41조 각호에서 규정한 각각의 장치들과는 다르고, 도로운송차량법 제정 시에는 상정되지 않았던 자동차 운전조작에 관한 새로운 장치라는 점에서 이번 개정을 통해 자동운행장치를 사용하여 자동차를 운행하는 것이 "운전"에 해당한다고 명확히 규정한 것이라고 한다.[60]

---

56 砂田, 前揭注52), 26頁。

57 砂田, 前揭注52), 26-27頁; 中川, 前揭注53), 14-15頁。

58 道路交通法研究会, 『注解 道路交通法 (第4版)』, 立花書房, 2018, 33頁。

59 砂田, 前揭注52), 27頁。

60 砂田, 前揭注52), 27頁; 中川, 前揭注53), 15頁。

나. 작동상태기록장치에 의한 기록 등에 관한 규정의 정비

제63조(차량의 검사 등) ① 경찰관은 정비불량 차량에 해당한다고 인정되는 차량(경차량을 제외한다. 이하 이 조에서 같다)이 운전되고 있는 때에는, 해당 차량을 정지시키고, 해당 차량의 운전자에 대하여 자동차검사증 및 그 밖에 정령으로 정하는 서류 및 작동상태기록장치(도로운송차량법 제41조 제2항에서 규정하는 작동상태의 확인에 필요한 정보를 기록하기 위한 장치를 말한다. 제63조의2의2에서도 같다)에 의해 기록된 기록의 제시를 요구하고, 해당 차량의 장치에 대해 검사를 할 수 있다. 이 경우에, 경찰관은 해당 기록을 사람의 시각 또는 청각에 의해 인식할 수 있는 상태로 하기 위한 조치가 필요하다고 인정하는 때에는, 해당 차량을 제작하거나 수입한 자 그 밖의 관계자에 대하여 해당 조치를 요구할 수 있다.

제63조의2의2(작동상태기록장치에 의한 기록 등) ① 자동차의 사용자나 그 밖의 자동차 장치의 정비에 대하여 책임이 있는 자 또는 운전자는, 자동운행장치를 장착하고 있는 자동차로서, 작동상태기록장치에 의하여 도로운송차량법 제41조 제2항에서 규정하는 작동상태의 확인에 필요한 정보를 정확하게 기록할 수 없는 것을 운전시키거나 운전해서는 안 된다.

② 자동운행장치를 장착한 자동차의 사용자는, 작동상태기록장치에 의해 기록된 기록을 내각부령으로 정하는 바에 따라 보존해야 한다.

1) 작동상태기록장치의 기록 제시 등(일본 도로교통법 제63조 제1항 관련)

가) 정비불량 차량에 대한 정의

일본 도로운송차량법상 자동운행장치에 관한 보안기준에 대해서는 법에서 규정하고 있는 운전조작에 관한 의무를 위반하지 않으면서 자동적으로 자동차를 운행시키는 것이라고 규정하고 있다. 따라서 자동운행장치를 사용하는 중에 자동차가 법에서 규정하고 있는 운전조작에 관한 의무를 위반하는 상황을 초래할 때는, 자동차의 "장치가 도로운송차량법 제3장 또는 이에 근거한 명령규정에

정한 바에 적합하지 않은 것"(일본 도로교통법 제62조)[61]에 해당하게 된다.[62]

또한 자동운행장치를 장착하고 있는 자동차가 법에서 규정하고 있는 운전조작에 관한 의무에 위반하는 작동을 할 경우에는, "교통의 위험을 발생시키거나 타인에 손해를 끼칠 우려가 있는 것"(일본 도로교통법 제62조)에 해당한다고 할 수 있다.

그러므로 자동운행장치를 사용하는 중에 법에서 규율하고 있는 의무에 위반하는 작동을 하는 자동차는 정비불량 차량에 해당하게 되며, 일본 도로교통법 제62조의 규정에 따른 운전의 금지나 제63조 제2항의 규정에 따른 명령(이하 '운전금지명령 등'이라 한다)의 대상이 된다.[63]

나) 작동상태기록장치의 기록 제시 요구

앞서 언급한 바와 같이 자동운행장치를 사용하고 있는 동안에 자동차가 운전조작에 관한 의무를 위반한 작동을 했을 때, 해당 자동차는 정비불량 차량에 해당하게 된다. 그리고 이러한 외부적 작동은 정비불량 차량에 해당하는지를 경찰관이 인지하기 위한 주요 단서가 된다.[64]

다른 한편으로, 자동운행장치를 장착한 자동차가 운전조작에 관한 의무에 반하는 작동을 한 경우여도, 자동운행장치가 운행제어를 하는 (작동한) 경우와 그렇지 않은 (작동하지 않은) 경우가 있고, 특히 후자의 경우에는 도로운송차량법 제3장 또는 이에 근거한 명령규정에서 정한 바에 적합하지 않은 경우가 아니라, 운전자의 인위적인 실수에 의한 경우가 더 많을 수 있다. 이 때문에 경찰관은 해당 의무위반 작동 시, 자동운행장치가 작동하고 있던 것인지를 확인할 수 없다면, 해당 자동차가 정비불량 차량에 해당하는지를 판단할 수 없으므로 운전금지명

---

61 第六十二条(整備不良車両の運転の禁止) 車両等の使用者その他車両等の装置の整備について責任を有する者又は運転者は、その装置が道路運送車両法第三章若しくはこれに基づく命令の規定 (同法の規定が適用されない自衛隊の使用する自動車については、自衛隊法 (昭和二十九年法律第百六十五号) 第百十四条第二項の規定による防衛大臣の定め。以下同じ。) 又は軌道法第十四条若しくはこれに基づく命令の規定に定めるところに適合しないため交通の危険を生じさせ、又は他人に迷惑を及ぼすおそれがある車両等 (次条第一項及び第七十一条の四の二第二項第一号において「整備不良車両」という。) を運転させ、又は運転してはならない。

62 砂田, 前掲注52), 28頁。

63 砂田, 前掲注52), 29頁。

64 砂田, 前掲注52), 29頁。

령 등을 내릴 수 없게 된다.[65]

따라서 자동운행장치를 탑재하고 있는 자동차가 운전조작에 관한 의무를 위반하는 작동을 한 것을 경찰관이 인지한 시점에, 해당 작동 당시 자동운행장치가 작동하고 있다는 것을 해당 경찰관이 신속하게 확인할 수 있도록 해당 자동차의 운전자에 대하여 자동운행장치의 작동상태 확인에 필요한 정보 기록(작동상태기록장치[66]에 의해 기록된 기록)의 제시를 요구할 수 있도록 한 것이다.

또한 경찰관의 기록 제시 요구는 일본 도로교통법 제63조 제1항에서 규정하는 자동차검사증 그 밖의 정령으로 정하는 서류의 제시 요구나 차량장치의 검사와 마찬가지로, 정비불량 차량의 운전계속의 금지에 따른 교통위험의 방지를 목적으로 하는 것이다. 따라서 경찰관의 기록 제시의 요구를 거부한 사람에 대한 벌칙은 자동차검사증 등의 제시 요구나 차량장치의 검사를 거부한 사람에 대한 벌칙(3월 이하의 징역 또는 5만엔 이하의 벌금)과 같이 일본 도로교통법 제119조 제1항 제6호에 추가되었다.[67]

다) 작동상태기록장치의 기록 인식에 필요한 조치를 요구하는 규정

앞서 살펴본 자동운행장치의 작동상태 확인을 위한 정보 기록의 제시를 요구한 취지에 비추어 볼 때, 해당 정보의 내용을 경찰관이 이해할 수 있는 형태로 해당 기록이 신속하게 표시되어야 한다.

한편, 이미 기존에 상용화되어 있는 안전운행 지원시스템의 작동상태를 기록하는 장치 중에는 그 정보 기록을 암호화하는 것이나, 숫자의 나열 형태로 기록하는 것도 있으므로, 경찰관이 이러한 기록을 보고 신속하게 안전운전 지원시스템의 작동상태를 확인할 수 없는 경우가 있을 수 있다. 따라서 이러한 부분

---

65 砂田, 前揭注52), 29頁。

66 작동상태기록장치란, 개정 「도로운송차량법」 제41조 제2항에서 규정하는 "해당 기능의 작동상태의 확인에 필요한 정보를 기록하기 위한 장치"를 말한다. 또한 "해당 기능"은 동항에서 규정하는 "자동차를 운행하는 운전자의 조정에 관한 인지, 예측, 판단 및 조작에 관한 능력의 전부를 대체하는 기능"을 의미한다.

67 第百十九条　次の各号のいずれかに該当する者は、三月以下の懲役又は五万円以下の罰金に処する。
六　第六十三条(車両の検査等)　第一項前段の規定による警察官の停止に従わず、提示の要求を拒み、又は検査を拒み、若しくは妨げた者

을 고려하여, 운전자에게 자동운행장치의 작동상태 확인을 위한 정보 기록의 제시를 요구하는 것과 함께, 해당 기록을 사람의 시각 또는 청각에 의해 확인할 수 있는 상태로 변환시키는 조치를 해당 차량 제작자 또는 수입자, 그 밖의 관계자에게 요구할 수 있도록 하였다.[68]

또한 보안기준에 적합한 차량으로 운행해야 하는 의무가 기본적으로 차량 등의 사용자[69]나 기타 차량 등의 장치 정비에 관하여 책임을 지는 사람 또는 운전자에게 있기 때문에(일본 도로교통법 제62조, 일본 도로운송차량법 제47조 등), 정비불량 차량의 발견 및 그 운전계속의 금지를 목적으로 하는 해당 조치의 요구에 대해서는 별도의 벌칙을 두지 않았다.[70]

라) 형사절차와의 관계성

앞서 언급한 작동상태기록장치에 의하여 기록된 정보 기록의 제시나, 해당 정보 기록을 사람의 시각 또는 청각에 의하여 인식할 수 있는 상태로 변환시키는 조치는 어디까지나 도로상의 교통위험을 방지한다는 행정 목적을 달성하기 위한 것이지 범죄수사를 목적으로 하는 것이 아니다.[71] 따라서 해당 정보 기록이 범죄수사에 필요한 경우에는 당연히 형사소송법에 기초한 적정절차를 거쳐 압수·수색의 대상이 될 수 있을 것이다.

---

68 砂田, 前揭注52), 30頁。
69 도로교통법상 차량의 '사용자'라 함은 차량을 사용할 권원을 가지며, 그 운행을 지배하고, 관리하는 자로서 차량의 운행에 관하여 최종적인 결정권을 가진 자를 말한다. 일반적으로 자동차검사증에 기재된 사용자와 일치하게 된다. 할부판매를 통해 차량을 구매한 경우에는 융자금 지급기간 중의 차량이나 리스차량 이외에는 차량의 사용자는 해당 차량의 소유자와 일치하는 경우가 많기 때문이다. 또한 이 경우에 권원을 가진다는 것은 소유권에 근거하여 소유하고 있는 경우는 물론 임차권 등에 의하여 점유하고 있는 경우도 당연히 포함되지만, 불법적인 원인에 의하여 점유하고 있는 경우는 포함되지 않는다(道路交通法 · 究会, 前揭注58), 127頁).
70 砂田, 前揭注52), 32頁。
71 砂田, 前揭注52), 32頁。

2) 작동상태기록장치에 의한 기록 및 보존의무(일본 도로교통법 제63조의 2의2 관련)

가) 작동상태기록장치에 의한 기록의무 규정

자동운행장치를 장착하고 있는 자동차가 정비불량 차량에 해당하기에 운전 계속을 금지하는 등의 교통위험을 방지조치를 할 수 있기 위해서는 의무위반 작동을 경찰관이 인지할 수 있어야 하고, 자동운행장치의 작동상태를 신속하게 확인할 수 있어야 한다.[72]

또한 경찰은 운전자가 자동운행장치를 사용하여 운전하고 있는 동안에는, 반드시 도로, 교통 및 자동차의 상황을 제대로 파악하고 있다고는 할 수 없으므로, 교통사고 등의 상황을 설명하지 못할 우려가 있다는 점에 주의해야 한다. 따라서 자동운행장치를 장착하고 있는 자동차에 의한 교통사고에 대해 원인 규명을 하기 위해서는 자동운행장치의 작동상태를 확인하는 것이 매우 중요하므로 자동운행장치의 작동상태 확인에 필요한 정보가 잘 기록되어 있어야 한다.

이와 관련하여, 2019년 개정 도로교통법 제63조의2의2 제1항에서는 작동상태기록장치에 의한 기록정보를 "도로운송차량법 제41조 제2항에서 규정하는 작동상태의 확인에 필요한 정보"로서 규정하고 있다. 또한 2019년 개정 도로운송차량법 제41조 제2항에서는 "작동상태의 확인에 필요한 정보를 기록하기 위한 장치를 갖춘 것"이라는 요건이 자동운행장치 개념의 일부를 구성하고 있기 때문에, 자동운행장치는 반드시 작동상태를 확인할 수 있는 정보를 기록하기 위한 장치, 즉 작동상태기록장치를 갖추고 있어야 한다.

그러나 작동상태기록장치를 장착하고 있는 경우에도 고장으로 인하여 정확하게 기록하지 못할 수도 있으므로 이러한 상태를 방지하기 위하여, "작동상태기록장치에 의하여 도로운송차량법 제41조 제2항에서 규정하는 작동상태의 확인을 위한 정보를 정확히 기록할 수 없는 것"(일본 도로교통법 제63조의2의2 제1항)에 해당하는 자동운행장치를 장착하고 있는 자동차의 운전을 금지하고 있다.[73]

본 규정의 의미는 해당 정보를 정확하게 기록할 수 없는 것만으로, 직접적으

---

72 砂田, 前掲注52), 32頁。
73 砂田, 前掲注52), 33頁。

로 "교통의 위험을 발생시키거나 타인에게 손해를 끼칠 우려가 있다"고는 할 수 없다는 점에서, 일본 도로교통법 제62조의 적용 대상에 해당하지 않기 때문에, 이에 대응하기 위해 별도의 금지규정을 신설한 것이다.[74]

나) 작동상태기록장치의 기록보존의무 규정

작동상태기록장치에 의한 자동운행장치의 작동상태 확인에 필요한 정보를 정확히 기록하고 있다는 것을 담보하는 것만으로는, 자동차 사용자가 작동상태기록장치에 의해 기록된 해당 기록을 의도적으로 말소하거나 변조하는 것을 금지할 수 없다. 따라서 자동운행장치의 작동상태를 항시 확인할 수 있도록, 작동상태기록장치에 의해 기록된 기록의 보존을 별도로 의무화하였다.[75]

또한 작동상태기록장치에 의해 기록된 기록은 보안기준과 같이 작동상태기록장치의 기록·보존기능에 대해 어떤 내용이 포함되는지에 따라 보존기간을 정할 수 있도록 내각부령에 위임되어 있다. 따라서 내각부령에서는 작동상태기록장치가 기술적으로 기록을 보존할 수 있는 기간의 범위에서, 정비불량 차량의 운전금지와 교통사고 등의 재발 방지를 위한 원인 규명의 취지·목적 달성에 필요한 기간을 정하도록 하고 있다.[76]

다) 작동상태기록장치에 의한 기록의무의 대상자

차량 등의 장착장치에 관한 의무를 규정하고 있는 일본 도로교통법 제62조 및 제63조의2 제1항에서는, 차량 사용자 등이 운전자에게 정비불량 차량이나 운행기록계가 고장 난 차량을 운행시키는 일이 현실적으로 존재한다는 점에서 사용자 등을 기록의무 대상자로 규정하고 있다.

이에 대해서는 작동상태기록장치에 의해 자동운행장치의 작동상태를 확인할 수 없는 자동차의 운전에 대해서도 마찬가지의 문제가 발생할 우려가 있기 때문에, 일본 도로교통법 제62조 및 제63조의2 제1항과 동일하게 "자동차의 사용자 기타 자동차 장치의 정비에 관하여 책임을 지는 사람 또는 운전자"를 대상자로 하였다. 또한 작동상태기록장치에 의하여 기록된 기록의 보존의무자에 대

---

74 砂田, 前揭注52), 33頁。
75 砂田, 前揭注52), 34頁。
76 砂田, 前揭注52), 35-36頁。

해서도 운행기록계로 기록된 기록의 보존을 의무화하고 있는 일본 도로교통법 제63조의2 제2항을 참고하여 마찬가지로 "자동차의 사용자"로 하였다.[77]

라) 자동운행장치를 사용하지 않는 운전의 금지

작동상태기록장치에 의해 자동운행장치의 작동상태 확인을 위한 정보를 정확하게 기록할 수 없는 자동차의 운전금지(일본 도로교통법 제63조의2의2 제1항)에 관해서는, 예를 들어 자동운행장치를 사용하여 운전하는 것을 금지할 뿐만 아니라 자동운행장치를 사용하지 않고 운전하는 것도 금지하고 있다. 즉 정비불량 차량의 운전금지나 교통사고 등의 재발 방지를 위한 원인 규명과 같은 취지를 달성하기 위해서는 자동운행장치를 장착한 자동차를 운전하는 중에는 자동운행장치가 작동하고 있는 동안뿐만 아니라, 자동운행장치가 작동하고 있지 않은 문제에 대해서도 그 사실을 오류 없이 기록해 교통사고가 발생한 경우나 도로교통법상의 운전조작에 관한 의무를 위반한 자동차의 작동이 있었던 경우에, 자동운행장치가 작동하였는지 여부를 확인할 수 있어야 하기 때문이다.[78]

따라서 자동운행장치를 장착하고 있는 자동차에 대해서는, 자동운행장치를 사용하면서 운전하는지 여부와 상관없이 해당 자동차를 운전하고 있는 기간 내내, 작동상태기록장치에 의해 정확하게 기록될 수 있도록 의무화한 것이다.

마) 벌칙 및 범칙금

이처럼 자동운행장치가 장착된 자동차에서 작동상태기록장치로 자동운행장치의 작동상태를 확인하기 위한 정보를 정확하게 기록할 수 없는 상태에서의 운전을 금지하고, 작동상태기록장치에 의해 기록된 기록의 보존을 의무화하는 취지(일본 도로교통법 제63조의2의2)에는, 앞서 언급한 바와 같이 일본 도로교통법 제62조와 제63조 제1항, 제2항의 취지는 물론 정비불량 차량에 대한 운전금지로서 교통위험방지가 포함된다.[79]

따라서 2019년 개정 도로교통법 제63조의2의2를 위반한 사람에 대한 벌칙에 대해서는, 일본 도로교통법 제62조의 규정을 위반한 사람이나 제63조 제1

---

77 砂田, 前揭注52), 34頁。
78 砂田, 前揭注52), 35頁。
79 砂田, 前揭注52), 36頁。

항, 제2항에서의 경찰관의 명령 등에 따르지 않은 사람에 대한 벌칙(일본 도로교통법 제119조 제1항 제5호 내지 제7호)과 마찬가지로, 일본 도로교통법 제119조 제1항에 추가되었다. 또한 운전자가 2019년 개정 도로교통법 제63조의2의2 제1항을 위반하여 운전한 행위에 대해서도 범칙행위(일본 도로교통법 제125조 제1항)로서 개정법률 부칙 제9조 별표 2에 추가하였다.

한편, 사용자 등이 2019년 개정 도로교통법 제63조의2의2 제1항의 규정을 위반하여 자동차를 운행하거나 제2항에서 규정하고 있는 기록보존의무를 위반하는 것은 모두 "차량 등의 운전자가 한 것"(일본 도로교통법 제125조 제1항)에는 해당하지 않기 때문에 범칙행위에는 해당하지 않는다.[80]

현대사회에서는 자연인에 의한 위반행위라고 해도, 사회적·경제적으로는 해당 위반행위의 실질적인 주체가 법인인 경우가 많으므로, 일본에서도 양벌규정을 통해 이러한 법인의 위법행위를 처벌하고 있다. 일본 도로교통법에서도 사회적·경제적 상황을 고려하여 행위자인 자연인 이외에 해당 행위자를 관리·감독하는 법인 또는 대표자가 책임을 져야 하는 위법행위에 대해 양벌규정을 두어 법인 등에 관하여 벌금 또는 과료(科料)에 처하고 있다(일본 도로교통법 제123조). 마찬가지로 2019년 개정 도로교통법 제63조의2의2의 규정을 위반한 행위에 대해서도 이에 따라 양벌규정이 적용되도록 규정하였다.[81]

다. 자동차운행장치를 사용하여 운전하는 경우에 운전자의 의무에 관한 규정의 정비

> 제71조의4의2(자동운행장치를 장착하고 있는 자동차 운전자의 준수사항 등) ① 자동운행장치를 장착하고 있는 자동차의 운전자는 해당 자동운행장치와 관련된 사용조건(도로운송차량법 제41조 제2항에서 규정하는 조건을 말한다. 제2항 제2호에서도 같다)을 충족하지 못하는 경우에는 해당 자동운행장치를 사용하여 해당 자동차를 운전해서는 안 된다.
> ② 자동운행장치를 장착하고 있는 자동차의 운전자가 해당 자동운행장치를 사용하

---

80 砂田, 前揭注52), 36頁。
81 砂田, 前揭注52), 37頁。

여 해당 자동차를 운전하는 경우에, 다음 각호에 모두 해당하는 때는, 해당 운전자에 대해서는 제71조 제5호의5의 규정은 적용하지 않는다.

1. 해당 자동차가 정비불량 차량에 해당하지 않을 것.
2. 해당 자동운행장치에 관련된 사용조건을 충족할 것.
3. 해당 운전자가 전 2호의 어느 하나에 해당하지 않게 된 경우에, 즉시 그 사실을 인지하면서 동시에 해당 자동운행장치 이외의 해당 자동차의 장치를 확실하게 조작할 수 있는 상태에 있을 것.

1) 사용조건 이외의 자동운행장치 사용 금지

일본 도로운송차량법에서는 자동운행장치를 "해당 장치별로 국토교통대신이 인정한 조건으로 사용되는 경우에, 자동차를 운행하는 운전자의 조종에 관한 인지, 예측, 판단 및 조작에 관련된 능력의 전부를 대체하는 기능을 가지는 것"으로 정의하고 있으므로(일본 도로운송차량법 제41조 제2항), 동법상의 운전조작에 관한 의무에 위반하지 않은 상태에서 자동적으로 자동차를 운행할 수 있는 범위는 어디까지나 국토교통대신이 인정한 조건을 충족한 경우에 한정된다.[82] 즉, 이 조건을 충족하지 못한 채 운전자가 자동운행장치를 사용하여 운전했다면, 해당 자동차는 법률상 운전조작에 관한 의무를 위반하는 작동을 할 우려와 교통의 위험이 인정된다.[83] 그러므로 이 조건을 충족하지 못한 경우에는 자동운행장치를 사용한 운전이 금지된다.[84]

한편, 자동운행장치의 "사용조건"에 관해서는, 2019년 개정 도로교통법 제71조의4의2 제1항에서 "준수사항"으로 규정하고 있다. 이러한 "사용조건"은 자동운행장치별로 적용되며, 자동차의 차종별로도 다르다.[85]

또한 위에서 언급한 "사용조건"을 충족하지 못한 경우에는 ① 자동운행장치

---

[82] 일본 국토교통성 자동차국에서는 "운행설계영역(Operational Design Domain, ODD) 내에 있는지 여부를 확실하게 인식하고, 해당 영역 내에서만 자동운전시스템이 작동하는 것일 것"을 자동운전시스템의 안전성의 요건으로 정하고 있다(国土交通省自動車局, 前掲注51), 4-5頁).

[83] 砂田, 前掲注52), 38頁。

[84] 砂田, 前掲注52), 15頁。

[85] 砂田, 前掲注52), 38頁。

의 사용을 개시해서는 안 된다는 것과 함께, ② 자동운행장치를 사용하여 운전하는 동안에도 "사용조건"에 미달하는 경우에는 해당 자동운행장치의 사용을 중지해야 하는 것도 포함하고 있다.[86] 물론, 이와 같이 "사용조건"을 충족하지 못한 경우에 자동운행장치를 사용하지 않은 채로 운전하는 것은 금지되지 않는다.

위반 시의 벌칙 및 범칙금에 관련하여, "사용조건"에 미달하는 경우에 자동운행장치를 사용하여 운전하는 것을 금지하는 것(일본 도로교통법 제71조의4의2 제1항)은 타인에게 위해를 끼치지 않는 방법으로 운전하기 위한 자동운행장치 조작 방법으로서, 안전운전 의무(일본 도로교통법 제70조)를 구체화한 것이다.[87] 따라서 일본 도로교통법 제70조의 규정을 위반한 사람에 대한 벌칙과 마찬가지로, 일본 도로교통법 제119조 제1항 및 제2항에 근거하여 해당 금지규정을 위반한 범칙행위로서 처벌한다.

2) 휴대전화 사용 등 금지규정(일본 도로교통법 제71조 제5호의 5)의 적용제외

우선 일본에서도 운전자에게는 안전운전 의무가 적용되며, 자동운행장치를 사용하여 운전하는 운전자에 대해서도 마찬가지로 적용된다. 즉, 운전자는 항상 도로, 교통 및 자동차의 상황을 파악하기 위하여 전방이나 주위 상황을 확인하고 핸들 등의 조작을 확실히 함으로써 타인에게 위해를 끼치지 않는 방법으로 운전해야 한다(일본 도로교통법 제70조 참조).[88]

또한, 일본에서도 운전 중 휴대전화 등의 통화의 위험성에 대해서는, 예를 들어 운전자가 전화를 받거나 전화를 걸 때에 휴대전화 등을 손에 들고, 통화 버튼, 전화번호 입력 버튼 등을 누르기 위해 시선이 휴대전화에 향해짐에 따라 도로, 교통 및 자동차의 상황을 파악할 수 없게 될 뿐만 아니라 핸들 등의 조작을 안정적으로 실시할 수 없게 되는 위험이 있다. 통화 개시 후에도, 손에 휴대전화

---

86 砂田, 前掲注52), 38-39頁。

87 砂田, 前掲注52), 39頁。

88 第七十条(安全運転の義務) 車両等の運転者は、当該車両等のハンドル、ブレーキその他の装置を確実に操作し、かつ、道路、交通及び当該車両等の状況に応じ、他人に危害を及ぼさないような速度と方法で運転しなければならない。

등을 든 상태에서 계속해서 통화에 정신이 팔리기 때문에, 도로, 교통 및 자동차의 상황 파악을 게을리할 뿐만 아니라, 핸들 등의 조작을 안정적으로 실시할 수 없게 되는 위험도 있다. 또한 최근 스마트폰의 보급에 따라 통화 이외에도 휴대전화를 운전 중에 사용하는 경우가 많은데 이처럼 스마트폰 등(화상표시용 장치)에 의해 표시된 화상을 주시하는 경우에도 운전자가 표시된 화상에 시선이 끌려 주시 상태가 됨으로써 도로, 교통 및 자동차의 상황 파악을 어렵게 할 위험이 있다.[89]

따라서 일본에서도 스마트폰 등 휴대전화 사용은 안전운전 의무의 이행을 어렵게 하는 행위유형에 포함되어 일률적으로 금지된다(일본 도로교통법 제71조 제5호의5).[90] 이를 위반한 경우로서 ① 휴대전화 사용 등으로 교통의 위험을 발생시킨 경우에는 1년 이하의 징역 또는 30만엔 이하의 벌금과 행정벌칙으로서 교통위반점수 6점(면허정지에 해당)이 부과된다(일본 도로교통법 제117조의4 제1호의2). 또한 ② 휴대전화 사용 등 위반에 해당할 경우에는 6월 이하의 징역 또는 10만엔 이하의 벌금과 행정벌칙으로서 교통위반점수 3점이 부과된다(일본 도로교통법 제118조 제1항 제3호의2).

한편으로, 앞서 살펴본 바와 같이 2019년 개정 도로교통법상 자동운전장치는 "자동차를 운행하는 운전자의 조정에 관한 인지, 예측, 판단 및 조작에 관한 능력의 전부를 대체하는 기능을 가진 것"으로 정의된다(일본 도로교통법 제41조 제2항). 또한 국토교통대신이 실시하는 검사 등에 의해, 자동운행장치가 법률상 운

---

89   砂田, 前掲注52), 39頁。

90   第七十一条(運転者の遵守事項) 車両等の運転者は、次に掲げる事項を守らなければならない。
      五の五 自動車又は原動機付自転車 (以下この号において「自動車等」という。) を運転する場合においては、当該自動車等が停止しているときを除き、携帯電話用装置、自動車電話用装置その他の無線通話装置 (その全部又は一部を手で保持しなければ送信及び受信のいずれをも行うことができないものに限る。第百十八条第一項第三号の二において「無線通話装置」という。) を通話 (傷病者の救護又は公共の安全の維持のため当該自動車等の走行中に緊急やむを得ずに行うものを除く。同号において同じ。) のために使用し、又は当該自動車等に取り付けられ若しくは持ち込まれた画像表示用装置 (道路運送車両法第四十一条第一項第十六号若しくは第十七号又は第四十四条第十一号に規定する装置であるものを除く。第百十八条第一項第三号の二において同じ。) に表示された画像を注視しないこと。

전조작에 관한 의무에 위반함 없이 자동차를 자동운행할 수 있다는 것도 제도적으로 담보된다. 따라서 일본 도로운송차량법 등의 규정에 따른 적합하고 안전한 자동운행장치를 사용하여 운전하는 경우에, 운전자는 원칙적으로 도로, 교통 및 자동차의 상황을 스스로 파악하기 위해 전방이나 주위 상황을 확인하는 것이나, 핸들 등을 조작하지 않아도 안전운전 의무 등에 위반하지 않은 상태에서 운전하는 것이 가능해진다.[91]

이에 따라 이러한 조건들이 충족된 상태에서 운전할 때는 휴대전화 사용 등 금지(일본 도로교통법 제71조 제5호의5)의 규정은 적용되지 않는다.[92]

다른 한편으로, 자동운행장치, 주행장치, 제동장치 등 자동차의 주요장치에 결함·고장이 있거나, 교통의 위험을 발생시킬 우려 또는 타인에게 손해를 끼칠 우려가 있는 경우에는 자동운행장치상의 운행제어에 의하지 않고, 운전자가 도로, 교통 및 자동차의 상황을 스스로 파악하기 위해 전방이나 주위 상황을 확인하여, 핸들 등을 조작한 후 해당 자동차의 운전을 멈출 필요가 있다(일본 도로교통법 제62조). 따라서 이처럼 자동차의 주요장치에 결함·고장이 발생한 경우에는 휴대전화 사용 등 금지의 적용은 계속된다(일본 도로교통법 제71조의4의2 제2항 제1호).[93]

또한, 자동차의 주요장치에 이러한 결함·고장이 없는 경우라도, 앞서 언급한 바와 같이 '사용조건'을 충족하지 못한 경우에도 운전자 자신이 도로, 교통 및 자동차의 상황을 스스로 파악하기 위해 전방이나 주위 상황을 확인하고 핸들 등의 조작해야 한다.[94] 따라서 '사용조건'을 충족하지 못하는 상황에서도 자동운행장치를 사용하여 운전하는 경우에는 자동차의 주요장치에 결함·고장이 있는 경우와 마찬가지로 휴대전화 사용 등 금지의 적용 제외는 인정되지 않는다(일본 도로교통법 제71조의4의2 제2항 제2호).

이처럼 자동차의 주요장치에 결함·고장이 발생한 경우나 '사용조건'을 충족하지 못한 경우에 운전자는 신속히 운전조작을 인수할 필요가 있으므로 '사용조

---

91 砂田, 前揭注52), 40頁。
92 中川, 前揭注53), 15頁。
93 砂田, 前揭注52), 40頁; 中川, 前揭注53), 15頁。
94 砂田, 前揭注52), 41頁; 中川, 前揭注53), 15頁。

건' 하에서 자동운행장치를 사용하여 운전하고 있는 경우에도, 운전자는 이러한 경우에 대비하여 즉시 운전조작을 인수할 수 있는 상태로 운전석에 착석하고 있어야 한다. 운전자가 이러한 상태에 있다는 전제에서 휴대전화 사용 등 금지의 적용이 제외될 수 있도록 한 것이다(일본 도로교통법 제71조의4의2 제2항 제3호).[95] 또한 자동운행장치의 '사용조건'을 충족하지 못하는 경우 등에서 일반적인 운전능력을 가진 운전자가 적절히 운전조작을 인수할 수 있는 정도의 충분한 시간적 여유(유예시간)를 가지고 운전조작의 인수 요청이 이루어져야 하며,[96] 이를 위해 인수되는 동안의 운전제어까지도 자동운행장치의 운행설계영역(ODD)상의 안전운전에 포함되게 된다.

3) 휴대전화 사용 등 이외의 기타 행위 금지

2019년 개정 도로교통법에서도 자동운행장치를 사용하여 운전하는 동안에는 운전자에게 계속해서 안전운전 의무 등이 부과된다. 다만, 자동운행장치가 일반적으로 운전자의 조정에 관한 인지, 예측, 판단 및 조작에 관한 능력의 전부를 대체할 수 있는 기능을 가진 것을 전제로 하기 때문에, 이러한 자동운행장치를 적절히 사용하여 운전할 경우, 운전자는 도로, 교통 및 자동차의 상황을 스스로 파악하기 위한 전방이나 주위 상황의 확인과 핸들 등의 조작을 하지 않아도 된다.[97]

다만, 유지해야 할 상태의 구체적인 내용에 대해서는 앞서 살펴본 것과 같이 각 자동운행장치와 관련된 '사용조건'이나 그 성능에 따라 다르게 규정되므로, 역으로 운전조작 이외의 어떤 행위가 허용되는가에 대해서도 각 자동운행장치와 관련된 '사용조건'이나 그 성능에 따라 달라진다.[98]

따라서 앞서 휴대전화 사용 등과 같이 독서, 식사 등의 행위를 유형화하고 그것이 일률적으로 허용되는지 여부를 판단하는 것은 적절하지 않고, 현행법상 음주와 수면은 인정되지 않는다. 현재로서는 자동운행장치에 관한 '사용조건'이

---

95 砂田, 前揭注52), 41頁。

96 砂田, 前揭注52), 43頁。

97 砂田, 前揭注52), 43-44頁。

98 砂田, 前揭注52), 44頁。

나 그 성능에 따라, 자동차의 주요장치에 결함·고장이 발생하거나, '사용조건'을 충족하지 못한다는 사실을 인지하여 바로 운전조작을 적절하게 인수할 수 있는지 여부를 기준으로 판단할 수밖에 없다.[99]

결국 자동운행장치의 사용을 통해 자동운전이 일부 허용되었다고 해도 언제든지 조작 권한의 이양이 있을 수 있음을 운전자는 항시 인식해야 하기 때문에, 현실적으로 그 허용범위가 한정적이며 더욱이 안전운전의무가 완화된 것도 아니라는 점에서 주의가 요구된다.

4. 검토

이상 살펴본 바와 같이 2019년 개정 도로교통법의 의미로서는 본격적으로 도로교통법규상에 자율주행자동차를 등장시키기 위한 기본적이고도 필수적인 사항을 담고 있다는 점을 들 수 있다.[100] 따라서 현 단계에서 상용화가 가능한 자율주행 Level 3의 기술을 기준으로 법제도의 정비가 이루어졌다. 또한 일본에서는 계획상 2025년까지 자율주행 Level 4의 상용화를 목표로 하고 있어, 이에 대한 기초로서의 의미도 포함하고 있다고 볼 수 있다.[101]

우리의 경우 도로주행 규제 및 차량 관리에 관한 기본법은 「도로교통법」과 「자동차관리법」이라 할 수 있으며, 일본의 경우에는 「도로교통법」과 「도로운송차량법」이 이에 해당한다. 관련하여 일본에서는 이번 자율주행자동차 기술 상용화와 관련하여 우리와 같이 특별법 제정을 통한 대응이 아닌, 기본법 개정으로 대응을 하였다는 점에 주목할 필요가 있다.[102] 이로 인해 일본에서는 이미 각 정부 부처 등에서 자율주행자동차에 관한 역할 분담과 소관 법령의 개정에 대하

---

99 砂田, 前揭注52), 44頁。

100 김연주, "자율주행자동차 상용화 대비와 공도주행을 위한 입법동향에 관한 고찰 – 일본도로교통법 개정안을 중심으로 –", 강원법학 제58호, 2019, 498쪽.

101 內閣府, "官民ITS構想·ロードマップ", https://www8.cao.go.jp/koutu/taisaku/r02kou_haku/zenbun/genkyo/topics/topic_07.html (최종검색일: 2022.5.10.).

102 김연주, 앞의 논문, 502쪽.

여 협의체 구성을 통해 사전에 충분한 논의를 거쳤다는 점이 추론된다.[103] 이는 자율주행자동차 상용화에 대비하는 관점에서, 기존 차량과 자율주행자동차가 상당기간 병행(竝行)적으로 운용될 기간을 고려할 경우 이러한 입법적 대응은 큰 의미가 있다.

또한 일본에서는 자율주행자동차의 도로주행을 위한 가이드라인 등의 책정에 관하여 경찰청 및 도로교통법이 핵심 역할을 담당하고 있는 점도 중요하다. 자율주행자동차의 도로주행이라는 의미는 단순히 도로 위를 자동차가 움직인다는 의미에 그치는 것이 아니라, 도로교통법규의 준수를 통해 상대방과의 협력과 신뢰를 바탕으로 안전운전을 달성해야 한다는 의미까지 포함하기 때문이다.

따라서 자율주행자동차가 얼마나 도로교통법규를 준수하면서 상대방과의 안전운전에 관한 신뢰와 협력 관계를 형성할 수 있는지에 관한 실제적 검증은 매우 중요하다. 이것이 바로 자율주행자동차의 도로주행능력 검증의 핵심이며, 따라서 일본에서는 경찰청과 도로교통법에 그러한 주요 역할을 맡기고 있다.

관련하여 일본 경찰청에서도 ① 도로주행 실증 실험을 위한 가이드라인을 제시하면서(2016.5), 특별한 허가가 없어도 실시 가능한 실험 대상을 명확화하였다. 또한 ② 원격형 시스템의 도로주행 실증 실험 허가기준을 공표하였으며(2017.6), ③ 일본 도로교통법 개정하여, 자율주행 Level 3의 상용화를 대비하였다(2020.4 시행). 또한 ④ 자율주행 Level 4 이상의 기술을 개발하기 위해, 도로주행 실증 실험의 허가기준을 개정하여(2019.9), 핸들 없는 자동차의 실험 주행 등이 폭넓게 이루어지고 있다. 이와 더불어 ⑤ 택배용 자율주행로봇(라스트 마일 모빌리티)의 도로주행 실증 실험 절차를 공표함에 따라(2020.4), 향후 자율주행기술의 공공도로 실증 실험 시의 도로 사용 허가 절차를 간략하고 명확하게 규정하였다.[104]

이처럼 일본에서는 2019년 개정에 이어 2022년에도 2025년 자율주행 Level 4 자율주행자동차의 상용화를 목적으로 법제도의 정비를 계획·진행하고 있다. 또한 2019년 개정 도로교통법, 도로운송차량법에 관하여 일본 경찰청의

---

103 김연주, 앞의 논문, 502쪽.

104 警察庁,「自動運転」, https://www.npa.go.jp/bureau/traffic/selfdriving/index.html (최종검색일: 2022.5.10.).

적극적인 역할이 매우 중요했다는 점도 향후 주무관청 주도의 깊이 있고 전문화된 입법 대응이라는 점에서 우리에게도 참고가 된다.

표 5-3 일본 도로교통법의 개정 목적과 주요 내용	
자율주행자동차의 상용화를 위한 법제도 정비	- 교통사고 감소와 더불어 인구 과소지역 등에서의 고령자 등의 이동수단 확보, 저출산에 따른 운전자 부족에 대한 대응 등 - 자동운전의 시장화 · 서비스화를 실현하기 위한 관련 기술개발과 제도 정비 - 자율주행자동차가 충족해야 할 안전성의 요건이나 안전 확보를 위한 정책에 관하여 "자율주행자동차의 안전기술 가이드라인"을 2018년 9월에 책정 · 공표
자동운행장치의 정의	- "자동차를 운행하는 운전자의 조종에 관한 인지, 예측, 판단 및 조작에 관한 능력의 전부를 대체하는 기능을 가진 것"으로 규정(도로운송차량법 제41조 제2항)
운전의 정의	- "운전"의 정의에서도 기존에 운전을 도로에서 차량 또는 노면전차(이하 '차량 등')를 그 본래의 용도에 따라 사용하는 것으로만 정의하였으나, 이에 "자동운행장치를 사용하는 경우"를 추가하여 자동운행장치에 의한 운전을 정의 개념에 포함
작동상태 기록장치 관리	- 경찰관분만 아니라 운전자나 교통사고 피해자도 작동상태기록장치의 기록을 확인할 수 있어야 함 - 작동상태기록장치에 의하여 기록된 기록의 제시나, 화상 등 인식할 수 있는 상태로의 전환조치는 어디까지나 교통위험방지를 위한 행정 목적임
휴대전화 사용 금지 해제	- 안전하고 쾌적한 이동수단으로서의 자율주행자동차의 도입목적에 비추어 볼 때 도로교통법상 안전운전 의무의 일부 해제는 그 의미가 큼 - 다만, 자동운행장치 사용을 통해 자동운전이 일부 허용되었다고 해도 언제든지 조작권의 이양이 있을 수 있음을 운전자는 항시 전제해야 하므로, 현실적으로는 그 허용범위가 한정적이고 안전운전의무가 완화된 것은 아니라는 점에서 충분한 주의가 필요함

출처: 內閣府, 「官民ITS構想 · ロードマップ」, https://www.8.cao.go.jp/koutu/taisaku/r02kou_haku/zenbun/genkyo/topics/topic_07.html (최종검색일: 2022.5.10.).

Ⓘ 2022년 도로교통법 개정 동향

1. 자율주행자동차 관련 도로교통법 개정 경위

이제 이른바 진정한 의미의 자율주행자동차의 시대가 도래할 날이 머지않았다. 자율주행 Level 4는 도로 대부분에서 운전자 개입이 불필요한 단계로서, 현재 해외 각국에서는 최근 자율주행 Level 4 시대의 도래를 준비하고 있고, 이에 대응하기 위해 관련 법안을 개정하고 있다.

일본에서도 도로교통법은 일본의 도로교통규칙 등에 관한 기본법에 해당하기 때문에, 자율주행자동차의 도입 및 상용화가 원활히 이루어지기 위해서는 도로교통법상의 운전개념을 수정할 필요가 있다. 즉 기존의 운전자에 의한 수동운전을 전제로 한 운전개념에서 자동운행기술의 발전에 따라 도로교통법의 기본방향에 대해서도 재검토가 요구되었다.

예를 들어, 독일의 경우 이미 세계 최초로 자율주행기술 Level 4의 실현을 위한 도로교통법과 자동차손해배상보장법의 개정법률을 2021.7.28.부터 시행하고 있다. 이번에 신설된 독일 도로교통법 제1d조(특정 운행영역에서의 자율주행기능을 갖춘 자동차) 제1항 제1호에서는 자율주행기능을 갖춘 차량에 대하여 "운전자 없이도, 특정 운행영역을 스스로 운전할 수 있는 것"으로 규정함에 따라, 이 규정을 통해 자율주행 Level 4 차량이 공공도로에서 주행할 수 있게 되었다.[105] 또한 독일에서는 2022년까지 Level 4 자율주행자동차의 정상 운행을 목표로 많은 노력을 기울이고 있다.

이러한 독일의 한발 빠른 법제 정비현황을 참고하여 일본에서도 2022. 3.4.에 자율주행 Level 4를 향한 '도로교통법의 일부를 개정하는 법률안'이 내각 각의를 거쳐 국회에 제출되었다.[106] 이후 참의원 및 중의원을 통과하여

---

105 BMDV(2021.7.27.), "Gesetz zum autonomen Fahren tritt in Kraft", https://www.bmvi.de/SharedDocs/DE/Artikel/DG/gesetz-zum-autonomen-fahren.html (최종검색일: 2022.5.10.).

106 日本経済新聞(2022.3.4.), "自動運転「レベル4」解禁へ 政府、法改正案を閣議決定", https://www.nikkei.com/article/DGXZQOUE034G70T00C22A3000000/ (최종검

2022.4.19.에 성립하였다(이하 '2022년 개정법'이라 한다).[107] 이번 2022년 개정법을 통해 '특정 자동주행(=자율주행)' 허가제도가 신설됨에 따라, 일본에서도 Level 4 자율주행자동차가 이른 시일 내에 공공도로에서 운행될 수 있게 되었다.[108]

2. 특정 자동운행의 정의

2022년 개정법에서는 Level 4 자율주행을 '특정 자동운행'이라 정의하고 있다. 즉, 특정 자동운행이란 도로에서 자동운행장치를 사용하여 운행하던 중 차량에 문제가 발생한 때 또는 사용조건을 충족하지 못한 때, 자동운행장치가 즉시 자동적으로 안전한 방법으로 차량을 정지시킬 수 있는 것을 의미하며, 또한 이러한 자동운행장치를 조작하는 사람이 없어야 한다.

따라서 이러한 특정 자동운행의 개념은 운전자를 전제로 하는 '운전'의 개념과는 구분되기 때문에, 2022년 개정법을 통해 일본 도로교통법상 '운전'의 정의에서 제외되었다. 따라서 앞서 살펴본 바와 같이 Level 3 자율주행까지만 전통적인 '운전'의 개념에 포함된다.

색일: 2022.5.10.).

107 道路交通法の一部を改正する法律 (令和4年 法律 第32号).

108 朝日新聞デジタル(2022.4.19.), "完全自動運転、特定条件下で可能に 改正道交法が成立", https://www.asahi.com/articles/ASQ4M4K7NQ4LUTIL02F.html (최종검색일: 2022.5.10.).

3. 특정 자동운행 허가제도

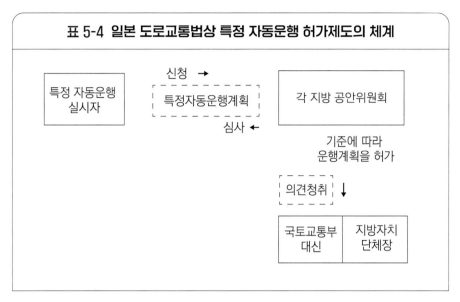

표 5-4 일본 도로교통법상 특정 자동운행 허가제도의 체계

특정 자동운행 실시자	신청 → 특정자동운행계획 심사 ←	각 지방 공안위원회

기준에 따라 운행계획을 허가

의견청취 ↓

국토교통부 대신	지방자치 단체장

출처: SIP cafe(2022.3.30.), "レベル4に向けた道路交通法改正案が国会に提出", https://sip-cafe.me-dia/column/8289/ (최종검색일: 2022.5.10.).

또한 개정안에서는 Level 4 자율주행 이동 서비스를 위해 '특정 자동운행 허가제도'라는 새로운 제도를 창설하였다. 이 '특정 자동운행 허가제도'란 Level 4의 자율주행 이동 서비스를 시행하고자 하는 사업자가 특정 자동운행 계획을 책정하여 해당 자동운행 사업지역의 지방 공안위원회[109]에 신청을 하면, 각 지방 공안위원회가 기준에 따라 심사를 진행하면서 동시에 국토교통대신이나 지방자치단체장에게 의견을 청취하여 허가 여부를 심사하는 제도를 말한다.

신청내용으로는 ① 자율주행자동차 및 운행경로나 운행일시, 운송 대상자, 운송 물품 등의 사항, ② 자동운행조건 내에서 자동운전시스템의 대응영역과 대응불가 영역(교통법규 등)에 관한 대응 방안, ③ 자동운행 사업 등에 관련된 인원에 대한 교육 및 훈련에 관한 사항, ④ 자동운행 상황에서 이탈되었을 때의 대응 방안 등에 관한 운행 계획을 기재한 것이어야 한다.

---

109 우리의 시·도자치경찰위원회에 해당한다.

이러한 허가제도의 도입에 의한 법적 효과로는 ① 허가된 사업자에게는 무면허운전 등의 금지규정(일본 도로교통법 제64조 제1항)에 상관없이 운전면허를 갖지 않아도 운행 계획상의 자동운행을 시행할 수 있다. 또한 ② 허가된 사업자는 '누구든지' 그 대상이 되는 운전 조작에 관한 규정(예를 들어, 술에 취한 상태에서의 운전금지, 과로한 때 등의 운전금지)의 적용을 받지 않는다. 마지막으로 ③ 기존의 '운전자'에 대한 운전조작 이외의 의무에 관한 규정(예를 들어, 교통사고 시의 조치)은 허가된 사업자에게 적용된다.

이에 따라 특정 자동운행 허가를 받는 것에 의해, 도로교통법상 '운전자'가 없는 운행이 가능해진다. 그러나 ① 운전자가 원격으로 조작하는 경우, ② 운전자가 차량 내에서 특별장치를 사용해서 조작하는 경우 등은 자동운행장치에 의한 운행이 아니기 때문에, 현행 제도상 경찰서장에게서 도로 사용 허가를 받아야 하며 이에 대해서는 기존의 규제와 같다.

4. 특정 자동운행 실시자 등의 준수사항

또한 2022년 개정법에서는 '특정 자동운행 허가제도'를 운용하기 위한 '특정 자동운행 실시자 등의 준수사항'도 규정하고 있다. 이는 '특정 자동운행 실시자', '특정 자동운행 주임자', '현장조치업무 실시자'가 각각 준수해야 할 사항을 규정한 것이며 구체적인 내용은 다음과 같다.

'특정 자동운행 실시자'는 자율주행 Level 4의 자율주행 이동 서비스를 시행하는 사업자를 말한다. 특정 자동운행 실시자는 해당 사업자가 제출한 ① 특정 자동운행 계획 등을 준수해야 하며, 또한 ② '특정 자동운행 주임자'나 '현장조치업무 실시자'를 지정하여 교육하고, ③ 특정 자동운행 중에는 '특정 자동운행 주임자'가 원격감독을 하거나 차내에 배치되어 특정 자동운행 중임을 표시해야 한다.[110]

'특정 자동운행 주임자'는 Level 4 자동운행 이동 서비스의 운행을 담당하

---

110 SIP cafe(2022.3.30.), "レベル4に向けた道路交通法改正案が国会に提出", https://sip-cafe.media/column/8289/ (최종검색일: 2022.5.10.).

는 책임자를 말한다. 즉 특정 자동운행 중에는 원격감독장치의 작동상태를 감시하고 원격감독장치가 정상적으로 작동하지 않는 때는 특정 자동운행을 종료시켜야 한다. 또한 '특정 자동운행 주임자'는 특정 자동운행이 종료한 때에 경찰관의 현장지시나 긴급자동차 및 소방용차량이 접근하는 등의 경우나 특정 자동운행 차량이 위법한 주차를 한 경우 등에 관하여 적절한 조치를 해야 한다. 마찬가지로 교통사고가 발생한 때도 경찰관에 대한 보고 등의 적절한 조치를 해야 한다.[111] 교통규칙 숙지 등 주임자의 요건은 향후 도로교통법 시행규칙으로 정할 예정이다.

또한 '현장 조치업무 실시자'의 주된 역할은 교통사고가 발생한 때에 현장에 신속히 파견되어 도로상의 위험을 방지하는 조치를 하는 것이다. 이에 따라 '특정 자동운행 주임자'와 '현장 조치업무 실시자'를 포함하여, Level 4 자동운행 이동 서비스에 관련된 인원들을 '특정 자동운행 업무종사자'라고 한다. 또한 Level 4 자동운행 이동 서비스사업을 운영하는 '특정 자동운행 실시자'는 이른바 '특정 자동운행 업무종사자'에 대한 교육을 해야 한다.

---

111 SIP cafe(2022.3.30.), "レベル4に向けた道路交通法改正案が国会に提出", https://sip-cafe.media/column/8289/ (최종검색일: 2022.5.10.).

이에 관한 내용을 간략히 정리하면 아래의 표와 같다.

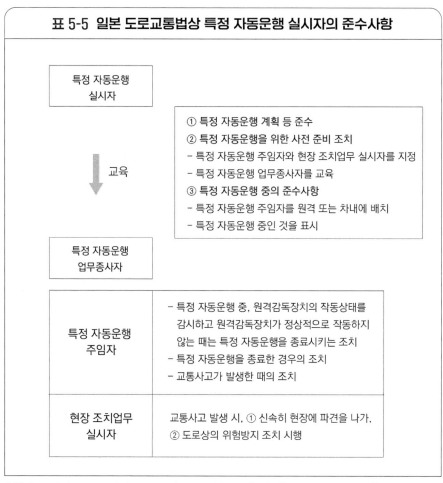

표 5-5 일본 도로교통법상 특정 자동운행 실시자의 준수사항

특정 자동운행 실시자	
↓ 교육	① 특정 자동운행 계획 등 준수 ② 특정 자동운행을 위한 사전 준비 조치 - 특정 자동운행 주임자와 현장 조치업무 실시자를 지정 - 특정 자동운행 업무종사자를 교육 ③ 특정 자동운행 중의 준수사항 - 특정 자동운행 주임자를 원격 또는 차내에 배치 - 특정 자동운행 중인 것을 표시
특정 자동운행 업무종사자	
특정 자동운행 주임자	- 특정 자동운행 중, 원격감독장치의 작동상태를 감시하고 원격감독장치가 정상적으로 작동하지 않는 때는 특정 자동운행을 종료시키는 조치 - 특정 자동운행을 종료한 경우의 조치 - 교통사고가 발생한 때의 조치
현장 조치업무 실시자	교통사고 발생 시, ① 신속히 현장에 파견을 나가, ② 도로상의 위험방지 조치 시행

출처: SIP cafe(2022.3.30.), "レベル4に向けた道路交通法改正案が国会に提出", https://sip-cafe.me-
dia/column/8289/ (최종검색일: 2022.5.10.).

5. 공안위원회의 자동운행 계획 및 준수사항 위반 시의 행정처분 등

가. 행정처분 주요 신설 규정

2022년 개정법은 Level 4 자동운행의 안전하고 원활한 운용이 담보될 수 있
도록, 공안위원회 등의 자동운행 계획 및 준수사항 위반 시의 행정처분을 신설

하였다. 예를 들어, 각 공안위원회에게 특정 자동운행 실시자에 자료의 제출 및 보고 요구, 검사 권한을 부여하고 있고(일본 도로교통법 제75조의25), 특정 자동운행 실시자 또는 그 특정 자동운행 업무종사자가 도로교통법이나 타 법률 등을 위반한 경우에 교통의 안전과 원활한 통행을 도모하기 위한 필요한 조치를 할 수 있도록 규정하고 있다(일본 도로교통법 제75조의26).

또한, 공안위원회는 특정 자동운행 실시자에 대하여 일정 사유에 해당하는 행위가 발생 시 허가취소나 6개월 미만의 정지처분을 내릴 수 있다. 경찰서장은 특정 자동운행 실시자에 대하여 일정 사유에 해당하는 행위가 발생 시 30일 미만의 임시정지처분을 내릴 수 있다. 이에 관한 내용을 간단히 정리하면 다음과 같다.

현 행	개 정 안
(신 설)	제75조의25(보고 및 검사 등) ① 공안위원회는 이 장 규정의 시행에 필요한 한도에서 특정 자동운행 실시자에 대하여 그 특정 자동운행에 관하여 보고 또는 자료의 제출을 요구하거나, 경찰직원에게 제75조의12 제2항 제2호 다목에서 규정하는 장소 및 그 밖의 특정 자동운행 실시자의 사무소에 출입하여 장부, 서류 및 그 밖의 물건을 검사하거나 관계자에게 질문하게 할 수 있다. ② 전항의 규정에 따라 경찰직원이 출입한 때에는 그 신분을 표시하는 증표를 휴대하고 관계자에게 제시하여야 한다. ③ 제1항의 규정에 따른 현장검사의 권한은 범죄수사를 위해 인정된 것으로 해석해서는 안 된다. ④ 공안위원회는 이 장 규정의 시행을 위해 필요하다고 인정한 때에는 관청, 공공단체, 그 밖의 사람에게 조회하거나 협력을 요구할 수 있다.
(신 설)	제75조의26(특정 자동운행 실시자에 대한 지시) 공안위원회는 특정 자동운행 실시자 또는 그 특정 자동운행 업무종사자가 특정 자동운행에 관하여 이 법률 또는 이 법률에 기초한 명령이나 이 법률의 규정에 기초한 처분 또는 다른 법령을 위반한 경우에, 도로에서의 위험을 방지하고 그 밖에 교통의 안전과 원활한 통행을 도모하는 데 필요하다고 인정되는 때에는 특정 자동운행 실시자에 대하여 특정 자동운행에 관하여 필요한 조치를 할 것(조치를 할 때까지 특정 자동운행을 하지 않을 것을 포함한다)을 지시할 수 있다.

(신 설)	제75조의27(허가의 취소 등) ① 공안위원회는 다음 각호의 어느 하나에 해당하는 때에는 해당 특정 자동운행 실시자에 대하여 특정 자동운행 허가를 취소하거나 6개월을 초과하지 않는 범위 내에서 기간을 정하여 그 효력을 정지할 수 있다.
	    1. 특정 자동운행 실시자 또는 그 특정 자동운행 업무종사자가 특정 자동운행에 관하여 이 법률 또는 이 법률에 기초한 명령 또는 이 법률의 규정에 기초한 처분을 위반한 때
	    2. 특정 자동운행 계획이 제75조의13 제1항 각호에서 열거하는 기준에 적합하지 않게 된 때
	    3. 특정 자동운행 실시자가 제75조의14 각호의 어느 하나에 해당하게 된 때
	② 전조 제2항의 규정은 전항의 규정에 따른 허가의 취소 또는 그 효력의 정지에 대하여 준용한다.
	③ 공안위원회는 제1항의 규정에 따라 특정 자동운행 허가를 취소한 때에는 내각부령으로 정하는 바에 따라 그 취지를 공시해야 한다.

(신 설)	제75조의28(허가 효력의 임시정지) ① 다음 각호의 어느 하나에 해당하는 경우에, 도로에서의 위험을 방지하기 위하여 긴급한 필요가 있을 때는 그 사실이 있는 장소를 관할하는 경찰서장은 해당 특정 자동운행 실시자에 대하여 그 사실이 있는 날부터 기산하여 30일을 경과하는 날까지 특정 자동운행 허가의 효력정지(이하 이 조에서 "임시정지"라고 한다)를 할 수 있다.
	    1. 특정 자동운행 중인 특정 자동운행용 자동차와 관련된 교통사고가 있는 때
	    2. 특정 자동운행 실시자 또는 그 특정 자동운행 업무종사자가 특정 자동운행에 관하여 이 법률 또는 이 법률에 기초한 명령이나 이 법률의 규정에 기초한 처분 또는 다른 법령의 규정을 위반한 때
	② 경찰서장은 임시정지를 한 때는 해당 처분을 한 날부터 기산하여 5일 이내에 해당 처분을 받은 특정 자동운행 실시자에 대하여 변명할 기회를 주어야 한다.
	③ 임시정지를 한 경찰서장은 신속히 내각부령에서 정한 사항을 공안위원회에 보고해야 한다.
	④ 임시정지는 전항의 규정에 따라 보고를 받은 공안위원회가 해당 임시정지의 기간 내에 해당 사안에 대하여 제75조의26 제1항 또는 전조 제1항의 규정에 따른 처분을 한 때는 그 효력을 잃는다.
	⑤ 임시정지를 받은 자가 해당 사안에 대하여 전조 제1항의 규정에 따른 허가의 효력을 정지 받을 때는 임시정지가 되어 있던 기간은 해당 허가의 효력정지 기간에 통산한다.

나. 도로교통법상 특정 자동운행 관련 주요 벌칙 규정

또한 2022년 개정법은 Level 4 자동운행자동차의 안전하고 원활한 주행이 담보될 수 있도록, 특정 자동운행으로 인한 사고 발생 시의 벌칙 규정과 특정 자동운행 계획 및 준수사항 등의 위반행위 대한 벌칙 등 주요 벌칙 규정을 신설하였다. 이에 관한 내용을 간단히 정리하면 다음과 같다.

현　　행	개　정　안
(신　설)	제116조 ① (현행과 같음) ② 특정 자동운행을 하는 사람 또는 특정 자동운행을 위하여 사용되는 사람이 업무상 필요한 주의를 게을리하거나 중대한 과실로 인하여 특정 자동운행에 의해 타인의 건조물을 손괴한 때는 6개월 이하의 금고 또는 10만엔 이하의 벌금에 처한다.
(신　설)	제117조 ①, ② (현행과 같음) ③ 특정 자동운행에서 특정 자동운행용 자동차의 교통에 의한 사람의 사상(死傷)이 발생한 경우, 제75조의23(특정 자동운행에서 교통사고가 발생한 경우의 조치) 제1항 전단 또는 제3항 전단의 규정을 위반한 때(특정 자동운행 주임자가 위반한 때에 한함)는 해당 위반행위를 한 사람은 5년 이하의 징역 또는 50만엔 이하의 벌금에 처한다.
(신　설)	제117조의2 ① (현행과 같음) ② 다음 각호의 어느 하나에 해당하는 경우에는 해당 위반행위를 한 사람은 5년 이하의 징역 또는 100만엔 이하의 벌금에 처한다. 　1.2. (현행과 같음) 　3. 제75조의12(특정 자동운행 허가) 제1항의 허가를 받지 않고 (제75조의27(허가의 취소 등) 제1항 또는 제75조의28(허가 효력의 임시정지) 제1항의 규정에 따라 해당 허가의 효력이 정지되어 있는 경우를 포함한다) 특정 자동운행을 한 때 　4. 거짓이나 그 밖의 부정한 수단으로 제75조의12(특정 자동운행 허가) 제1항 또는 제75조의16(허가사항의 변경) 제1항의 허가를 받은 때 　5. 제75조의16(허가사항의 변경) 제1항의 규정을 위반하여 특정 자동운행 계획을 변경한 때 　6. 제75조의26(특정 자동운행 실시자에 대한 지시) 제1항의 규정에 따른 공안위원회의 지시에 따르지 않은 때

(신 설)	제117조의4 ① (현행과 같음) ② 제75조의18(특정 자동운행 계획 등의 준수)의 규정을 위반한 때는 해당 위반행위를 한 사람은 1년 이하의 징역 또는 30만엔 이하의 벌금에 처한다.

 결론

　　인공지능에 관한 연구는 다양한 형태로 우리의 일상생활에 적용되고 있고, 그중 최근 몇 년간 가장 눈에 띄게 언급되고 있는 분야는 자율주행자동차라고 해도 과언이 아닐 것이다. 특히 초고령화 사회를 맞이하고 있는 우리에게 있어서 교통사고 감소 등의 이점이 기대되는 자율주행자동차에 대해서는 전 세계 각국에서 기술개발 및 법제 개선에 대해 적극적인 행보로 상용화를 대비하고 있다. 2018년 우리나라 정부는 자율주행차 로드맵을 발표하면서 2024년까지 선제적 규제 개혁을 준비하기로 하였다. 현재 이른바 자율주행자동차법[112]이 제정되어 시행되고 있지만, 주로 「자동차관리법」에는 개괄적인 정의와 계획수립, 임시운행허가 근거 등에 한정하여 규정되어 있다. 자율주행자동차 상용화 촉진 이후의 실생활에서의 운행을 위한 기반 조성을 위한 법적 근거 마련이 필요한 상황이다.

　　예를 들어, Level 4 이상의 자율주행 상용화를 위해서는 자율주행 모드별 운전자 주의의무 완화, 군집 주행 관련 요건 및 예외 규정 신설, 통신망에 연결된 자율주행차 통신 표준 마련, 자율주행시스템 보안 대책 마련, 자율주행차와 비(非)자율주행차의 혼합 운행을 위한 도로구간 표시 기준을 마련 등 관련 법제 정비가 필요하고, 도로 인프라 개선도 필요한 상황이다. 이외에도 자율주행용 간소면허 신설이나 운전금지 및 결격사유 신설 등의 면허제도 정비는 물론 교통사

---

112 자율주행자동차 상용화 촉진 및 지원에 관한 법률([법률 제18348호, 2021. 7. 27., 일부개정] [시행 2022. 1. 28.])

고 책임 등과 관련한 사회적 합의도 이루어져야 한다.[113]

관련하여, 일본에서의 도로교통법 등 최근 개정사항을 참고하여 우리 자율주행자동차 상용화 및 공공도로 주행을 위한 도로교통법 등의 시사점에 대해서 검토해 본다면, 우선 일본에서는 기존의 법체계에 자율주행자동차가 잘 융합될 수 있도록 도로교통에 관한 기본법인 도로교통법과 도로운송차량법을 중심으로 규율하고 있다.

다음으로, 현 단계의 기술적 수준을 반영하여 상용화된 자율주행기술인 Level 3 수준의 자율주행자동차를 대상으로 한 법제도를 정비하였는데, 앞서 살펴본 바와 같이 2019년 개정 도로교통법의 내용은 매우 세부적이고 구체적으로 규정되어 있다. 즉 자율주행자동차의 안전운전 등 안전 확보와 관련하여 자율주행자동차가 주행하기 위한 자동운행장치와 작동상태기록장치의 관리 및 정비의무, 자동운행 중은 물론 자동운행이 부적합한 상황에서의 운전자의 의무 등을 구체적으로 규정하고 있어, 사전에 부주의로 인한 교통사고 방지 등 교통안전을 확보하고 있다.

예를 들어, 일본 혼다자동차는 2020년 11월 11일 자율주행 Level 3 기능을 탑재한 승용차 '레전드'가 국토교통성의 인가를 취득하였다고 발표하였다. 혼다의 자율주행자동차는 자동운행장치로서 '트래픽 잼 파일럿'을 탑재하고 있으며, 이러한 '트래픽 잼 파일럿'은 고속도로에서 정체되거나 정체에 가까운 상태에 있을 때, 차량의 속도나 날씨 등의 특정 조건이 충족될 경우에 한정하여 운전조작을 자율주행하는 기능이 있다. 이에 따라 운전자는 긴급운전 요청에 해당하는 'TOR(Take Over Request)'에 대응해야 할 의무가 있기는 하지만, 그 경우를 제외하고는 전방 주시의무에서 벗어나 스마트폰과 TV를 시청할 수 있으며, 이후에 고속도로 정체 해소 등 사전에 설정된 운행설계영역(ODD)에서 벗어나게 되면 경고등이 켜지고 경고음이 울리게 된다. 이처럼 운전자는 긴급운전 요청에 대응할 수 있도록 준비되어 있어야 하나, 가령 운전자가 운전 태세에 응할 수 없는 경우

---

113 조선비즈(2022.4.24.), "한경연 "자율주행 상용화 본격화… 韓, 규제개선 속도내야"", https://biz. chosun.com/industry/company/2022/04/24/MWAEEW24YJDXDDQP43QYILOEKI/ (최종검색일: 2022.5.10.).

에는 비상등 등으로 외부에 경고하면서 빠르게 자동 정차하게 된다. 따라서 운전자가 언제라도 운전 태세로 전환할 수 있도록 운전자의 상태를 확인할 수 있는 졸음감시 카메라도 탑재하고 있다.[114]

이와 같은 도로교통법과 도로운송차량법의 개정 규정들은 향후 발전될 기술을 고려한 잠정적 조치이며, 일본에서는 정부 등을 중심으로 연차별 기술 발전에 따른 로드맵이 구성되어 있어 이후의 법 개정도 그 계획에 따라 순차적으로 이루어질 예정이다.

더욱이 이번 2022년 개정법은 자율주행 Level 4 시대의 도래를 준비하는 것으로, 주요 내용은 바로 '특정 자동주행(=자율주행)' 허가제도의 신설이라 할 수 있다. 현재 일본 정부에서는 2022년의 목표로서 특정 지역에서의 원격감시(Level 4) 무인 자율주행 이동 서비스를 실현하고, 2025년도까지는 특정 지역을 40개소 이상으로 확대한다는 목표를 추진하고 있다. 예를 들어, 대중교통망이 점차 약화되고 있는 지방지역에서, 운행관리자의 원격감시에 따라 정해진 경로를 달리는 무인 자율주행 버스 등을 상정할 수 있을 것이다. 이와 관련하여 일본 경찰청에서도 2022년 개정법의 성립에 따라 운전자가 없는 상태에서의 자율주행인 특정 자동주행이 원활하게 운용될 수 있도록 자율주행 기술에 대한 법제도적 이해도를 높이고 기술발전을 지원할 수 있도록 체계를 구축하고 있다.[115]

또한 일본에서도 이러한 개정법률의 입안에는 해외 법제의 동향이 많이 참고되었음은 주지의 사실이다. 따라서 우리도 자율주행차동차 관련 해외 입법 동향을 지속적으로 비교·검토함으로써, 우리나라 자율주행자동차의 안전하고도 원활한 도입과 관리를 위한 시사를 얻어야 할 것이다.

---

114 보안뉴스(2020.12.30.), "일본 최초로 자율주행 레벨3 승인된 혼다 '레전드' 이야기", https://www.boannews.com/media/view.asp?idx=93755 (최종검색일: 2022.5.10.).

115 警察庁, 「自動運転」, https://www.npa.go.jp/bureau/traffic/selfdriving/index.html (최종검색일: 2022.5.10.).

제6장

중국의 자율주행자동차 기술발전을 위한 도로 교통법제

- 김정진 -

이 장에 서술된 내용은 김정진 · 선종수, "자율주행자동차 관련 도로교통법제 정비와 중국 법제의 시사점", 4차산업혁명 법과 정책 제3호, 제4차산업혁명융합법학회, 2021, 105-135쪽에 실린 내용을 기초로 수정하여 작성되었습니다.

Ⅰ 시작하며

현대사회를 흔히 위험사회라고 지칭한다. 문명의 발전으로 인간은 더할 나위 없는 편의를 누리고 있지만, 이와 더불어 많은 위험에 노출되어 살아가고 있다. 특히, 자동차는 현대사회에서 인류의 가장 보편적인 이동수단이 되면서 승객이나 화물을 운반하는 중요한 생활도구로 자리매김하고 있다. 한국통계청 자료에 의하면,[1] 2019년 한국의 도로교통사고 사망률은 인구 10만 명당 6.5명으로 나타났다. 정부는 도로교통사고를 줄이기 위해 자동차 자체의 안전장치 마련, 도로교통 안전시설 확보, 운전자의 안전주행을 위한 다양한 방면에서 입법 마련을 거듭하고 있다.

또한, 자동차는 「자동차관리법」에서 보아 알 수 있듯이 안전주행을 위하여 자동차를 승용차, 화물차, 여객차 등으로 구분하고 있다. 하지만 과학기술의 발전으로 인하여 운행주체에 따라 인간과 인공지능(소프트웨어)으로 나누게 됨으로써 '자율주행' 또는 '무인주행'이라는 개념이 등장하였다. 이는 전통적으로 자동차는 인간이 개발한 교통수단으로서 오직 인간의 통제에 의해 운행이 가능한 단계에서 인공지능기술을 통해 자동차 스스로 주위의 위험요소를 판단하여 주행할 수 있는 새로운 개념의 자동차 등장을 연다는 의미이다.

이처럼 인공지능기술로 인해 자동차의 운행주체가 변화하면서 이와 관련한 법률도 제정 또는 개정이 필요하게 되었다. 현재 한국의 「자동차관리법」 및 「자율주행자동차 상용화 촉진 및 지원에 관한 법률」(이하 '자율주행자동차법'이라 한다)상 "자율주행자동차"의 개념을 사용하고 있다. 하지만 여전히 자율주행자동차의 관리 및 교통사고처리 등에 대하여는 명확하게 규정하고 있지 않기 때문에 자율주행자동차의 발전과 상용화를 위해서는 반드시 입법적 해결이 요구된다.

본 자료에서는 인공지능 응용기술을 적용한 자율주행자동차의 상용화와 현재 기술의 현황 및 발전을 고려하여 현행 도로교통법규의 적용에 있어 문제점들

---

1   도로교통사고사망자는 도로에서 차량의 교통으로 인한 사고로 30일 이내에 사망한 경우를 말한다. 국가지표체계, http://www.index.go.kr/unify/idx-info.do?idxCd=4261 (최종검색일: 2021.5.15.) 참고.

을 살펴본다. 특히, 중국은 정부의 대폭적인 지원으로 인해 인공지능기술을 기반으로 한 자율주행자동차의 도로주행과 관련한 법규가 다양하게 제정되어 있는 상황이다. 이러한 점에서 중국의 자율주행자동차 관련 도로교통 관련 법규를 검토하는 것은 우리의 입법에도 많은 시사점을 제공할 것이라 본다.

Ⅱ 중국의 자율주행자동차 운영 및 기술보유 현황

1. 자율주행자동차 시장규모

가. 자율주행자동차 보급 및 기술발전 현황

자율주행기술은 교통, 통신, 전자 등 다양한 분야의 융합을 다루며, 산업사슬 간의 시너지를 발생시킨다. 현재 자율주행기술의 단계는 Level 0, Level 1, Level 2에서 Level 3, Level 4, Level 5로 점진적으로 발전하는 과정이며, 등급별 자율주행 대표 기능과 보급 시기는 각국의 기술에 따라 다르지만, 중국은 인공지능기술을 활용한 자율주행자동차의 국제적 경쟁력 확보를 위한 우위적 선점을 위해 2020년 Level 3 자율주행자동차의 보급을 시작하였다. 하지만 엄밀히 말하면 해당기능이 차종등급과 동일하게 표시되지 않는, 즉 완성차가 Level 3의 기능을 갖추었다고 해서 완전한 Level 3 자율주행이 아니라는 점이다. 일부 기능은 자율주행 단계를 뛰어넘는 것도 있다. 예를 들어, 자동제동기능은 단계별로 일반자동제동(APA)의 경우 Level 2 기술에, 원격조종주차(RPA)와 메모리주차(HPA)는 Level 3 기술에 속하며, 자동주차(APP)는 Level 4에 속한다고 볼 수 있다.

각 단계별 기술을 쉽게 설명하면, Level 1은 일반적으로 손이나 발을, Level 2는 손과 발을 동시에 운전으로부터 해방시킬 수 있지만 눈을 해방시킬 수 없고, Level 3는 눈을 해방시킬 수 있지만 뇌(판단)를 해방시킬 수 없으며, Level 4와 그 이상의 단계는 뇌를 해방시킬 수 있다. 인공지능기술 단계별 자율주행기능을 표로 나타내면 아래의 [표 6-1]과 같다.

표 6-1 등급별 자율주행자동차 기능 및 보급시기

		주행보조		자율주행	
등급	Level 0	Level 1	Level 2	Level 3	Level 4 + Level5
구분	무자율주행	주행보조	부분 자율주행	조건 자율주행	고도+완전 자율주행

기능	• 사각지대감지
	• 차도이탈경고
		• 사각지대
		  보조시스템
		• 크루즈
		  컨트롤시스템
		• 자동긴급제동
			• 차도 내 자율주행
			• 차선변경 보조
			• 자동주차길목
			  자동제동
				• 자동 차도변경
				• 고속도로보조
				• 교통체증 보조
					• 고속도로
					  자율주행
					• 도시도로
					  자율주행

보급 시기		2005	2015	2020	2025

출처: 任泽平, "中国自动驾驶发展报告2020(上)", 新浪财经, https://baijiahao.baidu.com/s?id=16889063619533354302&wfr=spider&for=pc (최종검색일: 2021.5.20.).

표 6-2 종류별 센서 일반 성능 계수 비교

센서 유형	카메라	밀리미터파 레이더 센서	초음파 레이더	광선레이더	적외선센서
파장	가시광선: 390-770nm 적외선: 1mm-760nm	24㎓:~125mm 77㎓:~39mm	40㎑:8.5mm 58㎑:5.9mm	905nm, 1550nm	1mm-760nm
탐측 거리	카메라 화소와 연관 0-150m	주파수와 연관 0-250m	출력·주파수 연관 0-3m	파장·출력 연관 0-300m	출력·설계 연관 100-400m
거리 정밀도*	거리측정 능력 매우약함	±0.5m	±0.1m	±5cm	거리측정 능력 매우 약함

탐측각도*	수평: 0-150° 수직: 0-60°	수평: -60° ~+60° 수직:-7.5° ~+7.5°	수평: -60° ~+60° 수직: /	수평: 360° (기계식) 수직: -20° ~+20°	없음
각도 정밀도*	/	±0.3°	/	±0.3°	없음
환경적 응능력	약	강	보통	약	약
차량속 도측정 능력	약	강	보통	약	보통
도로표 지판 인 식능력	있음	없음	없음	없음	없음
데이터 형식	이미지	위치, 속도	위치, 속도	위치, 속도, 형상	위치, 속도, 형상
원가 (달러/ 件)	고화질 카메 라: 60-150	24㎓: 50-100 77㎓: 120- 150	10-20	1000- 20000	전체 야시 시스템: 5000- 15000
장점	• 해상도가 높아 다양 한 물체 식별가능 • 신호등 교통신호 식별가능	• 물체의 모양 과 색깔에 구애받지 않음 • 스모그와 눈보라에 영향이 적음	• 원가가 낮고 환경의 영향 을 적게 받음	• 다수 물체 탐지가능 • 정밀도 높음 • 주변환경 3D 변경 가능	• 야시 가능, 투과거 리가 김 • 비교적 정확한 물체식별 에 사용
단점	• 빛의 영향을 많이 받음 • 거리측정 능력이약함 • 알고리즘에 과도하게 의 존하면 오 판이 발생할 수있음	• 물체의 크기와 모양을 탐지불가 • 비금속에 민감하지 않음	• 속도가 느림 • 발사시간이 김 • 단거리 탐사 에 적용	• 원가가 비쌈 • 날씨의 영향 을 많이 받음	• 경로 운 동정밀도 가 낮음 • 무각도 탐지능력 과 정지 거리측정 능력이 약함

| 응용 | BDS' SVP' FCW' LDW' LKA | ACC' AEB | AP | ACC' BSD' AEB | NY' LDW |

*1차 공급업체 관련 제품의 파라미터 표시/공표가 적고 동일하지 않아 신뢰성이 많이 떨어짐.

출처: 任泽平, "中国自动驾驶发展报告2020(上)", 新浪财经, https://baijiahao.baidu.com/s?id=1688906361953354302&wfr=spider&for=pc (최종검색일: 2021.5.20.).

나. 자율주행자동차 생산량 및 전망

중국은 2021년을 자율주행자동차 발전의 원년으로 삼고, 자율주행자동차 관련 시장규모가 2,350억 위안을 넘어설 것으로 보고 있다.[2] 이에는 국내 자동차업체와 인터넷업체 등이 자율주행 분야에 적극적으로 뛰어들면서 2020-2021년 양산된 Level 3 모델이 출시되고, 2025년에 완전 자율주행이 가능한 Level 5에 도달할 것으로 보고 있다.

또한, 최근 교통운수부(交通运输部)가 「도로교통 자율주행기술 발전과 응용 촉진에 관한 지도의견(关于促进道路交通自动驾驶技术发展和应用的指导意见)」해설을 내놓으면서, 자율주행의 업계 활용을 위한 핵심기술에 대한 연구와 자율주행기술 시범 적용 추진과 자율주행 적응을 위한 지원체계 완화를 명확히 하였다. 이러한 정부의 지원으로 최근 2년간 중국의 자율주행기술은 꾸준히 발전하여 2020년 11월 중국표준으로 탑재된 Level 2 ADAS 신차는 25.13만 대로 연내 최고점까지 치솟았다. 한편, 2020년 1-11월 Level 2 ADAS 신차등록은 194.71만 대로 전년 동기 대비 267.48% 증가하였다.[3] 현재 베이징과 상하이 등 여러 도시는 자율주행자동차를 위한 임시 도로테스트 번호판을 배포하고 있다. 또 국가가 5G망 구축을 추진하고 있어 자율주행기술의 발전에도 속도를 올리고 있다.

---

2 "2025年前中国辅助驾驶、自动驾驶市场规模将年均增长超3成", https://baijiahao.baidu.com/s?id=1682826294896967226&wfr=spider&for=pc (최종검색일: 2021.5.31.).

3 "利好政策频出自动驾驶技术有望迎来大变革", http://www.esdli.com/new/4568.html (최종검색일: 2021.6.6.).

다. 시장규모와 전망

한편, 현재 세계의 자율주행자동차 기술 발전에 필요한 자동차, 도로, 클라우드 등에 대한 시장규모는 2025년에 800억 달러, 2030년에 2,800억 달러에 달할 것으로 전망된다.[4] 다른 연구결과에 따르면,[5] 2020년 전 세계 자율주행자동차의 시장규모는 1,138억 달러, 2030년의 시장규모는 약 5,000억 달러에 이를 것으로 전망하면서 자율주행자동차의 핵심기술인 반도체, 센서, 소프트웨어 알고리즘 등과 관련한 시장이 증가할 것으로 전망하였다.

표 6-3 2016-2021년 전 세계 무인 자동차 시장규모 현황 및 예측

	2016	2017	2018	2019	2020	2021
시장규모 (억 달러)	40	44	48	54	61	70
성장률(%)	–	10	9	13	13	15

출처: "2020自动驾驶行业市场现状分析", https://www.reportrc.com/article/20200729/11342.html (최종검색일: 2021.6.6.).

표 6-4 2020-2035년 무인자동차 소비예측

	2020	2025	2030	2035
소비규모 (백만 대)	0.01	4.8	4701	95.4

출처: "2020自动驾驶行业市场现状分析", https://www.reportrc.com/article/20200729/11342.html (최종검색일: 2021.6.6.).

중국 자동차협회가 발표한 자료에 따르면, 중국의 시장규모는 2019년 중국 승용차 생산량은 2,136만 대이다. 또한 1,000명당 차량보유 대수는

---

4 이에 대하여는, 自动驾驶：拥有难以估量的市场规模是怎样一种体验？, https://www.sohu.com/a/403895670_236016 (최종검색일: 2021.5.25.).

5 自动驾驶：拥有难以估量的市场规模是怎样一种体验？, https://www.sohu.com/a/403895670_236016 (최종검색일: 2021.5.25.).

2019~2025년 200대까지 점진적으로 증가하여, 2019~2025년 국내 승용차 복합성장을 3%로 예상하고 있다. 중국은 5G 기술이 상용화되면서 자동차 업체들이 ADAS[6] 기능을 차량에 탑재하면서 새로운 모델들이 등장하면서 ADAS는 기능별 발전이 빨라져 2025년 시장규모는 2,250억 위안, Level 2 및 그 이하급 기능 중 주차자동시스템과 자율주행 관련 시장의 규모는 각각 384억 위안, 312억 위안으로 예상되고 있다.[7] 또한 Navigant의 연구에 따르면, 2035년까지 전 세계 자율주행자동차 판매량이 9,500만 대에 이를 것으로 전망된다.[8]

2. 자율주행기술 현황

가. 자율주행 5G 네트워크

자율주행의 안전성은 5G 네트워크 서비스와 깊은 관련이 있다. 5G 네트워크는 최소 지연시간이 10-20mm초(mili second) 이하여야 하며, 자율주행 시스템은 시간지연으로 명령이 제때 전달되지 않으면 안전성을 위협받게 된다. 기존 4G망에서 시속 100㎞의 자동차가 장애물을 발견하고 제동명령이 전달되기까지 지연시간으로 인하여 최소 1.4m를 더 가서 브레이크를 밟게 된다면, 5G망에서 10㎜초의 시간지연 거리면 명령이 전달되기 때문에 명령 전달 지연시간으로 불과 14㎝(1/10)로 높아져 안전성이 크게 향상된다.[9]

6　ADAS(Advanced Driver Assistance System)는 센서가 위험상황을 감지하여 사고의 위험을 운전자에게 경고하고 운전자가 판단하여 대처할 수 있도록 도와주는 안전장치이다. 주요기능으로는 '전방충돌 경고기능(Forward Collision Warning)', '전방 충동방지 보조기능(Foward Collision-Avoidance Assist)', '차선유지 보조시스템(Lane Departure Warning System or Lane Keeping Assist System)', '차로 이탈방지 보조시스템(Lane Keeping Assist)', 'RVM(Rear View Monitor with e-Mirror)', 'SCC(Smart Cruise Control)', '로우빔 보조시스템(Low Beam Assist)', '하이빔 보조시스템(High Beam Assist)' 등이 있다.

7　"自动驾驶：拥有难以估量的市场规模是怎样一种体验？", https://www.sohu.com/a/403895670_236016 (최종검색일: 2021.5.25.).

8　"2020自动驾驶行业市场现状分析", https://www.reportrc.com/article/20200729/11342.html (최종검색일: 2021.6.6.).

9　"2020自动驾驶行业市场现状分析", https://www.reportrc.com/article/20200729/11342.

표 6-5 자율주행자동차 등급별 기술요구사항[10]			
자율주행등급	기능	전송지연시간 (ms)	전송속도 (Mbps)
제2단계 Level 1	• 운전자 보조, 예: 차량이탈경고, 정면충돌경고, 사각지대 경고시스템 등 • 현재 보급단계	100-1,000	0.2
제3단계 Level 2	• 고급운전보조시스템인 ADAS, 긴급자동제동, 긴급차도보조, 자동주차시스템 기술 등 • 국외시장 빠르게 성숙하고 있으며, 중국 내에서 현재 점차적으로 응용	20-100	0.5
제4단계 Level 3	• 운전자 통제하에 자동차가 특정한 운전 도록에서 자동통제운행 • 현재 대부분의 자동차기업이 적극적 연구개발단계에 있음	10-20	16
제5단계 Level 4	• 운전자의 통제가 필요 없이 자동차가 각종 도로 상황, 기후조건하에서 완전히 자율운행 가능	1-10	100

위의 표에서 알 수 있는 바와 같이, 자율주행자동차의 발전을 위해서는 결국 5G 네트워크를 인프라로 삼아야 한다. 자율주행의 발전은 두 가지가 필요하다. 첫째는 차량이 완전 자주적으로 운행하는 방법으로 차량용 센서와 제어시스템에 의해 인공지능을 통한 자율주행이 가능하게 하여 로봇이 운전할 수 있도록 하는 것이다. 둘째는 협력식 방법이다. 즉, 차량연결망을 통한 차량과 인접하는 사물 간의 실시간 교류가 가능하도록 하여 도로의 모든 이동이 고정된 물체와 연결되더라도 네트워크를 통한 자율주행이 가능하도록 하는 것이다. 전자는 인텔이, 후자는 퀠컴이 이 기술에 집중하고 있다.

하지만 인공지능이 인간에게 이해를 통해 행하는 것이 아니며, 진정한 운전을 위해서는 두 가지 방법이 서로 융합되어야 하기 때문에 효율적으로 반응할

html (최종검색일: 2021.6.6.).

10 "2020自动驾驶行业市场现状分析", https://www.reportrc.com/article/20200729/11342. html (최종검색일: 2021.6.6.).

수 있는 네트워크가 필수적이다. 자율주행자동차는 전송지연과 전송속도를 제외하면, 초당 0.75GB의 데이터 트래픽을 소모하게 되어 4G망 탑재량을 초과한다. 5G가 상용화된 이후 고속도, 저지연, 대용량이 이루어져 자율주행기술이 제대로 보급될 수 있을 것이다. 이렇게 되면 자동차 전자업체도 반도체 업계의 중요한 성장엔진이 될 수 있다.

나. 자율주행기술 관련 특허 현황

2019년 3월 IPRdaily 연합 incoPat가 발표한 "2018년 글로벌 자율주행 기술 발명 특허 순위(TOP 100)"에 따르면,[11] 2018.1.1.부터 2018.12.31.까지 글로벌 자율주행기술 특허출원 TOP20 업체는 포드(1,225건), 삼성(1,152건), 도요타(684건), GM(517건), 보쉬(Bosch)(484건), 바이두(438건), 현대(412건), 화웨이(372건), 혼다(361건), Denso(327건), 폭스바겐(324건), LG(281건), 퀄컴(Qualcomm)(272건), 닛산(242건), 파나소닉(Panasonic)(242건), 델파이(241건), 인텔(233건), 벤츠(217건), 소니(197건), Valeo(187건)로 나타났다. 특허출원 건수에 따라 국가별로 보면, 미국, 일본, 한국, 독일, 중국, 프랑스가 각각 2,488건, 2,053건, 1,845건, 1,025건, 810건, 187건이며, 비율로 보면, 29.6%, 24.4%, 21.9%, 12.2%, 9.6%, 2.2%이며 중국은 5위를 차지하고 있다.

이와 같이 특허출원 건수만 보면 중국은 여전히 갈 길이 멀다. 이에 국가지식산권국(国家知识产权局)은 「자율주행자동차산업 특허 분석 평의보고(自动驾驶产业专利分析评议报告)」를 통해 중국기업의 핵심적 특허분야에서 질적·양적 모두 국제적으로 한국, 미국, 일본, 독일 기업에 뒤처져 있으며, 특히, 중국은 일본, 미국, 유럽 등과 비교하여 상당히 뒤떨어져 있다고 평가하였다.[12]

---

11 "中国自动驾驶发展报告2020(上)", https://baijiahao.baidu.com/s?id=16889063
61953354302&wfr=spider&for=pc (최종검색일: 2021.6.1.).

12 "自动驾驶茶叶专利分析评议报告分布", 新能源汽车报 , 2018年第44期 , https://
wenku.baidu.com/view/68350472b1717fd5360cba1aa8114431b80d8ecf.html
(최종검색일: 2021.6.2.).

표 6-6 2001-2020년 세계 자율주행자동차 특허신청수 별 기업순위[13]			
순위	회사명	국적	특허수(건)
1	도요타 자동차	일본	1,191
2	바이두	중국	1,069
3	보쉬(Bosch)	독일	932
4	혼다(Honda)	일본	625
5	폭스바겐(아우디 포함)	독일	625
6	현대(기아 포함)	한국	519
7	일본 Denso	일본	501
8	다임러 AG	독일	484
9	BMW	독일	462
10	PSA 푸조 시트로엥	프랑스	440

3. 자율주행자동차의 기능별 필요기술

자율주행자동차는 기능별로 감지(환경감지 및 위치확인), 의사결정(스마트플랜 및 의사결정), 실행(제어실행)의 3대 핵심 시스템으로 나눌 수 있다. 자율주행시스템은 궁극적으로 사람을 대체하기 위한 것이다. 이를 위해서는 사람의 오감과 유사한 기술이 필요하다. 감지부는 사람의 눈이나 귀와 같은 기능을 하는 것으로, 주변 환경을 감지하고 데이터를 수집하여 운전자에게 전송한다. 의사결정은 사람의 뇌에 해당하는 것으로 감지부가 수집한 데이터를 처리하여 현재 환경에 맞는 조작명령을 실행부로 출력한다. 실행부는 사람의 사지에 해당하는 것으로 뇌가 내리는 명령을 수행한다. 감지부는 환경감지, 위치감지, 속도감지, 압력감지를 포함하며, 결정부는 주로 조작시스템, 집적회로, 컴퓨팅 플랫폼을, 집행부는 동력 제공, 방향제어, 차등제어를 포함한다. 구체적인 내용은 다음의 [표 6-7]과 같다.

---

13 「2001-2020 全球自动驾驶专利分析报告」의 내용을 참고하여 재정리하였다.

표 6-7 자율주행자동차 3대 시스템 및 주요 구성		
오감(五官)	판단제어	엑츄에이터
감지부	결정부	실행부
• 환경: 카메라, 레이더 등의 감지를 통해 주위에 장애물이 있는지 여부 확인과 교통신호 색깔 감지	• 통제시스템: AUTOSAR,[14] QNX[15] 등	• 동력: 가속, 등속, 감속, 주차 등의 명령을 수행
• 위치: 고도로 정밀지도, GPS, 초음파 등을 통해 위치 확인	• 집적회로: CPU, GPU, FPGA[16] 등	• 방향: 좌회전, 직진, 차선 변경, 우회전, 후진 등의 명령 수행
• 기타: 자이로스코프, 압력 감지기, 광학감지를 통해 속도와 압력 등의 정보 수집	• 컴퓨팅 플랫폼: EyeQ, Xavier,[17] MDC[18] 등	• 차등: 원광등, 안개등, 헤드램프, 방향지시등 등의 명령 수행

출처: 任澤平, "中国自动驾驶发展报告2020(上)", 新浪财经, https://baijiahao.baidu.com/s?id=16889063619533354302&wfr=spider&for=pc (최종검색일: 2021.5.20.).

---

14 '자동차 개방시스템 구조(AUTomotive Open System ARchitecture)'는 자동차 전자 소프트웨어 표준을 만드는데 주력하는 컨소시엄이다. AUTOSAR는 글로벌 자동차 제조사, 부품 공급업체 및 기타 전자, 반도체, 소프트웨어 시스템 회사가 연합하여 설립하며, 각 구성원이 개발파트너십을 유지하고 있다. 2003년부터 각 파트너 회사들이 협력해 자동차 공업을 위한 개방적이고 표준화된 소프트웨어 아키텍처를 개발하고 있다. 오토사(AUTOSAR)라는 아키텍처는 차량 전자시스템 소프트웨어의 교환과 업데이트에 유리하며 갈수록 복잡해지는 차량 전자, 소프트웨어 시스템을 효율적으로 관리할 수 있는 토대를 제공한다. 또한, 오토사는 제품 및 서비스의 품질을 확보함과 동시에 원가효율을 높였다.

15 Gordon Bell과 Dan Dodge는 1980년 Quantum Software Systems 회사를 설립하여 대학시절의 여러 시나리오에 따라 IBM PC에서 작동할 수 있는 QUNIX(Quick UNIX)라는 시스템을 만들었다가 AT&T에 의해서 QNX로 명칭을 변경하였다.

16 FPGA(Field Programmable Gate Array)는 PAL, GAL 등 프로그래밍 가능한 기기에서 더욱 발전된 산물이다. 전용집적회로(ASIC) 영역의 일종인 반정제 회로에서 나온 것으로, 정제 회로의 부족을 해결하면서도 기존 프로그래밍 기기의 도어 회로 수가 제한되어 있는 단점을 극복했다.

17 'Xavier'는 엔비디아(Nvidia)가 2016년 9월 자율주행기술과 자동차 제품을 겨냥하여 개발한 칩을 말한다.

18 MDC(Manufacturing Data Collection & Status Management)는 실시간으로 수집, 보고화, 그래프화 작업장의 상세한 제조 데이터와 과정을 위한 소프트하드웨어 솔루션이다.

Ⅲ 자율주행자동차의 기본정책과 도로주행 관련 법제 현황

1. 자율주행자동차 관련 기본 정책 및 법제 개설

가. 국문원의 「중국제조2025(中国制造2025)」 로드맵

자율주행자동차의 중장기 발전계획 및 정책 등과 관련하여 중국에서 처음으로 자율주행자동차의 발전에 관한 내용을 언급하고 있는 문건은 「중국제조 2025(中国制造2025)」이다. 동 문건은 2020년까지 스마트 보조운행에 관한 각 핵심기술을 확보하고, 2025년까지 완전한 스마트 네트워크 자동차의 독자개발체제를 구축하여 조립 및 완성차 산업에서 생산하여야 한다고 언급하고 있다.

나. 스마트네트워크 발전을 위한 「자동차산업 중장기 발전계획(汽车产业中长期发展规划)」

또한, 2017년 4월 국무원과 공업 및 정보화부(工业和信息化部) 등이 공동으로 발표한 「자동차산업 중장기 발전계획(汽车产业中长期发展规划)」에서는 신에너지자동차와 스마트네트워크를 통해 산업 전반에 구조조정을 하고, 신에너지자동차, 스마트네트워크, 자동차 동력배터리 등에 관한 기술 로드맵을 수립하여 2025년에는 스마트네트워크가 국제적 경쟁력을 갖추어 세계 선진 대열에 진입한다는 계획을 발표하였다.

	표 6-8 중국의 자율주행자동차 발전 전략	
공포일	관련 문건	주요 내용
2015.05	중국제조2025 (中国制造2025)	• 2020년까지 스마트 보조운전의 총체적 기술 및 각 종 핵심기술을 확보하고, 2025년까지 완벽한 스마 트 네트워크 자동차를 독자 개발체제로 구축하며, 이를 위한 설비와 산업군 마련
2017.04	자동차산업 중장기 발전규획 (汽车产业中长期发 展规划)	• 신에너지차와 스마트 네트워크를 돌파구로 삼아 산업전형을 선도 • 신에너지차, 스마트 네트워크, 자동차 동력 배터리 등 기술 로드맵을 작성 • 2025년 스마트 네트워크 자동차 세계 선진화 반열 진입
2018.12	차량네트워크(스마 트 네트워크 자동 차) 산업 발전행동계획 (车联网（智能网联 汽车）产业发展行 动计划)	• 핵심기술, 표준체계, 인프라, 응용서비스, 안전보장 의 다섯 가지 방면에서 스마트 네트워크 자동차를 보급 2020년까지 신차 중 Level 2 탑재율 30% 이상 목표
2020.02	스마트 자동차 혁신 발전전략 (智能汽车创新发展 战略)	• 핵심기술, 시험평가, 응용시범, 인프라, 인터넷통 신, 표준법규, 품질감독, 인터넷 보안 등에서 2025 년 Level 2 단계 자율주행 규모화 생산, Level 3 단계 특정한 환경에서 시장화 적용을 확보
2020.11	신에너지 자동차 발전규획 (新能源汽车发展规 划)(2021-2035)	• 2025년 고도 자율주행자동차는 한정된 구역과 특 정 상황에서 상업적 적용 실현 • 자동주차기술 추진

출처: 저자 정리

2. 2020년 교통운수부 「10대 자율주행자동차 정책(2020年 交通运输部十大自动驾驶政策)」

가. 개요

2020년 중국 교통운수부는 자율주행기술의 혁신을 통해 교통강국을 건설

한다는 목표로 자율주행 중점분야의 주요 정책(이하 '10대 정책'이라 한다)을 제시하였다. 이는 자율주행기술개발과 관련하여 "혁신장려", "실패 포용", "안전확보", "독점불허"라는 기본원칙 하에 적극적인 지원 및 규제정책을 편다는 것이다. 또한, 자율주행기술과 도로협력기술이 함께 발전할 수 있도록 하기 위해 자율주행 산업사슬을 포괄하는 정책이다. 이러한 교통운수부의 10대 자율주행자동차 정책을 통해 2021년 "14.5" 규획 중 과학기술발전 방향 중 자율주행기술을 통한 교통강국 건설계획을 마련하였다.

나. 주요 내용

"10대 정책"에는 크게 '자율주행자동차 기술개발', '자율주행자동차 시범운영', '도로 등 인프라 구축' 등에 대한 정책 및 법제이다. 구체적으로는, (1) 스마트 자동차 혁신발전 전략(智能汽车创新发展战略), (2) 도로공사적용 자율주행 부대시설 총체적 기술규범(公路工程适应自动驾驶附属设施总体技术规范), (3) 국가 자동차 네트워크 산업 표준체계구축 가이드라인(스마트교통 관련)(国家车联网产业标准体系建设指南)(智能交通相关), (4) 교통운수영역의 신형 인프라 건설추진에 관한 지도의견(关于推动交通运输领域新型基础设施建设的指导意见), (5) 7번째 자율주행 폐쇄 테스트 기지 지정, (6) 종합적인 교통법규체계 완비에 관한 의견(关于完善综合交通法规体系的意见), (7) 교통운수부의 자율주행자동차 업계의 기술개발 난관과 해결방안 회의, (8) 교통강국건설 시범지 업무의견(交通强国建设试点工作意见), (9) 중국 운행차량 지능화 운용 발전보고(中国营运车辆智能化运用发展报告), (10) 도로교통 자율주행기술의 발전과 응용 촉진에 관한 지도의견(关于促进道路交通自动驾驶技术发展和应用的指导意见)이다.

3. 자율주행자동차의 도로교통법령 현황

자율주행자동차는 아래의 표와 같이 기본적으로 기존의 자동차와 동일한 도로교통법령을 따른다. 이는 자율주행자동차가 도로주행 테스트 중 교통사고가 발생하게 되면, 자율주행자동차라고 해서 어떤 특혜가 있는 것이 아니라는 의미이다. 중국의 도로교통법령에는 한국과 달리 자율주행자동차에 관한 정의가 없다. 즉, 한국의 「자동차관리법」 및 「도로교통법」에는 자율자동차의 개념에 관하여 명시하고 있지만, 중국은 자동차의 도로교통 및 운영에 관한 기본법에 자율주행자동차를 별도로 정의하지 않고 있다. 여전히 중국은 자동차의 분류를 운전주체에 따르지 않고, 자동차의 사용목적에 따라 분류하는 듯하다.

표 6-9 중국의 자율주행자동차 관련 도로교통법령 현황

입법주체	법률명	제정/개정	주요 내용
전국인민 대표대회	도로교통안전법 (道路交通安全法)	2003, 제정 2021, 개정	• 도로교통질서, 교통사고 예방 및 감소 • 자동차 국가안전기술표준에 따른 안전기술 검증
전국인민 대표대회	도로법 (公路法)	1997, 제정 2017, 개정	• 국내 도로의 규획, 건설, 수리, 관리, 운영, 사용 등의 규정
국무원	도로교통안전법 실시조례 (道路交通安全法 实施条例)	2004, 제정 2017, 개정	• 자동차관리법 및 도로교통사고처리방법과 통합 • 자동차 등록 방법
교통부	자동차관리방법 (机动车管理办法)	1960, 제정, 실효	• 자동차와 운전자에 대한 관리감독 및 안전보장
공안부	도로교통안전 위법 행위처벌절차규정 (道路交通安全违 法行为处理程序 规定)	2008, 제정 2020, 개정	• 도로교통안전 위반처리절차의 표준화 • 교통사고처리 관할권
국무원	도시 도로관리조례 (城市道路管理条 例)	1996, 제정 2019, 수정	• 도시 도로의 관리강화와 도로의 무결성 보장 • 도시 도로 과학 및 기술연구 장려 및 지원

국무원	도로교통사고처리방법 (道路交通事故处理办法)	1992, 제정, 실효	• 도로교통사고의 명확한 처리 및 당사자의 권익보호 • 도로교통안전법 실시조례 제정으로 폐지
교통운수부 19	도로교통 자율주행 기술발전과 응용 촉진에 관한 지도 의견 (关于促进道路交通自动驾驶技术发展和应用的指导意见)	2020, 제정	• 자율주행기술의 개발과 적용을 가속화 및 교통 현대화 • 2025년까지 자율주행 기본이론 연구 완성 • 자율주행기술 연구개발 강화 • 도로 인프라의 지능형 수준 개선 • 자율주행기술의 시범 적용 추진
국가발전위, 중앙망신부, 과기부	'스마트자동차 혁신발전전략"의 발행에 관한 통지 (关于印发《智能汽车创新发展战略》的通知)	2020, 제정	• 2025년까지 중국표준 스마트자동차 기술혁신, 산업생태, 인프라, 규정 및 표준, 제품 감독 및 네트워크 보안시스템 마련 • 2035-2050년, 중국표준 스마트자동차 체계를 전면적으로 완성 (안전, 효율, 녹색, 문명의 스마트자동차 강국 실현)
국가측정 지리정보국	자율주행지도 제작 테스트 및 응용 관리 강화에 관한 통지 (国家测绘地理信息局关于加强自动驾驶地图生产测试与应用管理的通知)		• 자율주행기술에 있어 자율주행 지도 개발과 생산의 중요성 인식 • 전자지도 제작사는 자동차 업체와 협력하여 연구개발 및 테스트 진행 • 자율주행기술의 시험 및 도로테스트에 사용되는 지도데이터의 암호화 관리

---

19 2008년 3월 15일 제11기 전국인민대표대회 제1차 회의에서 「국무원기관개혁방안(国务院机构改革方案)」에 의해 교통부, 민용항공총국, 건설부 산하의 여객운송이 교통운수부로 통합되었다.

4. 자율주행자동차 발전 및 지원을 위한 주요 법률 현황

가. 개요

중국의 자율주행자동차와 관련한 법률로는 「도로교통 자율주행자동차 기술발전 및 응용 촉진에 관한 지도의견(关于促进道路交通自动驾驶技术发展和应用的指导意见)」[20]과 「자율주행자동차 지도제작 테스트 및 응용관리 강화에 관한 통지(关于加强自动驾驶地图生产测试与应用管理的通知)」[21]가 대표적이다.

나. 도로교통 자율주행자동차 기술발전 및 응용 촉진에 관한 지도의견(关于促进道路交通自动驾驶技术发展和应用的指导意见)

「도로교통 자율주행자동차 기술발전 및 응용 촉진에 관한 지도의견(关于促进道路交通自动驾驶技术发展和应用的指导意见)」은 중국의 교통강국 건설에 있어 혁신적인 자동차운행의 제1 동력을 충분히 발휘할 수 있는 표준을 정하기 위하여 2020년 12월 20일 공포되어 시행되고 있다. 동 지도의견은 자율주행기술을 중국의 도로교통수송에 발전적으로 응용하고, 교통수송화의 현대화를 마련하여 교통강국 건설의 가속화를 이룬다는 것이다. 이를 위해 2025년까지 자율주행 기초이론연구의 적극적 추진을 위해 도로 인프라의 지능화와 차로협동 등의 핵심기술 및 제품 연구개발과 테스트 검증을 마련하여 자율주행기술의 산업화 추진한다는 계획이다.

다. 스마트네트워크 자동차 도로테스트 관리규범(智能网联汽车道路测试管理规范)(试行)

자율주행자동차가 그 기술을 발전시키기 위해서는 기술성능을 확인하는 작업이 필수적이다. 이에 중국은 2018년 공업 및 정보화부, 공안부, 교통운수부가 공동으로 「스마트네트워크 자동차 도로테스트 관리규범(智能网联汽车道路测试管

---

20 교통운수부(交通运输部), 【交科技发[2020]124号】, 2020.12.20.공포, 2020.12.20.시행.
21 국가측량지리정보국(国家测绘地理信息局), 【国测成发[2016]2号】, 2016.02.03.공포, 2016.02.03.시행.

理规范)(试行)」을 제정하여 발표하였다. 동 관리규범을 근거로 하여 각 지방정부
는 자율주행자동차 도로테스트 관련 법규를 제정하여 운영하고 있다.

또한, 동 관리규범은 「도로교통안전법」과 「도로법(公路法)」 등에 근거하고 있
는데, 주요 내용을 살펴보면, (1) 테스트 대상인 스마트네트워크 프로그램 테스
트, 차량 간 네트워크, 차량운행 테스트 등을 포함하고 있으며, (2) 테스트운전자
에 대한 엄격한 기준을 제시하고, (3) 테스트 차량에 대한 보험가입과 신청방법
및 테스트 기간 등에 대하여 규정하고 있다.

라. 자율주행자동차 지도제작 테스트 및 응용관리 강화에 관한 통지(关于加强自动驾驶地图生产测试与应用管理的通知)

자율주행자동차기술의 발전이 자율주행 지도개발과 제작으로 이어지면서
자율주행 지도는 정밀도에 있어 기존의 전자지도와 다른 특징을 가지는데, 이러
한 점에서 자율주행지도 등에 새로운 지리정보에 대한 관리와 규정이 매우 중요
하기에 이를 위하여 국가측량지리정보국이 2016년 「자율주행자동차 지도제작
테스트 및 응용관리 강화에 관한 통지(关于加强自动驾驶地图生产测试与应用管理的通
知)」를 제정하여 2016.2.3.부터 시행되고 있다.

언급한 바와 같이, 자율주행 지도는 전자지도의 새로운 종류로 자율주행에
있어 매우 중요한 구성요소로서 데이터의 수집, 편집, 가공, 생산 제작에 있어
전문업체의 연구개발 테스트가 필요하기 때문에 동 통지는 매우 중요하다. 또
한, 동 통지는 지도제작의 비밀을 보장하기 위하여, 자율주행 지도를 제작하는
기업에 대하여는 자율주행기술시험 및 도로테스트 등에 관한 지도데이트를 보
안사항으로 하고, 지방정부의 측량지리 관련 부문의 허가 없이 외국의 기업 및
개인이 접근할 수 없도록 조치하고 있다.

마. 표준 및 품질 확립을 위한 「스마트자동차 혁신발전 전략(智能汽车创新发展战略)」

2020년 2월 국가발전 및 개혁위원회(国家发展和改革委员会), 국가인터넷정보
판공실(国家互联网信息办公室), 공업 및 정보화부 등 11개 부문이 공동으로 발표한

「스마트자동차 혁신발전 전략(智能汽车创新发展战略)」은 스마트자동차가 글로벌 자동차 산업발전의 전략으로 보고, 스마트자동차에 대하여 중요한 저략적 의미를 부여하였다. 또한 스마트자동차와 관련한 핵심기술, 시험평가, 응용시범, 인프라, 인터넷통신, 표준법규, 품질감독, 인터넷안전 등에서 2025년 Level 2 자율주행자동차의 대량생산과 Level 3 자율주행자동차의 적용환경 확보가 필요하다고 지적하였다.

특히, 2025년까지 스마트 교통시스템과 스마트시티 관련 시설 구축이 활발히 추진되고, 차량용 무선통신망(LTE-V2X 등)이 지역적 통합을 이루어 차세대 차량용 무선통신망(5G-V2X)이 일부 도시나 고속도로에서 점차적으로 적용됨으로써 차후 서비스망을 완전히 통합한다는 것이다. 또한, 2035~2050년에는 중국표준의 스마트카 체계가 전면적으로 완성될 전망이며, 이를 통해 안전·효율·녹색·문명의 스마트카 강국이라는 비전을 실현한다는 계획이다.

이러한 중국의 자율주행자동차 중장기 발전계획 및 정책과 관련하여 기술지원, 시범운행, 도로 등의 인프라 구축, 인터넷통신 등의 정책과 입법이 진행 중이다.

바. 중국 운행자동차 스마트운영 발전보고(中国营运车辆智能化运用发展报告)

「중국 운행자동차 스마트운영 발전보고(中国营运车辆智能化运用发展报告)」는 2020년 12월 11일 '중국 지능형 교통산업연맹(中国智能交通产业联盟)', '도로운송장비 과학기술혁신연맹 합동교통운수부 도로과학연구원(道路运输装备科技创新联盟联合交通运输部公路科学研究院)', '칭화대학(清华大学)' 등이 공동으로 발표한 것이다. 중국 내에서 스마트자동차에 대해 운송서비스와 생산 차원에서 적용 및 그 발전을 전망하고 계획하는 것으로 동 발전보고가 처음이다. 동 발전보고는 중국의 도로운수차량 스마트화기술(안전보조운전·자율주행 포함)이 운송분야에 활용함으로써 교통강국건설을 앞당길 수 있는 기초를 다진다는 것이다.

표 6-10 한국과 중국의 자율주행자동차 관련 법률 현황

구분	시행일	법규	내용
한국	2020.05.	자율주행 안전표준	• 최초로 Level 3 자율주행 안전기준 및 상용화 기준을 제정
	2020.11.	자율주행자동차 상업화 촉진 및 지원에 관한 법률	• 2020.05.01. 「자율주행자동차 상업화 촉진 및 지원에 관한 법률 시행규칙」, 2021.01.01. 「자율주행자동차 상업화 촉진 및 지원에 관한 법률」, 2021.01.01. 「자율주행자동차 상업화 촉진 및 지원에 관한 법률 시행령」을 각각 시행
중국	2020.02.	스마트 자동차 혁신 발전전략 (智能汽车创新发展战略)	• 2020년 국가발전개혁위원회, 중앙인터넷 안전 및 정보화위원회, 과학기술부, 공업화 및 정보화부 등 11개 부문이 공동으로 「스마트 자동차 혁신발전전략」 공포 • 「발전전략」은 2025년까지 중국 표준 스마트카의 기술혁신, 산업생태, 인프라, 법규표준, 제품감독 및 인터넷 안전체계 기본형성
	2020.03.	에너지 및 신에너지 자동차 기술전략도 2.0 (节能与新能源汽车技术路线图2.0)	• 2025년 HA급 스마트 네트워크 차량의 시장진출 • 2030년 HA급 스마트 네트워크 차량의 고속도로 확대 적용, 일부 도시 도로의 규모화 • 2035년 HA, FA급 스마트 네트워크 차량과 다른 교통참여자들과의 네트워크 협력 및 제어능력을 갖춤. 각종 네트워크식 고속자율주행자동차이 중국 전역에서 광범위하게 운행
	2020.10.	도로공사의 자율주행 부대시설 총체적 적응에 대한 기술규범 적응 (公路工程适应自动驾驶附属设施总体技术规范) (征求意见稿)	• 중국이 국가차원의 자율주행 관련 도로 기술규범을 처음으로 제정

| | | 스마트 네트워크 자동차 기술 로드맵 2.0 (智能网联汽车技术路线图2.0) | • 2020.11. 스마트 네트워크 자동차 기술 로드맵2.0은 2020 세계 스마트 네트워크 자동차 대회에서 정식으로 공포
• 기술 로드맵은 지속적으로 신에너지 자동차 산업발전규획(2021-2035), 에너지 절약 및 신에너지 자동차의 향후 15년 기술발전 전략을 위한 최상위 계획문건 |
| 2020.04. | | | |

출처: 저자 정리

5. 지방정부의 자율주행자동차 발전을 위한 법률 현황

중앙정부의 자율주행기술 발전과 자율주행자동차의 도로테스트를 위한 입법적 지원 아래, 지방정부도 중앙정부의 정책과 도로교통법령에 근거하여 자율주행자동차와 관련한 기술개발, 도로주행테스트, 인프라구축, 네트워크 형성 등과 관련한 법률을 앞다투어 제정하여 지원하고 있다.

특히 주목할 만한 지방으로는 중국의 수도인 베이징과 자동차 생산공장이 있는 충칭 그리고 중국 내에서 가장 과학기술정책을 개방적으로 실시하고 있는 선전이다. 이들 지역은 중국의 대표성에 걸맞게 자율주행자동차와 관련한 입법도 다양하며, 자율주행기술 발전을 위해 필요한 입법의 제정과 개정이 적시에 이루어지고 있다.

중국의 지역별 자율주행자동차 발전을 위한 지원법률 현황은 다음의 표와 같다.

표 6-11 각 지역별 자율주행자동차 발전을 위한 법률 현황

지역	시기	법률명
충칭 (重庆)	2016.09.	충칭시 초고속인터넷 기반 스마트 자동차 및 스마트 교통 응용 시범사업 추진 실시방안(重庆市推进基于宽带移动互联网的智能汽车与智慧交通应用示范项目实施方案)(2016－2019年)
	2018.03.	충칭시 자율주행자동차 도로테스트 관리 실시세칙 (重庆市自动驾驶道路测试管理实施细则(试行)
	2020.09.	충칭시 자율주행자동차 도로테스트 관리방법 (重庆市自动驾驶道路测试管理办法)(试行)
베이징 (北京)	2017.12.	베이징시 자율주행자동차 도로테스트 가속추진에 관한 지도의견 (北京市关于加快推进自动驾驶车辆道路测试有关工作的指导意见)
		베이징시 자율주행자동차 도로테스트 관리 실시세칙 (北京市自动驾驶车辆道路测试管理实施细则)
	2018.02.	베이징시 자율주행자동차 테스트 능력 평가내용 및 방법 (北京市自动驾驶车辆测试能力评估内容与方法(试行))
		베이징시 자율주행자동차 폐쇄 테스트장 기술요구 (北京自动驾驶车辆封闭测试场地技术要求(试行))
	2019.12.	베이징시 자율주행자동차 도로테스트 관리 시행세칙 (北京市自动驾驶车辆道路测试管理实施细则)(试行) 3.0
	2020.11.	베이징시 자율주행자동차 도로테스트 관리 시행세칙 (北京市自动驾驶车辆道路测试管理实施细则)(试行) 4.0
바오딩 (保定)	2018.01.	자율주행자동차 도로테스트 업무에 관한 지도의견 (关于做好自动驾驶车辆道路测试工作的指导意见)

	2018.02.	상하이시 스마트 네트워크 자동차 도로테스트 관리방법 (上海市智能网联汽车道路测试管理方法)(试行)
상하이 (上海)	2019.09.	상하이시 스마트 네트워크 자동차 도로데스트 및 시범응용 관리방법(上海市智能网联汽车道路测试和示范应用管理方法)(试行)
	2020.04.	상하이시 도로교통 자율주행 개방 테스트 관리방법 (上海市道路交通自动驾驶开放测试场景管理方法)(试行草案)
핑탄 (平潭)	2018.03.	핑탄 종합실험구 무인 자동차 도로테스트 관리방법 (平潭综合实验区无人驾驶汽车道路测试管理方法)(试行)
창춘 (长春)	2018.04.	창춘시 스마트 네트워크 자동차 도로테스트 관리방법 (长春市智能网联汽车道路测试管理方法)(试行)
	2018.04.	창사시 스마트 네트워크 자동차 도로테스트 관리 실시세칙 (长沙市智能网联汽车道路测试管理实施细则)(试行)
창사 (长沙)	2020.06.	창사시 스마트 네트워크 자동차 도로테스트 관리 실시세칙 (长沙市智能网联汽车道路测试管理实施细则)(试行) V.3.0
	2020.11.	스마트 네트워크 자동차 응용시범 추진에 관한 지도의견 (关于推进智能网联汽车应用示范的指导意见)(试行)
광저우 (广州)	2018.04.	광저우시 난사구의 스마트 네트워크 자동차 도로테스트 관련 업무 추진에 관한 지도의견(广州市南沙区关于推进智能网联汽车道路测试有关工作的指导意见)(试行)
	2019.01.	광저우시 스마트 네트워크 자동차 개방 테스트 도로구간 관리방법(广州市智能网联汽车开放测试道路路段管理方法)(试行)
자오칭 (肇庆)	2018.05.	스마트 네트워크 자동차 도로테스트 관리규범 (智能网联汽车道路测试管理规范)(试行)

선전 (深圳)	2018.05.	「스마트 네트워크 자동차 도로테스트 관리규범(시행)」의 관철에 관한 실시의견 (关于贯彻落实〈智能网联汽车道路测试管理规范(试行)〉的实施意见)
	2018.01.	선전시 스마트 네트워크 도로테스트 개방도로 기술요구 (深圳市智能网联汽车道路测试开放道路技术要求)(试行)
	2020.08.	스마트 네트워크 자동차 응용시범에 관한 지도의견 (关于推进智能网联汽车应用示范的指导意见)
톈진 (天津)	2018.06.	톈진시 스마트 네트워크 자동차 도로테스트 관리방법 (天津市智能网联汽车道路测试管理方法)(试行)
지난 (济南)	2018.07.	지난시 스마트 네트워크 자동차 도로테스트 관리방법 (济南市智能网联汽车道路测试管理方法)(试行)
항저우 (杭州)	2018.08.	항저우시 스마트 네트워크 자동차 도로테스트 관리 실시세칙 (杭州市智能网联汽车道路测试管理实施细则)(试行)
지앙쑤 (江苏)	2018.09.	지앙쑤성 스마트 네트워크 자동차 도로테스트 관리세칙 (江苏省智能网联汽车道路测试管理实施细则)
허난 (河南)	2018.11.	허난성 스마트 네트워크 자동차 도로테스트 관리방법(河南省智能网联汽车道路测试管理方法)(试行)
샹양 (襄阳)	2018.11.	샹양시 스마트 네트워크 자동차 도로테스트 관리방법 (襄阳市智能网联汽车道路测试管理规定)(试行)
우한 (武汉)	2018.11.	우한시 스마트 네트워크 자동차 도로테스트 관리 실시세칙 (武汉市智能网联汽车道路测试管理实施细则)(试行)
광둥 (广东)	2018.12.	광둥성 스마트 네트워크 자동차 도로테스트 관리규범 실시세칙 (广东省智能网联汽车道路测试管理规范实施细则)(试行)
창저우 (沧州)	2019.09.	창저우시 스마트 네트워크 자동차 도로테스트 관리방법 (沧州市智能网联汽车道路测试管理方法)(试行)

시안 (西安)	2019.03.	시안시 자율주행자동차 테스트 규범 지도의견 (西安市规范自动驾驶车辆测试指导意见)(试行)
		시안시 자율주행자동차 도로테스트 실시세칙 (西安市自动驾驶车辆道路测试实施细则)(试行)
류저우 (柳州)	2019.02.	류저우시 스마트 네트워크 자동차 도로테스트 관리 실시세칙 (柳州市智能网联汽车道路测试管理实施细则)(试行)
더칭 (德清)	2019.06.	더칭현 자율주행테스트 서비스 전개 지원에 관한 7가지 의견 (德清县关于支持开展自动驾驶测试服务的七条意见)
자싱 (嘉兴)	2020.01.	자싱시 스마트 네트워크 자동차 도로테스트 관리방법 실시 세칙 (嘉兴市智能网联汽车道路测试管理方法实施细则)(试行)
허페이 (合肥)	2020.08.	허페이시 스마트 네트워크 자동차 도로테스트 관리 실시세칙 (合肥市智能网联汽车道路测试管理实施细则)(试行)
칭다오 (青岛)	2020.01.	칭다오시 스마트 네트워크 자동차 도로테스트 및 시범응용 관 리 실시세칙(青岛市智能网联汽车道路测试与示范应用管理 实施细则)(试行)
후난 (湖南)	2019.09.	후난성 스마트 네트워크 자동차 도로테스트 관리 실시세칙 (湖南省智能网联汽车道路测试管理实施细则)(试行)
저장 (浙江)	2018.08.	저장성 자율주생자동차 도로테스트 관리방법 (浙江省自动驾驶汽车道路测试管理方法)(试行)
리수이 (丽水)	2020.08.	리수이시 스마트 네트워크 자동차 도로테스트 관리방법 실시 세칙(丽水市智能网联汽车道路测试管理方法实施细则) (试行)
하이난 (海南)	2020.08.	하이난성 스마트 자동차 도로테스트 및 시범응용 관리방법 (海南省智能汽车道路测试和示范应用管理方法)(试行)

Ⓘ 자율주행자동차 시범운영사례와 도로교통 지원 법률

현재 중국은 자율주행자동차 도로테스트를 통해 다양한 성과를 이루었다. 이하에서는 중국의 자율주행자동차 운영의 성공사례와 이에 따른 중앙과 지방의 도로교통 관련 지원 법률을 검토한다.

특히, 자율주행 기술발전을 위해 도로주행테스트, 스마트 도로 건설, 기타 자율주행자동차 발전을 위한 인프라 형성 등의 성공사례와 도로교통 지원 법률을 검토하였다.

이를 통해 우리나라의 자율주행자동차 관련 도로교통 지원 법률의 문제점과 시사점을 제공할 것이다.

1. 자율주행자동차 기술개발을 위한 도로교통 지원 법률 개요

자율주행기술의 보편화를 위해서는 도로시험주행이 필수적이다. 이를 위해서는 앞서 살펴본 바와 같이 현행 도로교통법령으로는 불가능하며, 새로운 입법 지원이 필요하다. 이에 중국은 자율주행기술의 발전을 위하여 현행 도로교통법령을 유지하면서도 자율주행기술 발전 및 촉진을 위한 다양한 법률을 마련하고 있다.

특히, 각 지방정부의 지역의 지형과 도로사정을 고려하여 자율주행자동차 운행테스트에 관한 규정을 마련하고 있다. 예를 들어, 베이징시의 경우는 평지가 많기 때문에 주행테스트 시간과 기술에 초점을 맞추고 있고, 충칭과 장사는 산지가 많기 때문에 산지 운행에 필요한 기술운영도 자율주행 핵심기술로 보아 법률 지원을 하고 있다.

2. 도로주행테스트와 도로교통법령 지원

가. 베이징시의 자율주행 도로테스트 사례와 지원 법령

2015년 베이징 시내의 도로시험주행을 시작으로 2019년 말 기준으로 중국내 23개 도시에서 자율주행자동차테스트를 실시하여 누적 주행거리 300만㎞를 돌파하는 성과를 거두었다. 이에는「베이징시 자율주행자동차 도로테스트 가속추진에 관한 지도의견(北京市关于加快推进自动驾驶车辆道路测试有关工作的指导意见)」(2017),「베이징시 자율주행자동차 도로테스트 관리 실시세칙(北京市自动驾驶车辆道路测试管理实施细则)」(2017),「베이징시 자율주행자동차 테스트 능력 평가내용 및 방법(北京市自动驾驶车辆测试能力评估内容与方法(试行))」(2018),「베이징시 자율주행자동차 도로테스트 관리 시행세칙(北京市自动驾驶车辆道路测试管理实施细则)(试行) 3.0」(2019),「베이징시 자율주행자동차 도로테스트 관리 시행세칙(北京市自动驾驶车辆道路测试管理实施细则)(试行) 4.0」(2020),「베이징시 자율주행자동차 폐쇄 테스트장 기술요구(北京自动驾驶车辆封闭测试场地技术要求(试行))」(2018)가 있다.

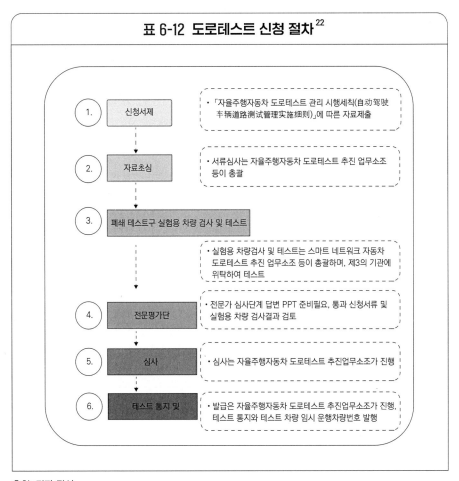

표 6-12 도로테스트 신청 절차[22]

1.	신청서제	• 「자율주행자동차 도로테스트 관리 시행세칙(自动驾驶车辆道路测试管理实施细则)」에 따른 자료제출
2.	자료초심	• 서류심사는 자율주행자동차 도로테스트 추진 업무소조 등이 총괄
3.	폐쇄 테스트구 실험용 차량 검사 및 테스트	• 실험용 차량검사 및 테스트는 스마트 네트워크 자동차 도로테스트 추진 업무소조 등이 총괄하며, 제3의 기관에 위탁하여 테스트
4.	전문평가단	• 전문가 심사단계 답변 PPT 준비필요, 통과 신청서류 및 실험용 차량 검사결과 검토
5.	심사	• 심사는 자율주행자동차 도로테스트 추진업무소조가 진행
6.	테스트 통지 및	• 발급은 자율주행자동차 도로테스트 추진업무소조가 진행, 테스트 통지와 테스트 차량 임시 운행차량번호 발행

출처: 저자 작성

나. 구체적 법률지원과 요구사항

위의 베이징시 자율주행자동차 도로시험주행과 관련하여 모두 베이징시 교통위원회가 제정한 것으로 중국기업으로 자율주행 관련 과학적 연구 및 형식테

---

22 상기의 자율주행자동차 도로테스트 신청 절차는 신청단계에서 제출할 서류는 각 지방의 근거법률에 따른다. 베이징시의 경우는 「베이징시 자율주행자동차 도로테스트 관리 시행세칙(北京市自动驾驶车辆道路测试管理实施细则)(试行) 4.0」(2020)과 「베이징시 자율주행자동차 테스트 능력 평가내용 및 방법(北京市自动驾驶车辆测试能力评估内容与方法(试行))」(2018) 등에 따른다.

스트를 통해 도로에서 임시운전을 할 수 있도록 보장하고 있다.

먼저, 테스트 차량은 「자동차 작동 안전을 위한 기술조건(机动车运行安全技术条件)(GB7258)」의 표준을 준수해야 한다. 또 테스트 차량은 자동과 수동 두 가지 주행모드가 있으며, 주행행동과 차량위치를 모니터링하기 위해 해당 모니터링 장치가 장착되어 있어야 한다. 둘째, 테스트 차량은 도로에 나가기 전 관련 기준에 따라 비공개 테스트 장소에서 평가를 받아야 하며, 평가결과는 전문가가 검토하고 도로테스트가 통과하여야 허용된다. 셋째, 자율주행 테스트 차량은 규정에 따라 번호판과 표지판을 달아야 하며, 각 차량에는 일정한 운전경험이 있고, 자동운행시스템에 익숙한 테스트운전자가 안전운전을 위해 수시로 차량을 모니터링하여야 한다.

다. 자율주행 테스트 장소의 지정 및 교통사고책임보험 가입

테스트 차량은 도시교통에 영향을 주지 않도록 지정된 지역에서 지정된 기간 내에 행해진다. 실제 테스트에 사용할 수 있는 첫 번째 도로 배치에는 도시간선도로, 분기도로 및 신호등 교차로와 같은 다양한 교통시나리오가 포함된다.

테스트 중 교통사고가 발생할 수 있기 때문에 테스트를 하는 기업 및 연구원은 교통사고배상책임보험이나 보상보증에 가입하여야 한다. 테스트 중 테스트 차량에 사고가 발생한 경우 현행 「도로교통안전법」 및 관련 법규에 따라 처리하고, 테스트운전자는 해당 책임을 부담하여야 한다.

「베이징시 자율주행자동차 도로테스트 관리 실시세칙(北京市自动驾驶车辆道路测试管理实施细则)」 제5조의 규정에 따라 차량 1대당 200만 위안의 교통사고배상책임보험에 가입하여야 한다.

3. 자율 및 무인 주행면허 취득과 도로교통법령 지원

가. 자율 및 무인 주행면허 취득 사례

먼저, 자율주행자동차의 주행면허 취득과 관련한 사례는 2019년 베이징시에서 승객을 태운 채 자율주행자동차를 운행할 수 있는 면허를 취득하여 베이징시에서 승객탑승 자율주행 테스트를 본격화할 수 있는 여건을 마련하였다.

한편, 무인 자동차의 주행면허 취득과 관련하여는, 바이두(百度)가 2020년 12월 베이징 교통 당국으로부터 무인 주행허가를 받아 개방된 도로에서 자율주행 테스트를 하였는데, 이는 안전을 위해 사람의 동승 없이 무인주행이 가능한 허가로 중국내 업계최초로 승인을 받아 화제가 되었다.

나. 주행면허 취득 관련 지원 법률

자율 및 무인 주행면허 취득과 관련하여 베이징시는 「베이징시 자율주행자동차 도로테스트 관리 실시세칙(北京市自动驾驶车辆道路测试管理实施细则)」에 따른 신청에 따라 주행면허를 취득할 수 있다. 주행면허취득과 함께 테스트 자동차에 임시번호판이 주어진다.

주행면허 취득과 관련하여는 베이징시, 충칭시, 기타 지역의 관련 법률이 동일하다. 이에 대한 절차는 기본적으로 도로테스트 신청정차와 유사하기 때문에 앞의 [표 6-12]를 참고할 수 있다.

다. 승객승차 자율 및 무인 주행테스트 요건

승객승차를 통한 자율 및 무인 주행테스트와 관련하여 베이징시의 경우, 「베이징시 자율주행자동차 도로테스트 관리 실시세칙(北京市自动驾驶车辆道路测试管理实施细则)」 제43조에 따르면, 승객승차(유인) 테스트를 신청한 자는 자율주행자동차의 테스트 단계에 따라 단계별로 테스트를 진행하여야 한다고 규정하고 있다. 구체적으로는, (1) 이전 단계를 테스트 완료하고 다음 단계의 테스트가 필요한 경우 교통사고 및 교통위반행위에 대한 책임이 없어야 하며, (2) 테스트용 차량의 임시주행 번호판이 유효하여야 한다. 또한, (3) 테스트 단계에 따라 테스트 운전자, 테스트 엔지니어, 테스트 차량이 요구조건에 부합하여야 하며, 조건에 부합하면 승객승차의 테스트 지원자를 모집하도록 하고 있다.

표 6-13 승객승차 테스트 자율주행테스트 요구 조건				
승객승차 테스트 단계	이전 단계 최저 자율주행도로 테스트 누적거리	테스트 운전자	테스트 엔지니어	승객승차 테스트 지원자 모집범위
단계1	2만km	반드시 배치	반드시 배치	노동 또는 서비스 계약을 체결한 자에 한하여 모집
단계2	5만km	반드시 배치	반드시 배치	사회공모가능
단계3	10만km	반드시 배치	승객승차 테스트 지원자의 서면 동의를 얻은 경 우 배치하지 않 을 수 있음	사회공모가능

라. 화물탑재 자율 및 무인 주행테스트 요건

화물을 탑재하고 자율 및 무인 주행테스트를 하는 경우, 베이징시는 「베이징시 자율주행자동차 도로테스트 관리 실시세칙(北京市自动驾驶车辆道路测试管理实施细则)」 제2절(화물탑재 테스트 신청요건)의 규정에 따른다. 특히, 동 실시세칙 제48조의 규정은 화물탑재 테스트의 경우 시험단계별로 테스트를 진행한다고 규정하고 있다. 구체적으로는 다음의 표에서와 같이, 이전 단계 테스트를 완료하면 다음 단계에 대하여 테스트 차량의 임시번호판이 유효하여야 하며, 그렇지 못한 경우에는 테스트 차량을 신청 첫 단계를 반복하여 진행하여야 한다. 각 단계별 테스트에는 반드시 테스트 단계별 요구조건을 만족하여야 하는데, 구체적으로는 테스트 운전자, 테스트 엔지니어, 테스트 차량을 모두 갖추고 테스트 단계별 화물 중량을 적재하여야 한다.

표 6-14 화물탑재 자율 및 무인 주행테스트 요구 조건				
화물탑재 테스트 단계	이전 단계 최저 자율주행도로 테스트 누적거리	테스트 운전자	테스트 엔지니어	중량요건
단계1	2만km	반드시 배치	반드시 배치	차량 적재중량의 1/2을 초과하지 못함
단계2	5만km	반드시 배치	반드시 배치	차량 적재중량을 초과하지 못함

4. 스마트 도로 시범 서비스 및 사업 진행 도로교통법령 지원

가. 스마트 도로 사업 시범추진 사례

2020년 4월 후베이성 창사시(长沙市)는 스마트 도로 시범구에서 일반승객을 상대로 자율주행 택시 시범 서비스를 진행하여 화제가 되었다. 이는 비록 스마트 도로 시범구 내에서 실시된 자율주행 택시 운행서비스이지만, 자율주행기술의 현황과 발전방향을 제시하였다는데 의미가 매우 크다.

한편, 2020년 10월 베이징에서는 베이징시의 자율주행 시범도로 700㎞ 구간 내에서 자율주행 택시 서비스 '아폴로 고 로보택시(Apllo Go Robotaxi)' 사업을 시작하였다.[23] 이 또한, 자율주행 시범도로에서 실시된 택시서비스이지만, 자율주행 서비스 실용화를 위한 가능성을 제시하였다는 평가를 받고 있다.

나. 스마트 도로 시범 서비스 지원 법률

스마트 도로 시범 서비스 지원 법률과 관련하여서는 앞서 사례에서 언급한 바와 같이, 창사와 베이징이 대표적이라 할 수 있다. 창사시는 2020년의 「창사시 스마트 네트워크 자동차 도로테스트 관리 실시세칙(长沙市智能网联汽车道路测试

---

[23] 중국 최대 인터넷 기업인 바이두가 운전자가 없는 이른바 무인 자율주행 택시의 상용화 서비스를 중국최초로 시작하였으며, 일반 고객을 대상으로 무인 자율주행 택시 운행은 구글의 웨이모에 이어 두 번째이다.

管理实施细则)(试行) 3.0」과 「스마트 네트워크 자동차 응용시범 추진에 관한 지도 의견(关于推进智能网联汽车应用示范的指导意见)(试行)」의 지원법률이 있다.

동 실시세칙은 「도로교통안전법」, 「안전생산법(安全生产法)」, 「도로법(公路法)」에 근거하고 있다. 주요 내용으로는, (1) 테스트 신청요건(내국 법인 및 연구소 등), (2) 테스트 차량은 승용차, 상용차, 특수차량을 포함하며, 1단계 테스트장소에서의 자율주행은 테스트를 위한 자율주행기술을 갖춘 차량이어야 하며, (3) 테스트 운전자는 중국의 도로교통안전법규를 준수하여 테스트 시간 및 테스트 구간에서 실시하고, (4) 테스트 중 테스트 차량은 테스트와 무관한 사람이나 화물을 운반하여서는 안 되는 등 엄격하게 규정하고 있다.

또한, 동 실시세칙 제32조 이하에서는 테스트 중 테스트 차량이 사고가 발생하면 테스트 운전자는 즉시 테스트를 중단하여야 하며, 테스트 주체는 현행 법령에 따라 책임을 진다고 규정하고 있다. 즉, 테스트 차량의 교통사고는 「도로교통안전법」에 따라 처리된다.

5. 자율주행 인프라 건립과 도로교통법률 지원

가. 자율주행 인프라 건립 사례 및 계획

자율주행 인프라 건립과 관련하여 2022년 개통을 목표로 자율주행 전용 고속도로를 착공하였으며, 총 길이 174㎞로 초기에 화물차의 군집주행용 도로를 설치한 후 장기적으로 전면 자율주행 도로화한다는 계획이다.

또한, 자율주행자동차가 자신의 목적에 따라 제기능을 발휘할 수 있도록 전 구역 무선통신시스템, 지도 및 위치추적시스템, 관련 충전시설, 클라우드 기반 관제시스템 등의 자율주행 인프라가 완벽히 갖추어진 고속도로를 건설하여 향후 중국의 자율주행 관련 기술의 시험대로 활용할 계획이다.

나. 자율주행 인프라를 위한 「도로공사의 자율주행 부대시설 총체적 적응에 대한 기술규범 적응(公路工程适应自动驾驶附属设施总体技术规范)」

2020년 5월 22일 중국 교통운수부 도로국은 자율주행자동차의 기술발전을 위한 테스트 및 응용을 위하여 각종 도로의 공정에 있어 자율주행 관련 부대시설을 적용하도록 하는 「도로공사의 자율주행 부대시설 총체적 적응에 대한 기술규범 적응(公路工程适应自动驾驶附属设施总体技术规范)」을 제정하였다. 동 기술규범에는 고정밀 지도, 현재위치설비, 통실설비, 교통표지 및 차선, 교통통제 및 유도설비, 교통감지설비, 도로변 컴퓨팅 설비, 에너지 공급 및 조명 설비, 자율주행 모니터링 및 서비스센터, 네트워크 안전 등 자율주행에 필요한 인프라 구축을 위한 세부적 내용을 포함하고 있다.

 # 맺으며

1. 중국 자율주행자동차 관련 도로교통법령의 개선방안

가. 자율주행자동차 정의의 부재

앞에서 언급한 바와 같이 중국의 「도로교통안전법」이나 「자동차관리조례」 등 기존의 도로교통법령에서 자율주행 또는 무인 자동차를 정의하고 있지 않다. 이는 자율주행자동차의 단계별 기능과 필수요건이 복잡하고, 현행 자율주행기술 수준으로는 특별히 법률로 정의하기에 부족한 부분이 있기 때문으로 해석된다. 하지만 한편으로는 자율주행자동차에 대한 정의가 없기 때문에 도로테스트를 하는 과정에서 일반차량과 동일한 「도로교통안전법」을 따라야 하며, 교통사고가 발생한 경우에도 일반차량과 동일한 법규와 절차를 따라야 한다. 일반도로에서의 자율주행테스트의 안전을 위해 자율주행자동차를 구분할 필요가 있다고 본다. 자율주행자동차의 도로테스트 신청은 어렵게 하고, 그로 인한 책임은 기존 「도로교통안전법」에 의하기 때문에 기술발전에 있어 걸림돌이 될 수도 있다.

현재의 규정대로라면 자율주행자동차의 도로테스트는 단순히 수동자동차(비자율주행자동차) 신차개발을 위해 임시번호판을 달고 도로테스트를 하는 것과 차이가 없다. 단지 도로테스트를 하기 위한 요건은 자율주행자동차가 더 엄격하다. 그러므로 자율주행기술을 위해서는 주행주체에 따른 자동차구분을 법률로 명시할 필요가 있다.

나. 자율주행 도로테스트 시 교통사고처리 규정의 개정

자율주행자동차의 도로테스트는 폐쇄된 전용 테스트장 또는 일반도로에서 행해지고 있다. 하지만 자율주행자동차 도로테스트에는 자율주행기술을 가진 자동차, 자율주행기술을 지원해줄 스마트 네트워크 도로, 네트워크 통신 등의 기본 인프라가 구축되어야 한다. 폐쇄된 전용 테스트장은 이러한 인프라가 완비된 상태에서 진행하기 때문에 자율주행기술 지원 요소 간의 문제점을 찾는데 중점을 두고 있다.

하지만 전용 테스트장에서 어느 정도 성과를 이룬 경우 일반도로에서 주행 테스트를 거치게 되는데, 이때 발생한 교통사고는 일반자동차의 교통사고와 동일하게 처리된다. 주행테스트는 테스트 운전자가 탑승하고 있다고 하더라도 인공지능 등의 자율주행 소프트웨어의 명령으로 주행, 방향전환, 정지 등을 수행하기 때문에 사고의 위험성이 매우 높다.

이러한 사고의 높은 위험성으로 인하여 자율주행자동차의 운전자와 엔지니어에게 높은 수준의 자격을 요구하고 있다. 또한, 자율주행자동차의 교통사고책임보험도 높다. 앞서 언급한 바와 같이 현재 자율주행자동차에 대한 법률적 정의가 없기 교통사고책임보험 가입에 있어 차량정보구분에 있어서도 표준이 없게 된다.

그러므로 자율주행자동차의 도로테스트 과정에서 발생한 교통사고의 처리에 대하여는 현행 「도로교통안전법」 및 각종 자율주행자동차 도로교통 지원 법률에서 구분하여 규정할 필요가 있다고 본다.

2. 한국에의 시사점

가. 자율주행기술 발전을 위한 국가실험실 제공

2017년 이후 인공지능기술 패권을 놓고 미국과 중국이 보이지 않는 전쟁을 하기 시작하여, 2020년에는 자율주행기술로 옮겨와 국제적 우위를 놓고 경쟁하고 있다. 2021년 중국정부는 전국인민대표대회를 통해 "14.5" 규획을 내놓았으며, 이는 앞으로 5년간 중국의 정치, 경제, 문화, 과학 분야 등의 발전전략을 담은 것이다. "14.5" 규획에서 눈에 띄는 것은 첨단과학기술분야의 획기적 발전이다. 이에는 무인 및 자율주행자동차 발전 로드맵과 전략이 구체적으로 서술되어 있다.

중국은 "14.5" 규획에서 첨단과학기술 발전에 있어, 인공지능, 자율주행, 5G의 보급 및 6G 기술의 발전 등에 있어 이른바 '국가실험실' 운영을 언급하였다. 이는 새롭고 혁신적인 기술개발 및 연구에 있어 '규제'보다는 '장려와 지원'을 우선으로, 실패에 대하여도 지속적 지원정책을 유지하고 있다.

이러한 정책은 규제샌드박스 제도와도 일맥상통한다. 우리도 자율주행기술의 발전을 위하여 일종의 규제샌드박스와 같은 중국의 '국가실험실' 정신을 받아들일 필요가 있다고 본다.

나. 다양한 도로교통법률 지원과 인프라 형성

앞으로 5년, 길게는 10년 후에는 우리의 실생활 대부분이 인공지능기술과 자율주행기술이 차지할 것이다. 이는 앞서 언급한 바와 같이 자율주행자동차의 세계적 시장전망에서 보아 알 수 있다.

이에 중국은 중앙정부와 지방정부가 협력하여 자율주행자동차 도로교통법령을 다양하게 제정하고, 시험적 운영을 통해 또 수정해야 할 부분은 신속하게 개정하고 있다. 자율주행자동차와 관련한 중요하고 핵심적인 법률은 유지하면서 기술지원과 같은 법률은 자율주행기술 단계별 시험적 운영을 시행하고 있다.

또한, 자율주행자동차를 보급하기 위해서는 작게는 도시규모, 크게는 전국적 규모의 자율주행기술 인프라 구축이 필요하다. 중국은 스마트 네트워크 도로 구축정책을 통해 도시규모 단위를 시작으로 전국적 규모의 인프라구축을 진행하고 있다. 이에는 5G 네트워크 구축, 자율주행자동차용 정밀전자지도, 스마트 네크워크 도로를 위한 표지판 및 신호체계 등의 형성이 그것이다.

한국의 자율주행기술의 발전을 위해 중국과 같은 구체적 지원이 가능하면서도 탄력적인 입법이 필요할 뿐만 아니라, 자율주행기술 인프라 구축과 이로 인한 새로운 도로교통법령이 마련되어야 할 것이다.

참고로 아래의 표는 주요국의 자율주행자동차 발전 전략에 대한 법률과 주요 내용을 정리한 것이다. 장래 한국의 자율주행자동차 관련 정책과 도로교통법률 지원에 있어 참고할 수 있을 것이다.

표 6-15 주요국의 자율주행자동차 발전 전략			
국가	공포일	관련 문건	주요 내용
미국	2016.09	AV1.0 Federal Automated Vehicles Policy: Accelerating the Next Revolution in Roadway Safety	• 안전은 자율주행 확산의 초심 • 교통부는 자동차 공장에 차종별 자율주행 등급에 따라 데이터보안, 네트워크 보안, 물리적 안전 등 15개 항목에 대한 안전평가보고서 요구
	2017.09	AV2.0 Automated Driving System: A Vision for Safety	• 12개 신안전평가항목 발표, 자발적 원칙 강조 • 새로운 감독방안, NHTSA 차량안전 설계 및 성능 담당감독관리
	2018.10	AV3.0 Preparing for the Future of Transportation Automated Vehicles	• 자율주행기술 규제 완화 • 정부부문의 기능은 정책, 번호판, 도로상황 강조 • 기술혁신은 주로 사기업에서, 정부의 관여 최소화
	2020.01	AV4.0 Ensuring American Leadership in Automated Vehicle Technologies	• 자율주행 분야에서 미국의 선두 확보 • 정부는 유연하고 기술중립적 정책을 통해 대중에게 경제적이고 효과적인 교통 및 이동솔루션 선택하도록 맡김

EU	2015.05	2015, Automated Driving Roadmap1.0	• SAE 기준 2030년 세계 자율주행 자동차 보유대수 4,400만 대 예측 • 자율주행 등급별 대응기능을 설명하고, 2020년까지 Level 5 등급 실현 제안
	2017.05	2017, Automated Driving Roadmap2.0	• 2020년, 2023년 2025년에 각각 Level 3, Level 4, Level 5 자율주행 실현 • EU의 각 회원국 및 기타 국가의 자율주행 발전 현황 • 자율주행 발전과저에서 직면한 안전 및 인프라 등의 도전
	2019.03	Connected Automated Driving Roadmap(Roadmap 3.0)	• 차량 네트워크, 차로 협력의 중요성 강조, 도로 인프라를 차등화하여 구간별로 차등화 • 승용차, 화물차, 도시출입차량의 자율주행 로드맵 제시
일본	2013.06	최첨단 IT국가혁신 선언	• 2020년까지 세계에서 도로교통이 가장 안전한 나라 목표 • 2020년부터 세계 자율주행 중심
	2020.05	자율주행 실현을 위한 행동보고 및 가이드라인4.0	• 2020년까지 고속도로에서 Level 3 자율주행 기술 로드맵 제시 • 국가 프로젝트, 철도공사, 대형 OEN 3종에 따라 자율주행 시범 검증실시 • 10대 핵심분야인 고화질 지도, 차량통신, 인식기술, 판단기술, 인체공학기능 보안, 사이버 보안, 소프트웨어 인력, 사회적 수용도, 보안 평가 등의 방안제시
	2002.06	민관 IJS 구상과 로드맵 2020	• 국제기준인 SAE에 따라 자율주행을 Level 0-Level 5 등급으로 나눔 • 2020년까지 자가용 Level 3 자율주행, 2025년에 Level 4 실현

중국	2015.05	중국제조2025(中国制造2025)	• 2020년까지 스마트 보조운전의 총체적 기술 및 각종 핵심기술을 확보하고, 2025년까지 완벽한 스마트 네트워크 자동차를 독자 개발 체제로 구축하며, 이를 위한 설비와 산업군 마련
	2017.04	자동차 산업 중장기발전규획(汽车产业中长期发展规划)	• 신에너지차와 스마트 네트워크를 돌파구로 삼아 산업전형을 선도 • 신에너지차, 스마트 네트워크, 자동차 동력 배터리 등 기술 로드맵을 작성 • 2025년 스마트 네트워크 자동차 세계 선진화 반열 진입
	2018.12	차량네트워크(스마트 네트워크 자동차)산업 발전행동계획(车联网（智能网联汽车）产业发展行动计划)	• 핵심기술, 표준체계, 인프라, 응용서비스, 안전보장의 다섯 가지 방면에서 스마트 네트워크 자동차를 보급 • 2020년까지 신차 중 Level 2 탑재율 30% 이상 목표
	2020.02	스마트 자동차 혁신발전전략(智能汽车创新发展战略)	• 핵심기술, 시험평가, 응용시범, 인프라, 인터넷통신, 표준법규, 품질감독, 인터넷 보안 등에서 2025년 Level 2 단계 자율주행 규모화 생산, Level 3 단계 특정한 환경에서 시장화 적용을 확보
	2020.11	신에너지 자동차 발전규획(新能源汽车发展规划)(2021-2035)	• 2025년 고도 자율주행자동차는 한정된 구역과 특정 상황에서 상업적 적용 실현 • 자동주차 기술 추진

색인

저자소개

• 선종수

동아대학교 법학연구소 선임연구원

동아대학교 대학원 법학과(법학박사, 형사법)

한국해양대학교, 경남대학교 강사

동아대학교 산학협력단 특별연구원

중국서남정법대학 응용법학원 방문교수(2016~2018)

법제처 국민법제관(2022~현재)

• 도규엽

상지대학교 미래인재대학 경찰법학과 교수

성균관대학교 대학원 법학과(법학박사, 형사법)

한국형사소송법학회 집행이사

한국산림행정학회 연구이사

한국비교형사법학회 감사

경찰공무원 공개경쟁채용시험 출제위원

강원도의회 지방임기제공무원 임용시험 면접위원 역임

• 차종진

치안정책연구소 연구관

독일 보쿰대학교(Ruhr-Bochum-Uni.) 법과대학(법학박사, 형사법)

아주대학교 강사(2015~2019)

한국형사소송법학회 편집위원(2021~현재)

• **배상균**

한국형사·법무정책연구원 부연구위원

일본 주오대학교(Chuo Univ.) 대학원(법학박사, 형사법)

한국외국어대학교 법학전문대학원 강사(2015~현재)

충북대학교 법학전문대학원 초빙교수(2020.3~2021.2)

일본비교법연구소 위촉연구원(2015~현재)

• **김정진**

중국서남정법대학 인공지능법학원 교수

중국정법대학교 민상경제법학원(법학박사, 민사법)

대한민국 국회 국회입법지원위원(2013~현재)

中国海南国际仲裁院 중재인

자율주행자동차와 도로교통법

초판발행   2022년 6월 30일

지은이   선종수·도규엽·차종진·배상균·김정진
펴낸이   안종만·안상준

편 집   사윤지
기획/마케팅   정성혁
표지디자인   이솔비
제 작   고철민·조영환

펴낸곳   ㈜ **박영사**
          서울특별시 금천구 가산디지털2로 53, 210호(가산동, 한라시그마밸리)
          등록 1959.3.11. 제300-1959-1호(倫)
전 화   02)733-6771
f a x   02)736-4818
e-mail   pys@pybook.co.kr
homepage   www.pybook.co.kr
ISBN   979-11-303-4256-6   93360

정 가 15,000원

이 책은 2019년 대한민국 교육부와 한국연구재단의 지원을 받아 수행된 연구임
(NRF-2019S1A5C2A03080978)